天下無鬼

中國古代志怪小說裏的
鬼與精怪世界

有鬼君 著

JPC

目錄

CONTENTS

上部　鬼世界

PART I

代前言：鬼世界的九十五條論綱

時間與空間

一、鬼世界是一個三維空間，具有時空的尺度（含時間則為四維），而這個尺度與人類世界並不一致。

二、鬼世界、人類世界以及天界共同構成一個四維空間，這與古人所說的天地人有吻合之處。

三、由於鬼世界和人類世界兩個三維空間時空尺度的不同，造成各自受制的物理規律也相應不同。

四、在鬼世界與人類世界這兩個三維空間之外，還依附有兩個次級的三維空間，即水族（含江河湖海）、仙界洞府。

五、水族、洞府的時空尺度與人類世界的時空尺度也不完全相同，但與鬼世界是否相同無法確定。

六、陸地的自然神（地祇）基本可歸屬於鬼世界和人類世界兩個空間中。

七、一般來說，從一個空間進入另一個空間時，由於物理規律的不同，會產生能量的變化，這導致了一系列物理形態上的差異，典型的如形質、飲食。

八、鬼世界資源的默認狀態是無限的，但並非自動生成。其來源有兩個，一是其空間自身擁有，另一個則來自人類世界。

九、一些更遠古的自然物（日、月、星辰）則為所有三維空間共同分享。

政治

十、在鬼世界的政治建構中，道德規範的權重遠大於資源佔有量，具有絕對的優先性。

十一、由於鬼世界道德規範的絕對優先性，因此其主要功能為道德教化和法律審判。

十二、由於鬼世界的主要功能為道德教化和法律審判，因此其主要官方機構為閻羅殿和陰獄（法院和監獄）。

十三、由於鬼世界的主要機構為閻羅殿和陰獄，因此冥官主要集中於司法（含執法）部門。

十四、由於冥官主要集中於司法部門，因此其餘職能部門較為薄弱，甚至沒有。

十五、從政治架構來看，鬼世界隸屬於天界，但由於兩個世界的時空尺度不同，政治運行中優先的原則也不同，因此這種隸屬關係更偏重於形式而非實質。

十六、由於冥官集中於司法部門，鬼世界的其餘職能大多由上天兼管。

十七、鬼世界的冥官主要來自人類世界的逝者，而非天界的神（仙）。

十八、神（仙）主要以定期或不定期巡視的方式對人類世界和鬼世界進行非常態管理。

十九、鬼世界、人類世界與天界共享一些基本的政治原則。

二十、這些共享的政治原則的核心是道德教化。

二十一、雖然各個空間的政治原則以道德教化優先，但由於各自監控的技術能力差別很大，因此表現為把握寬嚴的尺度不同。

二十二、在三個空間中，鬼世界的技術監控手段最高，也最為嚴格。

二十三、人類的命運並不完全由自己掌控，其行為乃至心跡都為鬼世界所監控，並可以做出調整和干擾，因此在某種程度上，人類的命運也是由陰間控制的，但這絕不意味著剝奪了人類自主抉擇的能力。

二十四、鬼世界對法治更加尊重，只是並不排斥在特殊情況下的從權，而這在鬼世界的道德規範中也是允許的。

社會（經濟、文化、科技）

二十五、鬼世界的社會形態大致可以說是人類社會的鏡像，但是在程度上會有不同。

二十六、由於鬼世界的職能側重於道德教化和司法審判，所以經濟職能處於從屬地位。

二十七、由於經濟職能處於從屬地位，且可以分享人類社會幾乎所有發展成果，甚至這種分享是無限的，因此鬼世界沒有發展經濟的動力。

二十八、由於可以分享人類社會幾乎所有發展成果，鬼世界的文化發展也缺乏動力，因此其整體的文化水平低於人類世界。

二十九、鬼世界的科技發展也缺乏動力，但是由於物理規律的不同，其醫療水平遠高於人類世界，尤其是外科。

三十、鬼世界也有軍隊，但主要是參與人類世界的實際軍事行動，對內很少使用。

人鬼之間

三十一、人鬼各自在自己空間的行為會影響到對方的空間。

三十二、其中一類影響是物理形態的。

三十三、另一類影響是非物質性的，為針對對方空間成員的法令、規則以及任命等。

三十四、人類能控制部分鬼為其服務，但一般需要特殊的符咒及輔助工具，且這一做法違背了鬼世界的道德規範。

三十五、人鬼的交流主動方大都在鬼一邊，人主動與鬼世界交流的方式，一是扶乩或由專業巫師通神降靈，二是在寺廟或祠堂焚燒交流文本。這兩種方式都不能保證必然得到回應。

三十六、極少數有特殊能力的人或巫師能看到鬼，且具備與鬼交流的能力，可以統稱為視鬼人。

三十七、鬼亦能控制人為其服務，主要方式為靈魂附體，一般是臨時性的與人類交流，長期的附體對宿主的身體有害，且同時違背了人類世界與鬼世界的道德規範。

三十八、人類可以運用所知的各個空間的運行規則，以趨利避害（驅鬼術等），且在道德上是容忍的；而鬼世界對於這種被人類操縱的情形則不太能容忍。

三十九、兩個世界的成員是一體兩面的，其轉換以轉世及死亡的方式呈現。

四十、陰陽兩個世界的部分成員可因獎勵而直接進入天界，天界的成員也可能因為刑罰而降維進入鬼世界和人類世界。

四十一、轉世一般由冥官按照轉世的規則決定，人或鬼通常不能自行決定轉世的去向。

四十二、因果報應對轉世的去向起主導作用。

四十三、死亡與轉世之後，個人獨特的身體或精神屬性亦有可能帶入另一個空間，但隨機性較大。比如口音。

四十四、求替是比較特殊的轉世方式，只有溺鬼和縊鬼可以求替，這個方式符合鬼世界的基本規範，但不太為人類所理解。

四十五、轉世之後的人基本不再擁有對鬼世界及前世的記憶，只有特殊情況下才能保留或喚醒記憶。孟婆湯並非消除記憶的唯一方式。

四十六、轉世並非要絕對執行，有一部分人死後在鬼世界生活，不參與轉世進程。

四十七、不參與轉世則能保留生前的記憶。

四十八、由於鬼在陰間的滯留時間受到各種因素的影響，轉世的時間進程長短不一，其跨度甚至可以達到人類世界計時的幾百年或上千年。

四十九、按照一般的轉世原則，大部分人死後在陰間滯留時間較短，很快轉世，這導致鬼世界的各種專業人才明顯少於人類世界。

五十、兩個世界的物品可以穿越轉換，人類世界的物品進入鬼世界相對容易些，而鬼世界的物品進入人類世界則相對較難。

五十一、在通常情況下，人類不可食用鬼世界的食物、飲料，而鬼食用人類食物基本不改變食物的物理形態。

五十二、人類所燒紙錢在鬼世界可以使用，最初的兌換率是1：1，到明清時則有很大的折扣率，這可能是輸入型通貨膨脹造成的。

五十三、人鬼兩個空間在更大的尺度上看是重合的，但鬼進入人的空間往往需要特定的出入口，即墳墓。而在陽間執行公務的冥官則大多不需要這樣的出入口。

五十四、由於人鬼的空間是重合的，所以在很多地方其實是人鬼混居，只是沒有特殊能力的人無法辨識。

五十五、由於共享一個大尺度意義上的空間，所以人鬼之間會互相干擾甚至發生嚴重的衝突。

五十六、由於專業成員的匱乏，天界和鬼世界需要從人類世界徵用各種專業技術人員甚至雜役，大部分為臨時徵召，少數是永久的。

五十七、冥官進入人類世界主要從事索命工作，有時會有自備的索命工具。

五十八、人類的死亡並非全部由冥官處理，特殊情況下由天界的雷神執行，即執行天罰。

五十九、冥官執行索命任務時，經常會臨時僱用人類作為助手，一些經常擔任助手的人被稱為“走陰差”或“過陰”。

精神生活

六十、幾乎所有的鬼對生死都有明確的認識，反之，陽間對此有明確認識的人極少。

六十一、由於共享了人類世界的成員，鬼世界擁有人類世界幾乎所有的精神生活，包括各種娛樂活動。

六十二、鬼世界成員之間的愛情與人類世界一樣，當然也包括同性戀。

六十三、鬼世界亦有各種精神疾病，甚至包括成癮症中的煙鬼、酒鬼、賭鬼。

六十四、鬼世界雖然重視教育，但更側重道德教化，因此文化教育機構極少。

六十五、鬼世界的道德教化主要是外在的規範，並不強調內省。

六十六、由於道德教化以及懲戒的長期作用，鬼在心計上遠不如人。

家庭婚姻

六十七、鬼擁有與人幾乎完全相同的情感。

六十八、因為鬼擁有與人完全一樣的情感，所以鬼世界擁有與人類世界幾乎形態完全相同的家庭和婚姻。

六十九、在大多數情況下，鬼世界的家庭與人類世界的家庭合起來才被認為構成完整的家庭。

七十、即使一個世界的成員離開這個世界，在另一個世界有自己的家庭，但其原家庭成員在潛意識中依然將其視為一家人。

七十一、由於無法同時滿足分屬兩個世界的家庭都必須盡的義務，人鬼之間往往發生衝突。

七十二、由於人在陰間生活相對困難，人鬼之間的婚姻往往只能存於陽間，而其子嗣也有部分能在陽間生存。

七十三、人類世界的家庭有時會整體移至鬼世界，比如在家族集體的墓葬地。

七十四、人鬼交接不必然影響人的身體健康。

身體（屍體、形質）

七十五、鬼在人類世界中表現出的各種超能力，主要是由於進入時空尺度不同的空間造成的。

七十六、鬼世界亦有死亡，但其壽命顯然要遠超過人類。

其死亡主要有兩種方式，大部分死於鬼世界，且多為刑罰造成的非自然死亡，稱為虀，一小部分死於人類世界，表現為形體逐漸消散、揮發。

七十七、人的死亡表現為形神分離，身體留在人類世界，而魂魄則需要到鬼世界報到。

七十八、一般來說，無論是出於主觀還是客觀原因，形神分離之後的魂魄未經鬼世界的政府部門登記註冊，則不具備正式身份，類似佛教所說的中陰身。

七十九、未經登記註冊的魂魄，雖然不受陰陽兩個空間的管束，但是也無法進入兩個空間的成員流轉系統，即輪迴轉世，甚至不能在這兩個空間中享有公共生活。

八十、未經登記註冊的魂魄並非通常意義上的孤魂野鬼，後者一般指兩類情況：一是鬼世界的族群形成之前的魂魄，類似文明社會之前的原始人群；二是衣食不保的鬼，類似人類社會中的無家可歸者。

八十一、狹義上的魂魄是介於人鬼之間的臨時狀態，其形質與鬼近似乃至完全相同，但其與人類接觸、交流的時間是有限的，往往是在人死之初。

八十二、人類在特殊狀態下（做夢、昏迷、出神等）也會出現形神分離，但不必然導致死亡。

八十三、魂魄的形象在大多數情況下與正常人相似，有時是以體型較小的人的形象出現。

八十四、人在死亡後的一定時間內，只要屍體不腐敗，理論上都有復生的可能。

八十五、如果屍體已腐敗，則魂魄可以但不必然依附於其他人類身體，以不同的形神組合生存於人類世界。極少數情況下可在陰間實施外科手術修復屍體以保證復生。

八十六、在某些特殊條件下，屍體不會腐敗，則容易變為僵屍。

八十七、僵屍不是鬼，形質上不具備鬼的特性，與人相比，只是身體更發達，大多心智更低下。

八十八、人類對僵屍的處置方式與對鬼不同，主要是以焚燒的形式消滅。

八十九、除了執行公務的冥官，鬼在人類世界的活動區域主要在墓地周圍。

九十、墓葬中的棺槨及隨葬品均有可能具備鬼的形象和能力，但它們不是真正的鬼，而更接近精怪。

精怪

九十一、理論上說，人類世界見到的所有生物及非生物都有可能成精。

九十二、成精的基本條件是時間，一般至少需百年以上，同時輔以各種修煉方法。這也導致很多生物（特別是家禽、家畜）成精的比例較低。

九十三、動物中成精概率最高的大致有狐狸、蛇、老虎等。

九十四、所有成精的動物中，狐狸精與人類的關係最密切、最接近，並且形成家庭、家族乃至社群，其他精靈則尚未進化到這一步。

九十五、植物成精的比例較高，很可能由於其生命周期長。

上部　鬼世界

輯一
生活與娛樂

鬼世界有多大？

　　陸機說，精神世界的空間可以達到"精騖八極，心遊萬仞"。可是在大部分的志怪小說中，鬼都是死宅。比如整個家族的先人大都不會離開宗族的墓地，《醉茶志怪》卷三"鬼戲"條中，一個大家族的鬼請戲班子唱堂會，就是在墳地邊。即使夢遊或魂遊，也不過方圓十里。當然，這裏所說的死宅鬼不包括公務員，因為陰間的公務員實行迴避政策，官員往往要異地任職。

　　但是，由於各種原因，鬼或魂魄偶爾也會出趟遠門。

　　唐代宗大曆年間，尚衣奉御韋隱奉旨出使新羅。因為路途遙遠，才出行一天，就思念新婚的妻子。晚上就寢時，忽然發現妻子就在帳外站著。驚喜之下，忙問緣由。妻子說："我是偷偷溜出來，陪你一起看看世界。"韋隱當然求之不得，想了個計策，對隨行的下人說："我出門在外，寂寞得緊，找個小妾侍寢，諸位沒什麼意見吧。"下人當然不敢有意見。於是，韋大人就帶著妻子在新羅住了兩年。

　　出使期滿，韋大人回到長安，為自己掣婦看世界向父母告罪。可是父母卻不知其因，因為妻子這兩年從未出過門。隨他出行的那位妻子進了臥室，走近留在家裏的妻子，"翕然合體"。原來，跟著韋大人出使的，竟是他妻子的魂魄。（《獨異

志》附錄）

類似的故事還有《聊齋志異》中〈促織〉一文。這個故事說，一個姓成的小孩，無意中將父親準備進貢的蟋蟀弄死，嚇得投井自殺。但魂魄附著在一隻蟋蟀上，在鬥蟋蟀的遊戲中屢戰屢勝，一直被送入皇宮，為父親解難，後來還魂復活。

韋大人的妻子以及〈促織〉中的成姓小孩，他們魂遊的自主性強，而有些魂遊卻是被迫的。

宋代有一士人姓黃，家裏的僕人忽然得病，整天昏睡，不吃不動。過了四十多天才醒過來。他向主人講述了自己的奇遇：

他病倒那天，就被一群人領走了，說是拜見大哥。成為大哥的小弟後，他跟著這幫古惑仔四處亂逛，一刻也不休息。若是聽說某家正在集會（實際是祭祀活動），他們就奔去把貢品吃個精光，然後再四處遊走覓食。所到之處，無論是城牆還是房門，他們都能任意穿越。如果遇到刑場殺人，他們就在屋檐上坐著圍觀。被殺之人死後，他們的魂魄就來拜見大哥，從而成為組織的一員。不知過了多久，大哥問這僕人："你參加組織多久了？"僕人回答道："大約四十天了吧。"這時，有判官狀的鬼告訴大哥此人還未到死期，恐怕得放他回去。大哥沉思片刻，便讓他離開了。

僕人甦醒之後，回憶起這個類似幫會的組織，那些都是伏法而死、不得善終的惡鬼。大約與他們相處得久了，僕人此後時時精神恍惚，不到半年就死了。（《夷堅志·夷堅三志》己卷五〈黃氏病僕〉）。

我們要注意的是，這些強死之鬼是陰間的黑戶口，他們不受冥府的管理（"不曾有神道闌問"），居無定所，只能不停奔走覓食。雖是陰間的盲流，但有集體和組織，卻也不寂寞。而那些孤魂野鬼，才真正地體驗到鬼世界的空曠。

《庸庵筆記》"已死七日復生"條記錄了魂魄在陰間遊蕩的景象：

> 入冥漠之鄉，若有知，若無知，似入睡著後光景。有時隨風飄蕩至洞庭山家中，自覺其身已死，忽念及父母兄弟妻子，凄然以悲，則魂氣為之一聚，若炯然有知者，已而漸復昏昏。然或遇大風吹散，或被鐃鈸及銅鐵器聲驚散，凝聚最覺費力。不見有日月，不知有晝夜，凡所稱陰界地獄及閻羅王，俱未之見，亦未遇一鬼。

此人應該是命數未到，所以地府沒有派陰差遣送，只能四處遊蕩（"其未至陰界，蓋以陽壽未盡，故無引導之鬼，所以能復生者，亦即以此歟"）。人死之後，必須在陰差的引導下到冥府註冊登記，否則始終無所歸從。

沒有冥府的管理，鬼世界就像太空一樣，無窮無盡，有組織，無紀律。

鬼會生病嗎？

　　雖然儒家認為立德、立言、立功為三不朽，但追求生命的不朽，始終是人類最執著的願望。有鬼君的很多同學都是搞哲學研究的，對生死問題頗有研究。這些同學雖然將辯證唯物主義玩得精熟，不過私下裏卻很期待那個世界的成員能長生不老。抱歉得很，那個世界辜負了他們的期待，因為鬼也是有生老病死的。

　　紀曉嵐就認為鬼是會死的。他說："鬼，人之餘氣也。氣以漸而消，故《左傳》稱新鬼大，故鬼小。世有見鬼者，而不聞見羲軒以上鬼，消已盡也。"本來《左傳》中的"新鬼大，故鬼小"是指祭祀中地位的高低，到紀曉嵐這裏就演化成身材的大小。"故鬼小"成了鬼慢慢消散的證據；見不到伏羲、黃帝時期的鬼，也成了鬼會死的證據。在《庸庵筆記·舊鬼玩月》的故事中，那些上了年紀的故鬼"鬚眉皓白，而長不滿三尺"，說得就更加直白了。

　　鬼既然會死，也就會生病。而且麻煩的是，由於冥府嚴重缺乏專業技術人員，生了病還得跨界到陽間來請醫生。

　　南朝時杭州一帶有位名醫徐秋夫，在當地聲名顯赫。有天晚上，他聽到半空中有痛苦的呻吟聲，出門對著發聲處張望，黑黢黢的什麼也看不見，就問："你是鬼嗎？哪裏不舒服？是缺衣少食嗎？如果生了病，要趕緊治啊！"

那位無形的鬼說："我是東陽人，生前是個科級幹部。因為腰痛而死，如今在陰間的湖北做小官。不過，雖然做了鬼，這病根還在，苦不堪言。聽說您是名醫，專門從湖北過來掛個專家門診的號。"徐大夫說："可是我連你的鬼影子都看不到，怎麼治？"

腰痛鬼說："這好辦，您紮個茅草人，紮得精細點，按照真實的穴位扎針就行。扎完針，把茅草人扔到河裏就行。"徐大夫照辦了，像模像樣地在茅草人上扎針，還準備了一些祭品，派人一起扔到河裏。當晚，病鬼託夢給他，說徐大夫真是白衣天使，不僅針到病除，還照顧患者的飲食。恨不得在夢裏就送面錦旗給他。（《續齊諧記》）

這個故事很有意思。首先，人的病痛是會帶到陰間的，即使不致命，其痛苦也毫無差別；其次，給鬼治病可以採用近似巫術的做法，通過給茅草人針灸來治病，遵循的是巫術中的相似律原則。當然，我們要注意的是，這是在大夫不能去陰間出診的情況下的處理辦法。這位腰痛鬼在陰間的官職太低，可能沒有資格請大夫出診。如果是局級以上的幹部鬼，看病就有綠色通道了。

唐文宗大和五年，湖北天門一代有位名醫王超，擅長針灸，號稱針神。有一天中午忽然暴病而死，第二天又復活了。王神醫說，自己被召到陰間去出診了。當時有冥吏領著自己到了一座王宮。見一位長者躺在床上，左胳膊上有一個大如杯口的囊腫。長者命王神醫診治。王神醫取出針來，挑去囊腫，很快就治好了。然後，王神醫就被放回陽間。（《酉陽雜俎》續集卷一）

這位高官顯然比上一位小官的病要輕，但是由於他的級別高，能夠請醫生跨界出診，而無需上門求醫。即使在陰間，醫療體制也是需要不斷發展和變化的。

無論官位高低，病痛是無法避免的。不過，對鬼來說，有些病患卻是由陽間造成的，且不無滑稽。

宋真宗年間，樞密使盛度病死，可是四肢還有餘溫，家人不敢收殮。過了一天，盛樞密使又活了過來。他告訴家人，自己是被勾魂使者誤抓的。到了閻王殿，發現該死的是另一位同名者，於是被放回來。在回來的路上遇到了太祖、太宗時期的宰相沈義倫，老宰相見到盛度很高興，說："你回去給我家裏人捎句話，我在這邊一切都好，就是'頗為汗腳襪所苦'。"

盛度還陽後，病漸漸好了，就去沈家傳話。可是沈家後人無論如何也不明白"汗腳襪"是什麼意思。後來在收拾老宰相的靈位時，赫然發現靈牌架子上有一隻臭襪子。追問之下，才得知是守靈的老兵無意中把襪子扔在這裏，後來忘了拿走，導致那邊的老宰相一直受腳臭之苦。(《括異志》卷二〈盛樞密〉)

不僅是鬼，那些在解放前就成精的妖怪們，也同樣無法擺脫病痛之苦。此類故事甚多，《聊齋志異》卷十三〈二班〉，說的就是名醫給虎精治病的故事。至於狐狸精，都能給人生孩子了，患上產後抑鬱症這樣的精神類疾病也是很有可能的。

鬼會死嗎？

　　鬼會死嗎？人類如果把這個問題拋給鬼世界，他們也會有些躊躇。因為這個問題可以無限追問，就像《時間簡史》裏霍金講的那個段子一樣：據說，羅素在做一次關於天文學方面的演講時，一位老婦人站起來說："你講的都是蠢話，這個世界實際上是駄在一隻大烏龜的背上的一塊平板。"羅素微微一笑，問道："那麼這隻烏龜是站在什麼上面的呢？""你很聰明，年輕人，真是聰明啊，"老婦人說："我來告訴你吧，這烏龜還是站在一隻烏龜上面，這是一隻駄著一隻，無限駄下去的烏龜塔啊。"

　　"人死為鬼，鬼死為聻"，這是最為常見的說法。《五音集韻》記載："人死為鬼，人見懼之。鬼死為聻，鬼見怕之。若篆書此字，貼於門上，一切鬼祟，遠離千里。"但這個說法就像大烏龜背上的平板一樣，人—鬼—聻之後，是不是也有一個烏龜塔一樣的建構呢？

　　描述鬼世界已經夠難了，在這些材料裏再找出"聻"的蛛絲馬跡，幾乎是不可能的。幸好，有些材料裏有所提及。

　　唐文宗大和二年，揚州一位抄寫員許琛，因為機緣巧合，入冥了解了一些鬼死之後的情況。許琛被陰差追攝入冥，"至一所楔門。高廣各三丈餘，橫楣上，大字書標牌，曰'鴉鳴國'，二人即領琛入此門"。進去之後，發現裏面陰森暗慘，既沒有任何人（鬼），也沒有任何房屋，只有無數的大槐樹，槐樹上站滿了烏鴉，鴉鳴不已。這片槐樹林方圓幾十里，穿過後才來到常規的冥府。冥官發現抓錯了人，許琛命不該絕，再派陰差帶他還陽。陰差告訴許琛，返程無需經過鴉鳴國。那裏因為日月都照不到，所以常年昏暗，只能根據烏鴉的鳴叫聲判斷晝夜。這些烏鴉，因為在陽間命數已滿，被冥府捉來做報時器。鴉鳴國之所以看不到人（鬼），是因為那是鬼的墓地，所有死了的鬼，都集中在這裏。"人死則有鬼，鬼復有死，若無此地。何以處之？"（《河東記》）

陰差並沒有直接說"墓地"，這是有鬼君引申的，但意思大致沒錯。這個細節粗看很平常，可是如果拿人間的墓地來比對一下，不知會不會汗毛豎起。許琛以魂魄入冥，按理能看到陰間所有的東西。但他與陰差穿過長達三四十里的墳區，除了槐樹和烏鴉，什麼都沒看到。而實際上，整個樹林裏全是他以魂魄之眼都無法看到的死鬼（聻）。也就是說，即使在鬼世界，也存在生死問題和未知的領域。人類一直認為生死是終極問題，沒想到這所謂的終極問題只是烏龜塔上最表面的一隻而已。這不僅讓人恐懼，簡直令人崩潰！

有鬼君常常覺得，中國上古、中古的志怪包含很多稀奇古怪、虛無縹緲的情節，到了明清時期，這些情節才逐漸被後人添加諸多細節，以至生動具體。比如《咫聞錄》卷七〈鬼死〉的故事：

有個韓姓村民，整日遊手好閒、偷雞摸狗。他鄰居姚姓寡婦"矢志堅貞，不出戶庭，勤操女紅，數年，囊蓄百金"。某日，小韓手裏沒錢了，就打起了鄰居的主意，夜裏翻牆過去，想把錢全偷走。可是姚氏整晚都在紡紗，而且邊上還站了一個戴著黑帽的人沒法下手。小韓納悶：姚寡婦以貞潔知名，怎麼家裏會有野男人呢？只見黑帽人不斷用手勾斷棉紗綫，可姚氏似乎並未看到。斷了再織，連續幾次之後，站起來痛哭不已。一邊哭，一邊哀嘆夫君早死，家境窘迫，不如一死了之。這時黑帽人起勁了，用紅絲帶在房樑上掛了個繩圈，招手示意姚氏上吊。

小韓忽然意識到，黑帽人其實是個來找替身的吊死鬼。大喊有賊，姚氏聽到喊聲，清醒過來，回頭見牆壁上有隱隱約約的人的印記，但是一動也不動。她用水澆上去，黑帽人在牆上的面目逐漸清晰，而且"時有碧色血水流出，顆顆凝如露珠"。過了一會兒，竟然有小鬼抬著棺材來收屍，把牆壁上的黑帽人像紙一樣揭下，還告訴姚氏："陰陽道隔，鬼為陽氣所沖，魂魄破裂，不能救矣。"這個吊死鬼因為被姚氏陽氣所沖，心膽俱裂，所以再也救不活了。作者則認為，這是因為姚氏守節，所以神明護佑，吊死鬼死於她之手，是邪不壓正。

忽略作者"存天理、滅人慾"的解釋，我們會發現，相對於上一個故事，這個故事裏鬼的死亡明顯形而下了，不僅介紹了具體的個案，還描述了死因，至少顯得合情合理了。而在善於講故事的蒲松齡筆下，死鬼的生活世界就更豐富了。故事比較複雜，有鬼君只說說相關的情節：

戚秀才與女鬼端娘有了私情，還在阿端的幫助下，重新與去世多年的鬼妻相聚。可是，端娘卻為死鬼（聻）纏身，得了鬼病。戚秀才在鬼妻的幫助下，找到死後在陰間行巫術的王老太，請她為鬼祛疰（可理解為降維版的驅鬼）。可是，王老太的法術只生效了很短的時間，端娘依舊病勢纏綿，很快就去世了。"已斃床上，委蛻猶存。啟之，白骨儼然。生大慟，以生人禮葬於祖墓之側。"

端娘以鬼身去世之後，再託夢給戚秀才的鬼妻，"言其夫為疰鬼，怒其改節泉下，銜恨索命去，乞我作道場"。就是說，端娘最初在人間的夫君，連降兩個維度，成為疰鬼，因為端娘成為鬼後不為他守節，一怒之下，將端娘也降維為疰鬼。端娘請他們夫妻倆超度她，讓她升維為鬼。

這個道場的神奇之處在於，這是戚秀才的鬼妻在陰間操持的，連做道場的和尚都是陰間的鬼。戚秀才要做的，只是預先燒些紙錢，供妻子在陰間辦道場開銷。"日方落，僧眾畢集，金鐃法鼓，一如人世。妻每謂其聒耳，生殊不聞。"超度完成，端娘得到解脫，轉生為城隍之女，也就是從疰鬼升格為鬼。（《聊齋志異》卷五〈章阿端〉）

簡單地說，鬼死之後為疰鬼，疰鬼也會為祟，騷擾鬼，甚至索鬼的命，而鬼也有各種祛除疰鬼、超度疰鬼的法術。

如果連起來看，這三個故事對於疰鬼的描述雖然還只是蛛絲馬跡，但細節確實是越來越豐富，層級也越來越清晰。

即使做了這些梳理，疰鬼的生活世界依然不甚清晰。也就是說，最多只能感覺烏龜塔的第二層存在，遑論了解。幸好，《淞濱瑣話》卷三〈柳青〉中記載了關於鬼魂的一段話："吾輩為一氣之所流通，不能久而不滅，故世有鬼死為疰之說。竊謂神仙由修煉得來，尚且劫至則消，何況鬼哉！與其為疰，不如仍復為人，雖然昧厥本來，猶是氣完神足。"這位鬼兄顯然是受到氣之學說的影響,將人、鬼、鼍都用氣的流轉、聚合來解釋,甚至把神仙也拖下水。然而我們知道,氣的一元說是中國古代哲學的一支,按照現在的歸類,就是樸素唯物主義。在馬克思主義理論觀照下,樸素唯物主義的上限是顯而易見的。而鴉鳴國中鼍鬼的墓地,則留下了無限豐富的思辨空間。

陰間的遊戲與娛樂

　　陰間的遊戲和娛樂與陽間相似，大都有賭博性質，比如雙陸、投壺、樗蒲、呼盧等，只是下注的彩頭不同。這個不難理解。有鬼君小時候雖沒有電子遊戲，但小朋友之間即使玩扔沙包、跳房子、攻城、打尜等遊戲，也是要爭輸贏的。這類遊戲也不需要防沉迷系統，因為是集體遊戲，必須多人綫下參與。更重要的是，天黑了就沒法玩。

　　陰間的遊戲，或許也會有兒童參與，但未見記載。成年人的遊戲很多，沉迷於此的亦不少：

　　唐人盧參軍，新婚妻子忽然暴病而亡。他覺得蹊蹺，就急忙去求當時著名的術士正諫大夫明崇儼。明崇儼聽他講完，認定這是"泰山三郎"所為：泰山府君的三公子強搶民女為妻。明大夫給了盧參軍三道符籙，燒完三道符，妻子復生了。妻子說，自己被車載到泰山頂上，進入豪宅，見一執綺少年，就是三郎。三郎命丫鬟給她梳妝打扮，自己則在大堂上與其他少年玩"雙陸"，即使馬上要拜堂了，還是玩得不亦樂乎。三道符分別請來不同級別的天官，要求將民女遣返，直到第三道符，才將盧妻救回。（《廣異記·趙州參軍妻》）

　　泰山府君家公子的行為其實是常態。《太平廣記》卷一百零二"沈嘉會"條記載，唐貞觀年間的校書郎沈嘉會入冥到泰山府君處做客，泰山府君"嘗與嘉會雙陸，兼設酒肴"，開席之前也要賭上幾局。明萬曆年間，黃嘉玉在靖江暫居，晝寢時也見到群鬼娛樂遊戲：

> 一日嘉玉晝臥齋舍，朦朧之間，雙眼未合，忽見一群尺許短人自庭中四面而來，有老者，少者，長髭髯者，跛而行者，美好者，奇醜者，凡數十輩，相聚戲於齋舍。取架上雙陸、圍棋、壺矢之屬，共相娛樂，旁若無人。（《獪園》卷十二〈靖江縣鬼戲〉）

不僅居家要玩，即使在冥官的辦公場所，也備有遊戲器具。《咫聞錄》卷七〈朱翁〉記載：清乾隆年間，浙江寧波有一戶朱姓員外，朱員外家的一個泥水匠被鬼魂附體，失去知覺。朱員外按照當地風俗，"備牲延巫，到城隍廟享神。用雄雞一，將病者衣裏於雞身，呼病人名而歸，名曰追魂"。泥水匠醒來後，說自己遇到幾個無賴地痞鬼敲詐，不從，被他們推推搡搡。經過衙門口時，被差役喝散。可是自己不認路，沒法回家，陰差就讓他在門房候著，找人領他回去。他在門房枯坐，"房有狹桌，桌有抽斗，斗有竹牌一副，少幺六一張。悶坐無聊，自玩其牌"。後來才有人領他還魂。朱員外聽他說得神奇，專門跑到城裏的城隍廟印證真假。進了門房，果然在抽屜裏發現一副竹牌，數了數，只有三十一張，少的那張就是"幺六"。顯然，陰差在公務之餘的遊戲娛樂也是玩牌。

以上說的這幾例並沒有明顯地暗示賭博性質，卻有點像我們現在玩撲克牌的升級、摜蛋、夠級等遊戲，主要還是娛樂。但是鬼神賭性發作起來，不輸於人類。《子不語》卷三〈賭錢神號迷龍〉說的就是陰間的賭場，"迷龍[1]高坐抽頭，以致大富。群鬼賭敗窮極，便到陽間作瘟疫，詐人酒食"。有些山神、土地神輸急眼了，連老婆都能拿去下注：

清代蘇州西郊的穹隆山廟，廊下院落有兩座神像。有意思的是，兩座神像邊"各塑一夫人像，珠冠繡帔，儼同命婦"，正是這兩位神的夫人。廟祝一般睡在院外，某天有事就在院中睡下，半夜時分，兩位神仙忽然賭性勃發：

> 忽見左座一神，竟趨右座曰："今夕更漏頗長，伏枕不能成夢，盍一作樗蒲戲？"右座者笑曰："牧豬奴！賭興又發耶？但我輩近日香火零落，何得有現注？"左座者曰："請以籌馬，負者明日覆算。如不歸，當以新婦准負債。"右座者笑諾。

兩位的賭注不小，因為香火零落，所以約定如果賭資不夠，將各自的夫人作為抵押。賭了兩個時辰，右邊的神大獲全勝，把左邊神的夫人贏了，約定第二天送夫人過來。廟祝看得神奇，第二晚又在院中窺伺，只見左邊神的夫人怒斥其夫："黑心賊！汝當日在修文殿鬮選時，幸儂脫簪珥夤緣得一官。今以淫賭，輒將枕邊人作孤注，天下負心人有若是哉？"當初你買陰官的錢還是靠我變賣首飾得來的，如今竟然把我作為賭注……右座的神仙吵著要人，左座的神仙老婆死活不依，整夜吵來吵去。廟祝不堪其擾，"竟具鼓樂，送左座夫人亦登右座；喧聲始絕"。後來，當地鄉民索性稱此廟為輸贏廟。（《諧鐸》

---

1 迷龍，指陰司賭神。——編者註

卷十〈神賭〉

　　陰間和陽間一樣，當時的休閒娛樂就是這些項目，雖有賭博、賭場，但不能算是陰間文化的主流。流風所及，連狐狸精也會玩這些遊戲。比如：

> 　　北京安福胡同有魯家，有狐狸聚其室中，晝則出遊，不見其形。惟一禿髮女子見之，飲食供具，皆其奔走。日漸暮，始見形，方巾、胡帽、彈子巾，各色衣飾，及老少肥瘠，好醜短長，無不異狀。列坐長桌，呼盧喝采，與人無別。（《螢園》第十四〈妖孽‧狐妖三〉）

　　說起來，這些休閒遊戲大多比較平民化，雖然呹三喝四的樣子比較吵鬧，但一般情況下花費較少。富貴鬼的休閒娛樂並不是這個，而是唱堂會，這種開銷，平民鬼是承受不起的。比如《聊齋志異》卷十一〈晚霞〉中提到，龍窩君（龍王）宮中就有一隻龐大的文工團，分為“夜叉部”“乳鶯部”“燕子部”“柳條部”“蛺蝶部”等，這個豪奢的規模，身為普通百姓的鬼是想像不出的。這種級別的演出，不僅沒有什麼防沉迷系統，還存在等級差異。《邵氏聞見錄》卷一介紹了宋真宗時的一次演出：

> 　　真宗東封西祀，禮成，海內晏然。一日，開太清樓宴親王、宰執，用仙韶女樂數百人；有司以宮嬪不可視外，於樓前起彩山幛之。樂聲若出於雲霄間者。李文定公、丁晉公坐席相對，文定公令行酒黃門密語晉公曰：“如何得倒了假山？”晉公微笑。上見之，問其故，晉公以實對。上亦笑，即令女樂列樓下，臨軒觀之，宣勸益頻，文定至沾醉。

真宗設宴請客，安排宮廷女子樂師助興。官吏以宮嬪不能拋頭露面為由，在太清樓前用宮燈設置了一道山一樣的屏障。李迪無法觀看表演，一飽眼福，就讓斟酒的內侍偷偷傳話給丁謂，道：「怎麼才能放倒這屏障呢？」丁謂笑而不答。宋真宗不知丁謂為何發笑，問其原因。丁謂倒也老實，據實回答。宋真宗便下令樂師移至太清樓下表演，賓客得以觀之。李迪和丁謂官居宰相，也只是在宋真宗的善意許可下，才有機會觀賞特供的演出。由此可見，即便是人間的遊戲，普通人也是玩不起的。

鬼市的秘密

　　冥界的經濟問題，向來有很多矛盾的說法。有鬼君之前與一位媒體朋友在關於紙錢通脹率的討論中，曾經提了一個說法：

　　在鬼世界，衣食需求都仰仗於人世。那麼，冥幣的錨點無論是黃金、石油或不動產，其實都不重要。總歸是要人間燒給他們的。古人祭祖，除了燒紙錢，還會燒衣食住行等一應生活所需的物品。祖先在冥界既然已衣食無憂，那麼冥幣上的天文數字，也就只是數字遊戲而已。就像我們玩大富翁遊戲，遊戲中紐約、洛杉磯那些商業大廈的價格、過路費，完全可以隨意標註，絲毫不會覺得這個遊戲中的價格對於真實世界有什麼衝擊。鬼大概也是這麼想的。

　　在志怪小說裏，很多涉及燒紙錢的故事中，鬼魂在要求燒紙錢的同時，也會讓親人準備食物及生活用品以供使用。所以，紙錢大都不是用來實現基本消費或商業投資。那麼紙錢用來做什麼呢？很多故事裏，紙錢會用來行賄、打點陰差，甚至用來賭博。比如，《子不語》卷三〈賭錢神號迷龍〉說，某人生性好賭，死後還魂，讓家人"速燒紙錁，替還賭錢"，那些輸了的"賭窮敗極，便到陽間作瘟疫，詐人酒食"。

　　與之相比，真正艱難的是那些在陽間沒有親友祭祀的孤魂野鬼。他們確實有生存之憂。而在盂蘭盆會（中元節）這天，各種供奉會向所有鬼世界開放，餓鬼也能藉此飽餐一頓。所以對鬼世界來說，這一天可能比只是祭祖的清明節更重要。

其實，在陰間，經濟問題並不是關係到國計民生的大事。當然，不重要不等於不存在，諸多關於鬼市的記載，說明那裏的小商品經濟還是有一定的發展。

明萬曆年間，吳縣秀才黃嘉玉染時疫病故，過了四五天又復活。他入冥時並無勾攝的陰差指引，遊魂在一望無際的曠野荒郊亂闖，心中驚懼。走了很久才見到人煙村落，遠遠能看到高城：

> 便入城，城內有通衢夾道，皆市廛闤闠，屠門米肆，雞犬相聞，或斧薪，或鍛鐵，或飲酒、吹笙，絕無相識。

有肉舖、米舖，有賣柴火的、打鐵的、賣藝的，當然還有酒樓。描述得雖不很細緻，但顯然是熱鬧的集市，到處是店舖與地攤，未提及有城管。黃秀才正茫然無措，正巧遇到冥府官員出行，意外認出那個官兒竟然是父親的故交、嘉靖朝首輔顧鼎臣。顧鼎臣命陰差放故人之子還陽，這才逃過一劫。（《獪園》第九〈冥跡·黃生遇顧文康〉）

在另一則故事中，入冥的曹理齋先生，遇到的攤販就是自己的親人。開封人曹理齋早年父母雙亡，由祖母撫養長大。他九歲時曾身染重病，夢入冥界。看到一處官府前"有布攤貨果餌者"，小娃娃不懂陽間陰間，正在果餌攤前流口水。右邊攤位一個"短身白鬚"的人指著邊上"頎而長，面瘦頰微削，無鬚"

的人說："這是你三公公。"小孩子很聽話，喊了聲"三公公"。三公公說："你個小娃子，到這裏來做什麼，趕緊回去。"說著抓住他肩膀一推，孩子就醒了。醒後他向祖母說起三公公的樣子，祖母說："這是你祖父的三弟曹子敬，在開封做幕僚，四十歲上就去世了。"曹家三兄弟只有曹理齋一個獨苗，他兼祧三房。所以曹子敬的"精魄亦護持之也"。（《洞靈續志》卷三〈曹理齋〉）

這次的鬼市直接擺在冥府門口，顯然冥府並不認為擺攤有礙觀瞻。

有鬼市，也就會有糾紛，所以也有市場管理工作。四川酆都縣一直有鬼市的傳統，"日暮有鬼即出市鄽中交易"，天天如此，人們也習以為常，到了晚上主動遠離鬼市，互不干擾。某天，住在鬼市附近的李縣丞忽然被冥府徵召，據他說，因為"酆都縣市價不公，以我無私，遣為議斷"，而且是閻王親自下的調令。李縣丞就此去世。後來曾有人晚上誤入鬼市，見到李縣丞，"從者數百人，刑械畢列"，很可能城管隊伍也成立了。需要數百人的城管，可見鬼市的規模之大。（《古今奇聞類紀》卷四〈酆都鬼市〉）

這個故事對鬼市的設定很有趣，鬼市與陽間共享一個空間，只是日暮即出，對陽間的正常生活干擾較少。那不就是夜市嗎？在另一個故事裏，進一步印證了這一點：

民國時期，無錫北門內大街有家布舖叫"唐瑞成"，少東家唐少蘭每天到布舖打理，晚上出北門回家。某年夏天，他從布舖出來，沒留神出了西門。西門外原本是荒林曠野，這時卻"廣達坦坦，兩旁店肆林立，上為層樓，電火燦爛如畫，車馬行人，往來喧呷，儼如海上之南京路"。無錫夜市竟有如此繁華，堪稱上海南京路。唐少蘭信步街市，顧盼甚樂。忽然有人從後面拍了一下他的肩膀，回頭一看，是鄉里的熟人，手裏提著燈籠。唐少蘭還納悶呢，這大街上"電火燦爛如晝"，哪裏用得著燈籠。忽然眼前一黑，定定心神，這才發現自己在惠山山腳下的樹林中漫步，離無錫城已經好幾里地了。原來他誤入鬼市，幸好有鄉人將其喚回。（《洞靈續志》卷六〈鬼幻〉）

可能會有人說，這是鬼為人設定的幻覺，可是一般鬼幻總有目的，或為縊鬼、溺鬼求替，這個故事並無這類情況，更大的可能是唐少蘭誤入鬼界。實際上，人界與鬼界的接壤處並不是只在酆都，活人稍不注意，機緣巧合，就可能誤入鬼界。鬼市設在無錫城外的惠山腳下，對陽間的影響也確實比較小。

從這個故事可以看出，民國時期的鬼市已如此發達，四十年前的無錫，未必會有這樣繁華的夜市。

為什麼神仙愛下棋，而鬼只愛賭錢？

　　古代關於下棋的故事，很多來自仙話傳說，比較著名的有陳摶與趙匡胤下棋，把華山贏了；晉時一位叫王質的樵夫到山裏砍柴，見二童子下圍棋，便坐於一旁觀看。一局未完，發現斧柄已經爛了，他回到村裏，才知已過了數十年。而在幽冥世界，關於下棋的故事卻很少。雖不能說沒有，但是比起陰間豐富多彩的賭鬼故事來，鬼下棋的軼事可謂乏善可陳。

　　為什麼神仙這麼喜歡下棋？有鬼君近乎棋盲，只能胡亂猜測，大概有以下幾個原因：第一，無論圍棋還是象棋，都有大格局的背景，比如圍棋中黑白陰陽的相生相剋，象棋中車馬炮對陣的戰爭戰略；第二，棋手可以從棋局中感悟高級的人生智慧，比如"流水不爭先""落子無悔"；第三，琴棋書畫是文化人的交際方式，一般人只是喝雉呼盧而已。

　　《西遊記》第二十六回，孫悟空為尋求醫活人參果樹的方子，來到蓬萊仙境求援：

　　　　那行者看不盡仙景，徑入蓬萊。正然走處，見白雲洞外，松蔭之下，有三個老兒圍棋：觀局者是壽星，對局者是福星、祿星。

　　如果三位老神仙在玩鬥地主，為先出單張還是對子爭得面紅耳赤，哪有半點"瑤台影蘸天心冷，巨闕光浮海面高"的意境。

而悟空到底是妖猴，如要下棋，根本就坐不住。他在天庭主要活動就是呼朋引伴："與那九曜星、五方將、二十八宿、四大天王、十二元辰、五方五老、普天星相、河漢群神，俱只以弟兄相待，彼此稱呼。今日東遊，明日西蕩，雲去雲來，行蹤不定。"（第五回）

除此之外，大概就是賭博了。第七十七回曾有提及：

> （行者）忽想起："我當初做大聖時，曾在北天門與護國天王猜枚耍子，贏得他瞌睡蟲兒，還有幾個，送了他罷。"即往腰間順帶裏摸摸，還有十二個。"送他十個，還留兩個做種。"即將蟲兒拋了去，散在十個小妖臉上，鑽入鼻孔，漸漸打盹，都睡倒了。

護國天王好大的名頭，但在《西遊記》的設定中，恐怕也就是天庭的保安、門房。顯然，即使在仙界，遊戲娛樂也有高雅和低俗之分，這跟神仙的等級很有關係。換句話說，神仙的級別決定了他們的眼界。下棋這種需要大格局、大視野的遊戲，對看門的護國天王來說，實在有點不合適。《天龍八部》中被邀請參與破解"珍瓏"棋局的人，都是段譽、慕容復這類世家公子哥，而《鹿鼎記》中市井出身的韋小寶，則最愛用牌九打比方。在志怪作品中，頗能說明下棋與等級關係的，是關於王弼的一則故事：

湖南麻陽某村民，因為田裏的禾苗總是被一頭豬啃得七零八落，就準備了弓箭想收拾這牲畜。某天又遇到這頭豬來啃食禾苗，一箭射中，豬帶著箭狂奔。這人在後面緊追不捨，追出幾里地後，這頭豬竄進一戶宅院。村民也追進去，見庭院裏有位老人，帶著個青衣童子。老人問明情況，說："趕盡殺絕，未免有些過了。既然來了，不如喝杯酒吧。"童子就帶著這人進屋，只見大廳裏群仙畢至，羽扇綸巾，或下棋，或桌遊，或飲酒，自得其樂。童子倒了杯酒給這人喝了，又帶他四處閒逛，只見各間屋中都有仙人，只是沒人與他說話。

遊覽已畢，村民再到庭院拜見老人，見老人正在斥責看門的童子："怎麼沒把門關好，讓豬到處亂跑？"老人轉頭對村民說："這豬非凡間所有，你且回去吧。"於是門童領他出去。村民出門後，向童子打聽老人的身份。童子說："這是河上公，上帝命他為諸仙講授《周易》。"村民再問童子的名字，童子有點不好意思，說："我就是王弼，因為《周易》學得不好，未能通其精義，所以被罰看門。"這人待要再問，童子已經關上門，這宅院也倏然不見了。（《太平廣記》卷三十九〈麻陽村人〉）。

河上公和王弼註釋的《老子》，都是道家（道教）的經典，王弼還曾為《周易》作註。不過在這個故事中，王弼只配看門，沒資格下棋，地位未免太低。有鬼君對道教神仙的排名不太了解，不過，傳說張天師張道陵七歲時就讀了河上公註釋的《老子》，《神仙傳》裏也有河上公的傳記。大約河上公在仙界的地位高過王弼，也是很有可能。

神仙不僅愛下棋，還會從人間徵召國手，《北夢瑣言》卷十記載：

唐僖宗年間，中辦有位叫滑能的翰林待詔，圍棋下得極好，朝野上下，全無敵手。某天有個姓張的小孩子來找他挑戰，事先說好請滑能讓他一子。可是棋局展開，令人吃驚。長考[1]半天才下一子，滑能深思熟慮，而小孩子則不假思索，隨手跟著就下，落子後還在院子裏溜達，四處觀景，等滑能再下。雖然勝負不知，但這孩子顯然是個高手。後來黃巢兵起，逼近長安，僖宗逃往四川，滑能也打算跟去。正在收拾行李的時候，姓張的小孩子上門對他說："不必收拾行李了，我不是什麼棋手，是天庭的使者，'天帝命我取公著棋'，你趕緊安排家事（後事）吧。"滑能驚愕不已，全家哭作一團，當天他就去世了。此事轟傳長安城，人人皆知。說起來，天帝喜歡文化人，也是慣例了。英年早逝的李賀，傳說就是因天帝新修了宮殿"白瑤"，被徵召去創作《新宮記》，成為仙界的桂冠（御用）詩人。（《宣室志》）

至於各路散仙，每日悠遊天上人間，也很愛下棋：

明人盛大有是圍棋高手，人稱"吳下弈手第一"，也就是江浙地區的圍棋第一人。有一次他到常州去玩，遇到扶乩請仙，心念一動，邀請乩仙手談一局，乩仙爽快地答應了。下到中盤，進入收官時，乩仙說："不用再下了，我已輸了一子半。老兄棋力不凡，我再去仙界請高手來。"說著"乩即寂然"，去搬救兵了。盛大有將棋局自行填滿數了數，果然贏了一子半。過了不久，乩仙請來高手與他對弈，這次一直下到終局，點目的結果是盛大有輸了一子半。那位棋仙對盛大有讚不絕口，稱他是人間排名第三的高手。盛大有好奇，問這位棋仙在仙界的排名，棋仙說："排名第七而已。"仙界排名最高的是南極仙翁，

---

1 長考，圍棋術語，指棋手經過長時間思考來下一步棋。——編者註

宇宙第一全無敵。(《堅瓠續集》卷三〈棋力酒量〉)

　　神仙們這麼喜歡下棋，一方面當然是為了娛樂；另一方面，可能也存了"個中一著如教會，殺盡三千與大千"的豪情。(《夷堅志‧夷堅三志》辛卷四〈觀音寺道人〉)

　　幽冥世界當然也有少許鬼魂下棋的記載，但更多的是在賭錢。關於賭鬼的情況，這裏只指出一點，有鬼君所見的材料中，冥界設有大量的賭場、妓院、鴉片煙館等三俗娛樂場所，但絕無修身養性、提升境界、開闊視野的棋待詔翰林院。

　　"天公不語對枯棋"，再慘淡的局面，也是天庭的事，身在冥界，就該安分做鬼，不要問得太多。

食物鏈頂端的神仙和底層的鬼

有鬼君小時候讀《西遊記》時，除了艷羨那些奇妙的咒語、法術之外，對作者不遺餘力描述鋪陳的素齋菜單，也會看得口舌生津。現在回想那些情節，如來佛、觀音以及唐僧師徒都是吃素，自不必談，天庭的神仙們好像也只吃素，反倒是下界的妖魔鬼怪酷愛吃葷。比如孫悟空推倒鎮元觀的人參果樹，四處求取仙藥，曾到瀛洲找九老，只見九老在那裏"著棋飲酒，談笑謳歌"：

　　碧藕水桃為按酒，交梨火棗壽千秋。……

　　九老又留他飲瓊漿，食碧藕。行者定不肯坐，止立飲了他一杯漿，吃了一塊藕，急急離了瀛洲，徑轉東洋大海。

而盤絲洞的蜘蛛精，給唐三藏提供的餐食則是：

　　原來是人油炒煉，人肉煎熬，熬得黑糊充作麵筋樣子，剜的人腦煎作豆腐塊片。兩盤兒捧到石桌上放下，對長老道："請了，倉卒間，不曾備得好齋，且將就吃些充腹，後面還有添換來也。"

類似的橋段在書中很多，不再列舉，在《聊齋志異》卷九〈安期島〉中，神仙們喝的石鐘乳，還是冷熱兩用飲水機的前身：

> 洞外石壁上有鐵錐，銳沒石中；僮拔錐，水即溢射，以盞承之；滿，復塞之。既而托至，其色淡碧。試之，其涼震齒。劉畏寒不飲。叟顧僮頤示之。僮取盞去，呷其殘者；仍於故處拔錐，溢取而返，則芳烈蒸騰，如初出於鼎。

神仙們真的只吃素？《獪園》中的一則故事，大約可以解惑：

明代初年，山西平陽有個造金箔為業的小手工業者金箔張，他兒子張二郎小時候遇到一位仙人，傳授了他一卷《鹿盧蹻經》，就是道士的飛行之術。張二郎少年心性，學會之後就恃技亂竄，"閭里駭其所為"。

某天，有個道士來訪，說自己的師傅卸足道人也會些許小法術，請張二郎去看看。張二郎說好。第二天一早，兩位道童各騎著一條龍下來，還牽著一條龍作為張二郎的坐騎。張二郎正準備騎上坐騎，那條龍貌似性子很烈，"龍獰甚，昂首不伏。童子出袖中軟玉鞭鞭之"，這才老實了。

眾人來到一處山谷，各種花團錦簇，一看就是仙山的模樣。進入道觀，只見一個道長坐在床上，神奇的是，他的兩條腿卻掛在一丈遠的牆上。道長見到張二郎很高興，說道："貧道因為不願踏入紅塵，一直把膝蓋卸下來，雙腿掛在牆上。今天見到小哥你很高興，就破例一次吧。"說著招招手，"壁間雙足，自行前著膝上，輻輳如常人"。

卸足道人繼續裝腔作勢，故意讓無首童子出來獻茶，假意喝斥：「對佳客乃簡率如此乎！可速戴頭來。」到了飯點，對客人說，倉促之間沒什麼準備，就隨便吃道「燴青龍肝」吧。還再三向客人致歉，說孩兒們日常做青龍料理習慣了，有點血腥，莫怪唐突：

> 見童子牽一青龍於階下，引短劍斷龍首，龍亦蜿蜒就屠，先剖其腹，次取其肝，切肉作膾，聚肝其上燔之，爪牙鱗角，俱棄於地。少焉登俎，五采爛然。

張二郎真的被嚇住了，燴龍肝端上來，一口沒敢吃，全讓卸足道人一掃而空。張二郎驚懼之下，拜道長為師，學習法術，幾個月後被送走。回頭再看，「四顧皆黃沙白草之鄉，無復花木陂陀、泉石洞壑。訊之，乃在大同渾源州北嶽恆山下。步行旬日，始得還家」。（《螢園》第二〈仙幻・卸足道人〉）

按照仙界的尊卑排序，卸足道人佔據洞府，可能屬地仙，而且，在地仙中也屬級別偏低的。有個細節似乎暗示了這一點。張二郎學藝數月後回家，步行十天到家。可見，卸足道人的洞府只是空間尺度與凡間不同，時間尺度則與凡間一樣。而《幽明錄》所記載的劉阮入天台的故事中，劉晨、阮肇「停半年還鄉，子孫已歷七世」，天台洞府中的半年，等於人間的兩百年。但不管怎樣，能位列仙班，修為肯定是有的，絕非那些汲汲於求道而不可得的修仙者可比。

當人類要炫富時，可能會想到像石崇、王愷那樣，把蠟燭當柴燒，但也不過是快速做出豆粥，或者蒸出鮮美的乳豬。而與世俗之人相比，佔據食物鏈頂端的神仙　拿出一道堂食青龍肝招待客人，就足以讓人瞠目結舌。

神仙佔據了食物鏈的頂端，而最底層的鬼，則吃得比較慘淡。

飲食男女，人之大慾，也是鬼之大慾。所以鬼世界第一看重的就是吃。《論語》說"祭如在"，意思是祭拜祖先就得像祖先真的在一樣，強調祭祀的時候要誠心誠意，不能糊弄祖先。但是，怎樣祭祀才不算敷衍呢？《論語》裏沒有細說，所以有了具體的司法解釋。《禮記·禮運》說："夫禮之初，始諸飲食，其燔黍捭豚，污尊而抔飲，蕢桴而土鼓，猶若可以致其敬於鬼神。""夫禮之初，始諸飲食"，讓老祖宗吃好喝好是第一位，即使是粗茶淡飯也"可以致其敬於鬼神"。然後做註的鄭玄再來加一句："言其物雖質略，有齊敬之心則可以薦羞於鬼神，鬼神饗德不饗味也。"所以，下面討論的鬼喝粥的問題，其實沒有什麼深刻的意義，態度才決定一切：

唐人許至雍與妻子感情甚篤，但妻子很早就去世了，許至雍日日思念，難以自拔。某天妻子託夢給他，說了一句話："若欲得相見，遇趙十四。莫惜三貫六百錢。"但趙十四是誰，他也不知道，只能心裏記住。

過了幾年，許至雍到蘇州閒遊，聽說"此州有男巫趙十四者，言事多中為土人所敬伏"。於是找到趙十四，說明來意。趙十四說："我本來只召生魂，不召死魂，不過你們夫妻情深，而且又是尊夫人託夢所致，我看行。"當下計算了所需費用，果然是三貫六百錢。選好了吉時，趙十四"灑掃焚香，施床几於西壁下，於檐外結壇場，致酒脯。呼嘯舞拜，彈胡琴"。排場不小。半夜時分，許先生的亡妻果然現形與他相會。夫妻倆暢敘別情，談及冥界情況，夫人告訴他：陽間各種祭日祭奠，冥界都能收到，但最看重的是 "漿水粥" —— 白粥（又問："冥間所重何物？" "春秋奠享無不得，然最重者，漿水粥也。"）許至雍趕緊請趙十四拿來白粥，許夫人端起碗來吃，吃完再看，那碗粥還在。

過了一會兒，妻子要告別離開，許至雍請妻子給他一件信物帶回去，妻子說："幽冥唯有淚可以傳於人代。"於是許至雍脫下外衣放在地上，妻子拿衣服捂著臉痛哭一番，乘空而去。許至雍再看衣服，"淚痕皆血也"。（《太平廣記》卷二八三〈許至雍〉）

許夫人之所以對丈夫說冥界最看重白粥，更大可能是因為他們夫妻情深，並不需要靠大魚大肉來表達思念。另一處記載中似乎也暗示了這一點：

唐太宗開元年間，晉昌人唐晅，妻子早亡，他感懷無已。過了幾年，在家中意外遇到妻子現形：

> 妻亦流涕謂晅曰："陰陽道隔，與君久別，雖冥寞無據，至於相思，嘗不去心。今六合之日，冥官感君誠懇，放兒暫來。千年一遇，悲喜兼集。"

唐晅悲欣交集，讓家人都來拜見女主人。然後兩人進入內室，雖然陰陽異路，但妻子還是給足了他面子："陰陽尊卑，以生人為貴，君可先坐。"等夫君落座之後，妻子開始半開玩笑半當真地抱怨：

"君情既不易平生，然聞已再婚，新故有間乎？" 晅甚怍。妻
曰："論業君合再婚。君新人在淮南，吾亦知甚平善。"

　　雖然妻子隨後找補回來，唐晅臉上還是有點掛不住，故意
問起妻子在冥界的生活，說，你們在陰間，也有改嫁的吧。妻
子說，"死生同流，貞邪各異。" 自己被亡故的父母逼著改嫁，
對方是北庭都護鄭乾觀的姪子鄭明遠。可是自己 "誓志確然，
上下矜閔，得免"。

　　唐先生越發有點接不住了，只好問妻子想吃點什麼，妻子
說："冥中珍羞亦備，唯無漿水粥，不可致耳。""晅即令備
之。既至，索別器，攤之而食，向口如盡。及撤之，粥宛然。"
（《太平廣記》卷第三三二〈唐晅〉）

　　這裏的說法與前一則稍微有些不同，好像陰間山珍海味都
有，獨缺白粥。但我們很難理解這一點，只能歸結於兩位妻子
出於對夫君的情意，才提出喝粥這麼簡單的要求。萬一她們提
出要堂食青龍肝，兩位男士就只能一頭撞死了。實際上，亡靈
確實會更多地為在世的親人著想，在另一則再生的故事中，已
逝的妻子體諒夫君家境貧寒："百味之物，深所反側，然不如賜
茶漿水粥耳，茶酒不如賜漿水。又貧居之易辨。"（《太平廣記》
卷三百八十〈鄭潔〉）

　　比較了這幾則故事，我們大致可以說，鬼確實是喝粥的。
但祭奠祖先時，並不是非將粥作為祭品不可。更重要的，喝粥
是鬼魂的最低生活要求，他們往往如此懇求："墮餓鬼道中，已
將百載，每聞僧廚炊煮，輒飢火如焚，窺君似有慈心，殘羹冷
粥，賜一澆奠，可乎？"（《閱微草堂筆記》卷十一）

餓鬼

俗語說，"有錢能使鬼推磨"，這是真的嗎？

每年中元節，各家都會準備祭品給餓鬼食用。關於餓鬼，丁福保的《佛學大辭典》[1] 解釋說：

> 法華經云：受地獄餓鬼畜生之苦是也。又為六趣之一。餓鬼趣常苦飢餓，由其所受果報不同，而有勝劣。有福德者，則為山林塚廟之神。下者居不淨處，不得飲食，常受刀杖之苦。雜心論八曰："從他希求故，說餓鬼。"婆沙論百七十二曰："有說飢渴增故名鬼，由彼積集感飢渴業，經百千歲，不得聞水名，豈能得見，況復得觸。有說被驅役故名鬼，恆為諸天處處驅役馳走故。有說多希望故名鬼，謂五趣中，從他有情。多希望者，無過此故。"大乘義章八末曰："言餓鬼者，如雜心釋，以從他求故名餓鬼。又常飢虛，故名為餓。恐怯多畏，故名為鬼。"此鬼類中。有藥叉羅剎之大威德者，故新譯曰鬼，不曰餓。然舊譯之經論，名曰餓鬼，以鬼類中餓鬼最多故也。

1　丁福保編，《佛學大辭典》（下冊），上海：上海書店出版社，2015 年版，第 2726 頁。

　　鬼由於"不得飲食，常受刀杖之苦"，常苦於食不果腹，所以其中餓鬼最多。當然，在佛教傳入中國之前，鬼的捱餓問題，也牽動著肉食者的心。《左傳‧宣公四年》說，若敖氏的後代楚國令尹子文，擔心其姪子越椒將使若敖氏滅宗，臨死前哭著對族人說："鬼猶求食，若敖氏之鬼，不其餒而？"鬼尚且要吃東西，若敖氏以後沒有子孫供奉，鬼魂要捱餓了。

　　死去多年的祖先尚且會因後代滅族而捱餓，剛餓死的鬼就更不用說了。大約本身因飢餓而死，他們對食物的渴望尤為強烈：

　　霍丘縣令周潔罷官之後，遊歷於淮河一帶，正趕上大饑荒，到處是逃荒的難民。周潔雖然不至於有餓肚子的擔心，但根本找不到旅店。走了很久，見遠處村落裏似乎有人煙，趕過去敲開一戶人家。有一女子出來應門。周潔想要求宿，女子說："家裏人因為沒飯吃，都餓病了，也沒法招待您，只有客廳裏有張床供您休息。"周潔感謝不已，進了屋子，女子的妹妹從裏屋出來，躲在姐姐後面。周潔安頓下來，拿出自帶的乾糧，給了女子兩個餅。兩人拿了走進內室，再也沒有一絲動靜。周潔這才感到有點瘆人。第二天一早，他向女子告別，可是內室沒有人答應，推開門一看："乃見積屍滿屋，皆將枯朽，惟女子死未旬日，其妹面目已枯矣，二餅猶置胸上。"他昨晚見到的，其實是餓死不久的女鬼。（《稽神錄》卷三〈周潔〉）

　　兩女子大約因為剛死不久，形神尚未消散淨盡，所以還能與人交流。在陰間呆久了的餓鬼，可就沒這麼矜持了。

　　有人曾描述盂蘭盆會上趕著吃免費食物之餓鬼的盛況："俄有黑氣數十百，其巨如斗，源源而來，皆從目前經過，隱隱若

有聲，的是奇觀。"（《螢窗異草》卷三〈梁少梅〉）

　　據袁枚說，江蘇蘇州洞庭山有很多餓鬼。某家蒸饅頭，出鍋一揭開籠屜，只見"饅頭唧唧自動，逐漸皺縮，如碗大者，頃刻變小如胡桃"。這縮水的饅頭精華盡去，吃起來像麵筋一樣無味。有老人說，這是餓鬼在搶饅頭吃，揭開籠屜的時候，用紅筆點一下饅頭，他們就搶不了了。這家人準備好紅筆，但揭開籠屜時，沒點到的照樣縮下去，一個人點，怎麼也敵不過眾餓鬼搶食。（《子不語》卷二十二〈鬼搶饅頭〉）

　　人最多能餓三五天，鬼能餓多久呢？說法不一。下面的故事是其中之一：

　　杭州錢塘秀才張望齡，感染瘧疾，偶遇已故的朋友顧某幫忙，得以痊癒。張秀才見朋友為自己的事奔波，可是"衣裳藍縷，面有菜色"，顯然生活極不如意。顧某說："我現在是本地的土地神，因為官職小，地方清苦。我自己又有心理潔癖，不肯擅受祈禱，作威作福，所以終年沒有什麼香火。雖然做了這麼個小官，但常常忍飢捱餓。"張秀才說："這好辦。"第二天，張秀才準備了豐盛的貢品祭奠朋友。當晚夢見顧某來感謝："'人得一飽，可耐三日；鬼得一飽，可耐一年。'我享用了你這一頓大餐，可以一直捱到冥府下次考評，也許能以優秀的等第升遷。"張秀才不解，說："你如此清廉，按理應該直升擔任城隍啊？"顧某說："能破格提升的，只有那些懂應酬、會吹捧的官；像我這樣的清官，只能靠常規的考評，還得看運氣。"（《子不語》卷八〈土地受餓〉）

　　冥官是否廉潔，這裏不討論。重點是"鬼得一飽，可耐一年"。他們吃了這頓，下一頓不知要等多久。所以，能捱一年的餓，才是活下去的基本素質。

人當然不會像鬼那樣堅持一年，但是飢餓的體驗是相通的。有位同事曾經說，人可以分成兩類：用過糧票的和沒用過糧票的。有鬼君想起還在用糧票的時代，學過的一篇課文：

> 小的時候，我是那麼饞！剛抽出嫩條還沒打花苞的薔薇枝，把皮一剝，我就能吃下去；剛割下來的蜂蜜，我會連蜂房一起放進嘴巴裏；更別說什麼青玉米棒子、青棗、青豌豆羅。所以，只要我一出門兒，碰上財主家的胖兒子，他就總要跟在我身後，拍著手、跳著腳地叫著："饞丫頭！饞丫頭！"羞得我連頭也不敢回。
>
> 我感到又羞惱，又冤屈！七八歲的姑娘家，誰願意落下這麼個名聲？可是有什麼辦法呢？我餓啊！我真不記得什麼時候，那種飢餓的感覺曾經離開過我，就是現在，每當我回憶起那個時候的情景，留在我記憶裏最鮮明的感覺，也還是一片飢餓……（張潔〈挖薺菜〉）

溫飽問題可以摧毀人們心理的很多道德防線，當餓鬼遇到溫飽問題時，別說推磨了，更下賤的事也肯做。

清道光年間，福州城外閩江的南台，有很多船家聚集，做皮肉生意。有個要飯的，經常在這裏流連。此人模樣醜陋，"面無臉皮，兩顴紅肉纍纍"，眾妓女原本都嫌棄他。不過，當時有位客人得了疝氣，這人自薦，說"呵其腎囊可癒"，客人一試，果然靈驗得很。眾妓對他立時刮目相看，經常給他些剩飯剩菜吃，偶爾也讓他幫著做飯燒菜。就這樣，這人做了沒有編制的龜奴。一天，客人嫌他做的湯涼了，很不高興。其他龜奴為了讓客人消氣，抓起棍子就朝他打過去，沒想到，此人"應手而滅"，眾人才明白，這叫花子其實是鬼。作者感慨說："人無臉皮，百事可做，鬼無臉皮，亦乞食供役於娼妓之家耳。"（《妄妄錄》卷一〈無臉皮鬼〉）

這個故事太像寓言了。不過，鬼為了吃頓飽飯，不願將臉面示人，倒真是有的。

松江人張儼在江蘇南京做師爺，他租住的房子一直有鬼出沒，而且是個吃貨鬼。每到吃飯時，僕人把飯菜端上桌，一轉身就不見了。而且這鬼從不挑食，無論葷素、冷熱，一律掃蕩乾淨。必須有人時時守著飯菜才行。即便是剩飯剩菜，端到廚房，也是稍一分神就被他吃光。

這個吃貨鬼經常現形，只是看不到臉，只能見到他俯首在盤盞之間，飛速遊走。剛要抓他，又立刻消失。張儼的朋友聽說，專門買了一大堆雞鴨魚肉，還有一條豬腿，就為了見識鬼中老饕的吃相。果然，一桌好菜擺上，"一頸連腦後髮際次第俯几上"，就見一帶辮子的腦殼在飯桌上遊走，頃刻間吃了罄盡。只有豬的脊椎骨還在盤旋不定，那是這哥們在啃骨節縫隙中的肉。（《妄妄錄》卷二〈老饕〉）。

如果我們想與這兩個故事裏的鬼談吃相、談道德、談自尊，那是很滑稽的，因為這兩位根本就沒興趣跟人類交流，吃飽苟活大概已是他們最大的夢想。

餐飲節儉令

　　為了抵制"舌尖上的浪費"，各地奇招迭出。實際上，在吃飯問題上，無論奢靡還是儉省，中華歷來有悠久的傳統。

　　古人豪奢的吃法，石崇、王愷早已做了榜樣，大家都熟悉，不必囉嗦。節約的妙法，倒可以介紹一二：

　　《菽園雜記》卷三記載：江西民俗勤勞節儉，無論人吃飯還是鬼吃飯，都有節制之法。比如，吃飯時，第一碗飯不許吃菜，第二碗才能"以菜助之"，稱為"齋打底"。葷菜則儘量買豬內臟，稱為"狗靜坐"，因為沒有吃剩的骨頭餵給狗吃。宴席上的果盤，全部"以木雕刻彩色飾之"，只有中間一枚是真正的水果可以食用，稱為"子孫果盒"。獻祭給祖先的貢品，都是從食品店裏租來的，獻祭完畢再還回去，稱為"人沒分"。既解決了溫飽問題，又達到了不浪費的目的，堪稱完美。

　　而那些純粹的慳吝做法，只可入《笑林廣記》而已：

　　　　二子同餐，問父用何物下飯，父曰："古人望梅止渴，可將壁上掛的腌魚，望一望，吃一口，這就是下飯了。"二子依法行之。忽小者叫云："阿哥多看了一眼。"父曰："鹹殺了他。"

　　即使是多人聚餐，比如紅白喜事，《清稗類鈔·飲食類》中也有極為精妙的處理，而且順帶連利是問題都解決了：

　　清道光年間，湖南麻陽人參加紅白喜事，都不送禮物，直接送錢，從一文錢到七文錢不等。主人全都開設宴席招待，赴宴者隨意落座。送一文錢的只能吃一道菜，吃完這道菜，餐廳裏的司儀就會喊一嗓子：“一錢之客請退。”於是有若干人離席。第二道菜吃完，司儀喊一聲：“二錢之客請退。”按照當地慣例，送五文錢的，可以吃完整的宴席；送七文錢的，會有特別的加菜。當然，當時生活水平不高，五道菜已經是很高規格了，所以司儀喊到第五嗓子時，在座的已寥寥無幾。

　　說完陽間的餐飲，再來說說陰間的飲食：浪費食物、窮奢極慾，究竟在那個世界會受怎樣的果報？應該說，古人並非一味追求節儉。他們既強調“食不厭精、膾不厭細”“割不正不食”的禮節，也推崇“一簞食一瓢飲⋯⋯回也不改其樂”的淡然。有禮有道，衣食住行就不違仁。所以冥府官員曾說：“嘗見世人無知，橫多嗜樂，其他魚鱉豬羊之類皆為人食料，充口腹阻飢而已。不加非理，即罪稀矣。”他們要懲治的是飲食的“非理”，也就是殘忍：

　　　　李令問，開元中為秘書監，左遷集州長史。令問好服玩飲饌，以奢聞於天下。其炙驢罌鵝之屬，慘毒取味。天下言服饌者，莫不祖述李監。⋯⋯鬼自門持令問出，遂擲於火車中。群鬼擁之而去。⋯⋯令問屍為鬼所擲，在堂西北陳重床之下，家人乃集而哭焉。（《太平廣記》卷三百三十）

　　　　世人既以雞鶩為常饌，而於野雀、鴿子、鷓鴣、鵪鶉之類，復掩取無遺，以為適口，或謂之野味，或謂之山味。又謂必生拔其毛方得淨盡，慘酷不可名狀，登俎無幾而罪孽有丘山之重矣。

有一縣尹喜食鵝掌者，熾火於鐵片之下，籠鵝令跳躍其上，久之，兩掌漸厚，乃取而烹炙之。……後患惡瘡，展轉床蓐乃死。時人以為報應無爽云。（《北東園筆錄》初編卷六〈廣愛錄〉）

餘杭一僧，極奢侈，窮極其嗜，因之巧極其飪。好食鱉，於釜頂開一孔，火盛水沸，鱉頭出口張，僧以醯醬薑桂之屬，杓而飲之。鱉熟而味已入矣。如是有年。一夕，火發。僧故樓居，倉猝間，思鑽月窗以遁。窗小，僅容一首，竟燒死。觀者曰："今日之燒死僧，如當日之活煮鱉。"（《小豆棚》卷三〈鱉僧〉）

正所謂"以彼之道還施彼身"，以上幾則故事中，食客烹製牲畜的手法過於殘忍，因果報應使其不得善終。而對於純粹浪費食物的，死後則受另一種罪："生時烹鮮割肥，極口腹之奉，物以珍，家以貧，故身死而腸胃猶生，不爾更也。"（《耳食錄》二編卷三〈河東丐者〉）

生前吃得太好，食腸寬大"不爾更"，死後就總感覺吃不飽。就像八戒，自投胎成豬後，取經路上，總也吃不飽。即使取經成功，也被封為淨壇使者。如來道："因汝口壯身慵，食腸寬大。蓋天下四大部洲，瞻仰吾教者甚多，凡諸佛事，教汝淨壇，乃是個有受用的品級，如何不好！"

這個結果雖然令八戒不甚愉快，但並非刻意的懲罰或調侃，而是自然之道。

古人關於冥簿中的命數問題多有討論，其中也涉及"人間食料簿"[1]，有鬼君以前寫過，這裏不再多說，唯一感慨的是古人在食料問題上的智慧。《閱微草堂筆記》卷十中說：

> 天道凡事忌太甚，故過奢過儉，皆足致不祥。然歷歷驗之，過奢之罰，富者輕，而貴者重；過儉之罰，貴者輕，而富者重。蓋富而過奢，耗己財而已。貴而過奢，其勢必至於貪婪權力，重則取求易也。貴而過儉守己財而已。富而過儉，其勢必至於刻薄計較，明則機械多也。士大夫時時深念，知益己者必損人，凡事留其有餘，則召福之道也。

天道最忌諱走極端，過分地奢靡和過分地儉省，都"足致不祥"。但從冥府處罰的標準看，情況不同，處罰輕重也不同。過分奢靡的，富人受的懲罰輕，因為他們都是花自己的錢，官員受的處罰重，因為他們勢必搞權錢交易；過分節約的，官員受的懲罰輕，因為他們只是守財而已，富人受的懲罰重，因為他們必然刻薄計較，機心太重。

1　參見〈豬肉自由〉，載有鬼君：《見鬼》，北京：東方出版社，2020年版。——編者註

關公怒了

志怪小說中的關公，脾氣都比較大。這不難理解，《三國演義》中的關羽，就是易怒的人設，所以即使成神，暴脾氣還是很難改。

清初，四川酆都知縣劉綱，因為處理民間祭祀問題，誤入冥府，見到了在此辦公的包公和關帝爺。賓主寒暄，談事，一切順利，辦完事閒聊，劉知縣帶去的幕僚李某有點呆氣，驀然問了關公一句："玄德公何在？"關公臉色立刻變了，拂袖而去。包公對李某說："你慘了，誰也救不了你了！陰間的事怎麼能隨便亂問呢？況且對著臣子直呼其君主的名諱，是大不敬，至少也得說'昭烈帝'吧。關帝爺素來忠義，這等羞辱不會忍的，你小子等著遭雷劈吧。"劉知縣和李某連忙跪下求饒，包公說："按照關帝爺的脾氣，命是保不住了，只能讓你死得快些，少受罪。"說著從桌上木匣中取出一方印章，在李某的背上蓋了一個印記。劉知縣和李某匆匆告辭返回陽間，剛到南門，李某就中風發作，立刻死了。家人還未來得及下葬，就有雷鳴電閃繞著棺材，雷電停了之後，只見李某的衣服全都被燒光了，只有背上蓋了印章的地方還是好的，算是保住了全屍。（《子不語》卷一〈酆都知縣〉）

我們現在看起來，關公有點小題大做了，可是，劉備是蜀漢的創始人、締造者，對他的大不敬，即使放在今天的微博上，雖不致命，但最起碼也是社會性死亡、封號的結局。況且，關公記仇不是記一輩子，是幾千年：

　　也是清代，湖北的秀才鍾某參加鄉試，出發前夕，夢見自己被文昌帝君召見，到了殿上，文昌帝君並不說話，只是叫鍾某走近些。然後取筆在硯台上飽蘸濃墨，把他的臉塗了個滿臉花。鍾某驚醒，心裏嘀咕：這莫非是暗示我考試的時候，試卷會被塗抹污染？鬱鬱不樂。進了考場，文章寫得倒也順暢，也沒有墨點污染試卷。寫得累了，就趴在桌上打瞌睡。這時，見一"長髯綠袍"的大漢進來，赫然便是關帝爺，指著鍾某大罵："呂蒙老賊！你道塗抹面孔，我便不認得你麼！"說完就不見了。鍾某再次驚醒，忽然悟到，自己是呂蒙轉世，冤家關帝爺找上門來了。這次鄉試，鍾某高中舉人，之後倒也沒有什麼異常，他繼續努力考中進士，十年後，被任命為山西解梁縣知縣。眾所周知，解梁是關羽的家鄉，身為呂蒙轉世的鍾縣令，心中的驚懼可想而知。他到任的第三天，就趕赴關帝廟拜謁，希望能化解恩怨，沒想到，一個頭磕下去，就再也沒起來，當場在廟中無疾而終。（《子不語》卷四〈呂蒙塗臉〉）

　　這個故事雖短，但一波三折。文昌帝君給鍾某塗臉，顯然是知道他科舉必中，關帝爺也必會來尋仇，想混過陰間的人臉識別系統。但關帝爺眼裏不揉沙子，雖然等了十年，還是等到了報仇的機會。怪只怪關公身後名位太高，已位列仙班，殺個俗人，仙界顯然不會阻止。鍾某身為呂蒙後身，自帶原罪，幾乎無路可逃。唯一可能的自救辦法，按照有鬼君的推測，如果他到解梁上任第一天，就迅速強拆關帝廟，使其"靈應不響"，也許可以逃過此劫。不過，解梁的關帝廟歷史悠久，又有賜額（皇帝的冊封），名列祀典，想來也不敢拆。

當然，這個故事有兩處看似不合理的地方：一是呂蒙大約死於一千五百年前，為何到此時才轉世？轉世的時間間隔其實一直不統一，有即刻轉世，也有耽擱很久的。呂蒙的情況並非孤例，《庸閒齋筆記》卷四〈古人轉世〉就記載了東晉權臣王敦轉世為清康熙朝名臣張英的事，也隔了千年之久。另一處是，當時各地都有關帝廟，關公在哪裏都能報仇，鍾某為何多活了十年，偏偏在解梁死掉。《庸庵筆記‧亡兵享關帝廟血食》中的靈鬼對此有解釋："天下關帝廟，奚啻一萬餘處，關帝豈能一一而享之。故選各處有靈之鬼代享血食，以功德之大小，定歲月之久暫，各如其量，不爽分寸。"各地的關帝廟，都是由靈鬼代理的，很可能只有解梁才是關帝長期駐蹕所在。

如此看來，關帝爺的勢力遍佈全國，既有總舵，又有分舵，似乎已沒有對手。但各地均有很多"淫祠"，即沒有官方執照的祠祀，深受當地群眾的崇奉，這類淫祠，關公就鬥不過。《朱子語類》卷八十七對此曾有解釋：

> 或問："今人聚數百人去祭廟，必有些影響，是如何？"曰："眾心輻湊處，這些便熱。"又問："'郊焉而天神假，廟焉而人鬼享'，如何？"曰："古時祭祀都是正，無許多邪誕。古人只臨時為壇以祭，此心發處，則彼以氣感，才了便散。今人不合做許多神像只兀兀在這裏坐，又有許多夫妻子母之屬。如今神道必有一名，謂之'張太保''李太保'，甚可笑！"

朱子雖然瞧不上那些邪誕的祠祀、神像，覺得愚民很可笑，但是他也承認："眾心輻湊處，這些便熱。" 群眾崇奉的靈鬼，確實有其功效：

江蘇丹陽的呂城鎮，傳說是三國時呂蒙所建。清代鎮上有兩座神祠，一座是唐汾陽王郭子儀的廟，另一座是袁紹部將顏良的廟。這兩座廟來歷不明，沒有賜額，不在祀典之列，屬淫祠，但是頗為靈驗，當地百姓極為虔信。而且當地還有一個不成文的規矩："所屬境周十五里，不許置一關帝祠，置則為禍。" 關羽死於呂蒙之手，而顏良死於關羽之手，所以這個禁忌也不難理解。可是，某位新上任的縣令偏不信邪，趕上顏良廟辦社戲時，他蒞臨觀看演出，並點了一齣三國的戲，一定要關公出場。結果開場鑼一響，狂風大作，戲台被旋風捲到空中，又狠狠砸下，幾位演員當場喪命。這還沒完，方圓十五里內，瘟疫大作，人畜死亡不少，連縣令也大病一場。紀曉嵐對此極為不解，他覺得，當年關羽和顏良、呂蒙等兩軍對壘，是各為其主，是"以公義殺人，非以私恨殺人也"。所以戰場上陣亡，亡魂不會再去尋仇。況且顏良死了一兩千年，"曾無靈響"，這次忽然發飆，與天理不合。紀曉嵐覺得，災難雖是真的，但關羽、顏良爭鬥云云，是廟祝巫師故意編造的。（《閱微草堂筆記》卷十九）

紀曉嵐對於天理的理解，有點僵化，還是朱子說"眾心輻湊處，這些便熱"，更有道理。老百姓既然在呂城建了顏良廟，香火甚盛，其靈如響，那麼方圓十五里不許有關帝廟的規定，就是劃定了勢力範圍。在電影《古惑仔》中，東星的手下是絕對不能到洪興的地盤賣白粉的。戲班子挑戰了這個禁忌，難怪顏良之神要給予懲戒。所以我們可以看到，這個故事雖然由於演三國戲引發，但在呂蒙和顏良的場子裏，關公完全沒有出現。而在另一個故事中，關帝神像甚至被肆意挪動：

清初，南京無賴子弟陳某去普濟寺遊玩，見寺廟供奉的五通神像位次竟然在關帝之上，大怒。五通為邪神，寺廟供奉已然大大不妥，忠義關帝爺竟然還屈居邪神之下，這怎麼可以？叫來廟裏的和尚嚴厲斥責，命他們將神像位置互換。眾遊客也深以為然，紛紛叫好。辦完這事，陳某得意洋洋地回家。到家門口就被五通神堵住附體，大聲叫嚷："我是五通大王，在人間享用血食已久。之前運氣不好，也被人將神像逐出廟門，可那兩位是江蘇巡撫湯斌、兩江總督尹繼善，老湯和小尹既是貴人，也是正人，我鬥不過，也只能忍了。可是你姓陳的不過是個市井小人，竟然也敢作威作福，挪動我的神像，我絕不饒恕。"陳某家人聽聞，連忙跪拜求饒，準備三牲、紙錢祭祀，請和尚禱告，全都無效，陳某不久就死了。（《子不語》卷八〈五通神因人而施〉）

這個故事也有意思，邪神五通顯然已經多次遭到驅逐，但是依然能回來霸佔關帝神位。陳某雖然是無賴，但對關帝爺一片赤心，可是至死關帝爺也沒有出手相助。可見在當地，關帝的勢力遠不如五通，才能任由五通將其神像壓制住。

神靈的能力，固然與其在仙界或凡間的名分、地位正相關，但實際的情形，卻因時、因地而異。

土地爺的崇高感與土地奶奶的優美感

俗語常說："二月二，龍抬頭。"相傳，每年農曆的二月初二是土地爺的生日，每到這一天，供奉土地廟的地方百姓都會為土地爺慶壽，以求來年平安順利，不受邪魔侵擾。土地爺的崇高感由此可見一斑，而呂宗力和欒保群先生在《中國民間諸神》（上）[1] 一書的按語中，也對土地爺的崇高感做了相關論述：

> 土地的前身，叫社神，也稱社公。……古人因為 "土地廣博，不可遍敬，故封土為社而祀之"。統一王朝出現以後，抽象化的大地之神稱為地祇、后土，由皇帝專祀，而各諸侯國、大夫采邑、鄉里村社則奉祀管理本地區的社神，即《獨斷》所謂 "社之所祭，乃邦國鄉原之土神也"。土地崇拜發展到這一階段，自然崇拜的性質已漸漸消失，轉化為具備多種社會職能的地區守護神信仰，人格化的傾向也已發生，如各地分別以大禹或勾龍等為本地區的社神。……西漢以後……兼具多種社會職能、以單純的區域觀念為準則的土地神出現了。它繼承了傳統的土地崇拜觀念，在民間得到普遍的信仰，但並無聚合作用，其人化現象也更

1　呂宗力、欒保群：《中國民間諸神》（上），石家莊：河北教育出版社，2000 年版。

加明顯。……經過種種變遷，土地神在民間構成了與普通百姓最接近、慈善可親而神通有限的形象。（180 頁）

從土地爺的起源，就能看出其神格曾經非常尊崇，所以土地爺的崇高感首先來自其出身；其次，從美學意義上思考，土地爺的崇高別有一層含義。土地爺原本是由皇帝專門祭祀的原始崇拜中的王者，演化到後來，降級成神界最基層的片警。其地位的反差與堅持護佑一方平安之間所蘊含的美學張力，當然也具備了崇高的意蘊。

南宋孝宗乾道年間，湖南衡山一個村民，在社日祭神，喝得大醉，回家途中不小心摔在水田裏。這一下摔得太厲害，不自覺地神魂出竅，魂魄自行回到家中。可是到家就發現不對了，因為他身子可以從關閉的房門縫隙中穿過去。妻子和孩子在家裏都看不到他，與他們說話，也聽不到。村民大驚：莫非我已經死了？嗒然若喪，經過祖先牌位時，向祖先泣告。亡父說："不用怕，我去請土地爺。"說著，飄然出去。過了一會兒，一個老農民進來，穿著粗布衣服、草鞋，戴著斗笠，原來他就是土地爺。土地爺問明緣由，叫一個牧牛娃模樣的小孩進來，跟著村民到他摔倒的水田裏，教他以魂魄抱住肉身，大聲呼喊自己的名字。叫了幾聲，就甦醒過來，形神俱完。（《夷堅志·夷堅丙志》卷八〈衡山民〉）

這個故事裏的土地爺"布衫草屨，全如田夫狀"，與土地廟裏威嚴莊重的形象截然不同，但有鬼君相信，這反倒是村民心中土地爺的常態。整日峨冠博帶，開口"天人合一"，閉口"格物致知"，如何做得了片警？

　　至於土地奶奶的優美感，論證起來則頗為困難。雖然現在不少地方都默認土地奶奶的存在，但實際上，無論是仙界還是冥界，對於仙官和冥官的夫人，大都避而不談，彷彿有了夫人，就削弱了其神性，比如《堅瓠集‧堅瓠辛集》卷四〈盛教授啟〉中記載：

　　　　盛教授《請除土地夫人書》曰：「伏睹本學重建地靈祠於戟門之外，其神本無有也。使誠有之，是豈不知廉恥者哉！今肖像之設，夫婦偶坐，楚楚裙釵之飾，盈盈朱粉之施，侍從旁立，男女雜處。《禮》曰：男子居外，女子居內。又曰：女子出門必擁蔽其面。雖近世風俗之弊，亦未嘗無男女之別。至於閭閻細民，客或過之，其妻猶避而不出。豈有身為神明妻，乃不知內外之分，呈身露面，據案並食，以饗士大夫籩豆之薦，反不若閭閻匹婦乎？幽明雖殊，禮制則一。司世道者，宜亟去之。」

　　這篇文章強烈反對建土地奶奶塑像，他的主要理由是，男女授受不親，即使在人間也是如此。土地奶奶身為神明之妻，卻公開拋頭露面，與土地爺在廟裏大吃大喝，有礙觀瞻，如何母儀地方？

　　但文章其實並未否認土地奶奶的存在，只是不希望她削弱了土地爺的神性。但是，如前所述，在土地爺逐漸人化的情況下，讓其做鰥夫極不人道。所以，給土地爺配土地奶奶，也是兼具神性與人性的五倫之一：

　　明正德年間，台州知府顧璘新上任，就下令說：「土地爺豈能有夫人，趕緊把塑像撤掉。」老百姓不敢抗命，只能折中，說知府廟前的神缺夫人，請讓土地夫人改嫁給他吧。為了不直接違逆民意，顧知府說："這樣吧，我們請廟神決斷。"眾人在廟神前占卜，吉！於是老百姓高高興興地將土地夫人塑像抬到知府廟裏。還說："土地夫人嫁廟神，廟神歡喜土神嗔。"過了一年，老百姓又來請願，說是夫人嫁過去一年了，應該有個娃了。顧知府只好命人再去占卜，還是吉！於是廟神邊又加塑了一座太子像。老百姓又出歌謠："暮年入配今生子，明歲更教令愛生。"（《堅瓠集·堅瓠辛集》卷三〈土地夫人〉）

有鬼君看到老百姓樂呵呵的樣子，忽然懷疑，這一切是不是刁民、愚民在糊弄顧知府：所謂改嫁是假的，在他們心中，夫人還是土地夫人，至於太子，當然也還是土地爺的崽。

論證了土地奶奶存在的合理性，再來試著論證其優美感：

清乾隆年間，南京虎踞關名醫涂徹儒的兒媳婦吳氏，有一晚夢見所在街道辦事處的李主任拿著簿子要求她捐款，說是虎踞關將有火災，請大夥眾籌請戲班演戲以祈禳消災。簿子上的名字，都是四方鄰居。她正猶豫時，有位穿黃衫的老太太進來，說："九月初三這裏要著火，你家首當其衝，命數所在，逃無可逃。最好買點紙錢、祭品還願，這樣可以避免傷亡。"吳氏嚇得醒來，忽然記起街道辦李主任早已去世了。這個怪夢如此清晰，莫非真有蹊蹺？她心裏起疑，去土地廟燒香，赫然見廟中所塑的土地奶奶，就是夢中的黃衫老太。吳氏趕緊跟四方鄰居說明，大家都慌了，紛紛掏錢，集資請戲班演出、給土地廟上供。

快到九月時，涂家將"衣箱器具盡搬移戚里家"，從九月初一起，家裏不再開伙。可是到了初三那天，四鄰寂然，全無著

火跡象。(《子不語》卷七〈土地奶奶索詐〉)

按照《子不語》作者袁枚擬的標題"土地奶奶索詐"，似乎認為這是神仙敲詐人類。但有鬼君倒覺得，最後沒有火災，很可能是虎踞關鄉親祈禳起效，同時亦將火災隱患撲滅。不能簡單地認為土地奶奶是在敲詐。更進一步說，土地奶奶雖然代土地爺索賄，畢竟將事情辦成了，也可勉強算是"見小利思大義"吧。

另外，土地夫人並不都是老奶奶的形象：

清初有一叫王炳的村民，經過村口土地廟時，見廟中出來一位美女，"顧盼甚殷"。王小哥試著上前撩撥，沒想到異常順利，當晚，美女就悄悄到他家裏來同宿，"極相悅愛"。可王小哥發現一個奇怪的現象，有時他和妻子同榻，美女也照來不誤，而且"必來與交，妻亦不覺其有人"。試著問美女，美女也直截了當："我是土地夫人。"王小哥一聽，自己竟然給土地爺戴了頂綠帽子，這是多不想活了啊！趕緊讓美女走，可是怎麼也沒法阻止。土地夫人照樣每天過來與他來行雲雨之事，到後來，更加不避諱了，連王小哥的家人都看得見她。半年後，王小哥就一命嗚呼。王妻再見到土地夫人來，不由破口大罵："淫鬼不自羞！人已死矣，復來何為？"她這才不再現身。(《聊齋志異》卷四〈土地夫人〉)

優美感除了心靈美，自然也包括外表形體美，如"丁香花開隨風飄"的"高絕風韻"，以及女性的大道之美 —— 天人和諧，靈肉合一。這就算有鬼君證明了土地夫人的優美感吧。

人鬼皆有命數

　　據《舊唐書·李德裕傳》記載：唐宣宗"大中初，（白）敏
中……令其黨人李咸者訟德裕輔政時陰事。乃罷德裕留守，
以太子少保分司東都，時大中元年秋。尋再貶潮州司馬。……
明年冬，又貶潮州司戶。德裕既貶，大中二年，自洛陽水路經
江、淮赴潮州。其年冬，至潮陽，又貶崖州司戶。至三年正
月，方達珠崖郡。十二月卒，時年六十三。"

　　這段文字記述的是宣宗即位之初，李黨失勢，李德裕最後
的遭遇。而在《宣室志·李德裕》中，他之所以死於海南，是
因為命數已到：

　　李德裕剛被貶到洛陽時，曾經找了一個和尚算命。和尚結
壇設佛像三日，為他推算。告訴他說："您'災戾未已，當萬里
南去耳'"。李德裕大怒，把和尚趕出去。可是這和尚是洛陽城
出名的算命精準，李德裕第二天想想還是心神不寧，再把和尚
請來，說："大師也許沒看仔細，麻煩再為我算一次吧。"和尚
再結壇三天，告訴他："貶謫到南方的命數實實在在不可逃，而
且一個月內就會有旨意。"李德裕還是不願相信，說："大師也
有可能搞錯吧。"和尚被逼得沒辦法，當場指著地下說："這下
面有個石匣子，您讓人挖開驗證下。"命人挖下數尺，果然發
現了一個空的石匣子。這才相信和尚有異能。然後李德裕又問

他："既然南下不可避免，我還有機會回來嗎？"和尚說："能回來。相國一生的食料中有一萬隻羊，現在吃了九千五百隻，還剩五百隻，我斷定您還會回來吃掉這五百隻羊。"李德裕大驚失色，說："大師真是高人！元和十三年，我在太原節度使張弘靖府中做書記官時，曾夢見自己在晉山上散步，見到漫山遍野都是羊，我問牧羊人怎麼回事，牧羊人說，這是我一生所要吃的羊。當時我把這個夢記下來，從未跟其他人提及。沒想到大師您說得分毫不差。"

沒想到過了十天，振武節度使米暨派人給李德裕問安，並且送了五百隻羊！李德裕大驚，趕緊把和尚找來。和尚聽說，長嘆一聲："萬羊將滿，公其不還乎？"李德裕說："要是我不吃這些羊，可以避禍嗎？"和尚說："羊送到了，等於已為您所有，無論吃不吃都不影響了。"果然，過了十天，"貶潮州司馬，連貶崖州司戶，竟沒於荒裔也"。

此事並非孤例。宋太宗時期的宰相張齊賢，尚為布衣之時，也曾夢見有人趕著一大群羊走到他面前，說："此張相公食料羊也。"富貴之後，他每餐要吃好幾斤羊肉，從未吃厭。（《清波雜志》卷八〈食料羊〉）

《清波雜志校註》還引了幾條材料說明張齊賢驚人的食量：

> 淳化中，罷相知安州。安陸山郡，未嘗識達官，見公飲啖不類常人，舉郡驚駭。嘗與賓客會食，廚吏置一金漆大桶於廳側，窺視公所食，如其物投桶中。至暮，酒漿浸漬，漲溢滿桶。郡人嗟愕，以謂享富貴者，必有異於人也。

張齊賢的結局也很好，《宋史》上說他"四踐兩府，九居八座，晚歲以三公就第，康寧福壽，時罕其比"。

雞鴨牛羊是食料，酒也是食料。《閱微草堂筆記》卷十二記載：

垛莊有個叫張子儀的，生性好酒，五十歲上得寒病去世，家人準備裝殮時，他又復活了，說自己到了陰間，見到三個大酒缸，上面貼著的封條上寫著"張子儀封"，有一缸已經啟封，剩了半缸，另外兩缸還沒動過呢！"是必皆我之食料，須飲盡方死耳。"果然病也不治而癒。張子儀此後喝酒更加狂放，不加節制，這樣又過了二十年，某天他對孩子說，我大概命數已到了。昨晚又夢到自己去了陰間，看見我那三缸酒全喝完了。果然，過了幾天他就無疾而終。真是酒鬼中的人生贏家。

因果報應是命中注定的嗎？

　　在鬼世界，很重要的一個原則就是因果報應。在志怪小說中，果報有現世報、來世報（不一定是下一世），有鬼君的朋友還寫文章介紹過東嶽速報司，就是以加急快遞的形式要求果報快點到來。這只是時間上的維度，還會遇到一些更複雜的情況。比如，一個地痞，同時又是孝子，該如何衡量其善惡；某人作惡多端，按照冥判規則，理應絕後，可是其子卻行善積德，該怎麼處理……

　　古人其實早已意識到複雜陰間的困難，他們並不像崇尚科學的人一樣，對所有困難都揮舞理性的大旗。陰間並不是一台精密運轉的機器。生活世界有時需要兜圈子，有時則可以其他方式轉換。總之，在信仰的領域，形式邏輯是不夠用的。比如下面這則果報轉換的故事：

　　清代有個生意人，與某雄狐狸精是好友，他外出經商，就託狐狸精打理家事。以狐狸精的本事，家裏的僕人不敢偷姦耍滑，外面的盜賊也不敢上門打劫，治理得井井有條。不過有一點很奇怪，這家的女主人與鄰居一直暗通款曲，狐狸精卻置若罔聞。等生意人兩年後回來，開始對狐狸精很感激，後來聽說了內人不軌的事，對狐狸精很是埋怨。狐狸精說："這是神判，我也不敢違抗。"生意人更氣了："鬼神都是勸人向善的，哪有勸婦人出軌的？”

　　狐狸精說：“你這事有點複雜，涉及前世的因果。鄰居的前世是巨富，你的前世在他家做會計，趁機貪了他不少錢。冥判讓你今世的夫人肉身償債，按規矩，他二人每行房一次扣五兩銀子。現在還剩七十多兩，他們再做十來次，你和鄰居前世的債就結清了。你如果不信，現在給他七十多兩銀子，看看會怎麼樣？”生意人很信任狐狸精，心裏不爽，但還是試了試，於當晚給鄰居家送去八十兩銀子，說：“自己這次出去狠賺了一票。你家境貧寒，大家鄉里鄉親的，希望能互相幫助。”鄰居收了八十兩銀子，既感動又羞愧，於是不再與婦人來往。到了年底，還準備了極其精美豐盛的酒席感謝生意人。生意人悄悄算了一下，這桌酒席加上狐狸精所說的七十多兩銀子，正好是八十兩。也就是說，生意人前世欠鄰居的債已經還清，但是多出來的錢，鄰居無意中又還回來了（《閱微草堂筆記》卷十四）。紀曉嵐感慨說：“……夙生債負，受者毫厘不能增，與者毫厘不能減也。”

　　這個故事讓人有點糾結，雖然說因果報應延及後世，且最後的結果是債務兩清，可是換算的方式卻有違公序良俗。似乎只需把賬軋平，而採用什麼手段是無所謂的。污濁不堪的陽間如此做賬我們大概都能接受，可似乎公正、公平的冥判也如此，就有點受不了。或者我們可以這麼理解，因果關係也許像經濟規律一樣恆定不變，但其表現形式卻大相徑庭。冥府既然是由閻王、冥官打理，而不是靠精密的程序運轉，這些稀奇古怪的事也就很正常了。

　　在另一個故事中，因果報應的最終呈現也讓人覺得難以接受：

明代華山的寺廟中養了一頭豬，這是頭高齡豬，具體年齡不知道，但是毛都全脫落了。令人稱奇的是，牠竟然持齋戒，從來不吃葷，而且聽到廟裏和尚唸經，還會叩頭做頂禮狀，一派虔心向佛的樣子。因此廟裏和尚都稱牠為"道人"。"道人"到底年歲已高，某天生病，奄奄一息。廟裏的住持湛一和尚正要出門講經說法，就交待徒弟說："豬道人如果死了，你們一定要將其'碎割'，把肉分送其他寺廟。"眾僧嘴上答應，心裏卻不以為然，覺得老師傅實在太薄情寡義。過了幾天，豬道人去世，眾僧並未將其割肉，而是全屍埋葬。湛一和尚回來，得知此事，大驚失色，急忙跑到埋豬的地方，以禪杖擊地，哭著說："我對不起你啊！我對不起你啊！"然後，他對眾僧說："三十年後，某村會有一位清貴官員無辜受凌遲酷刑。他就是豬道人的轉世。豬道人前世也是做官的，因為生前德行有虧，知道自己在劫難逃，於是託生為牲畜，請我超度。我之所以讓你們'碎割'之，就是想用刀解法來化解他的劫難。沒想到你們這些俗人，誤了我的大事。"

過了三十年，在崇禎年間，某村有位翰林鄭鄤，是東林黨[1]人。被他舅舅誣告忤逆母親，雖然人人都知道他是冤枉的，可還被判凌遲處死。這時湛一和尚早已圓寂。（《子不語》卷六〈豬道人即鄭鄤〉）

在這個故事裏，因果報應歷經三世，雖然有高僧想化解，

1　東林黨：晚明以江南士大夫為主的政治集團。熹宗時宦官魏忠賢專政，東林黨人受到迫害。——編者註

可陰差陽錯，報應還是應驗了。這個報應雖然可以說是命中注定，但其輾轉行來，並無規律可循。轉世入畜生道，且努力修習佛法，仍然在劫難逃。鄭鄤並未有錯，卻因為兩世之前的罪孽而受酷刑，上哪兒說理去呢？相比之下，《子不語》的另一則故事更加玄乎。蚩尤因為跟黃帝對抗，一直到清代還在陰間受刑，每隔一段時間，就要被帶出來吊打一次。我們更加熟悉的秦檜，在志怪小說中簡直就是冥府酷刑的代言人，各種慘烈的報應都嘗過。這其間的不合邏輯之處多如牛毛，為什麼會這樣？因為在日常生活中，我們需要因果報應來化解鬱悶，疏導心理問題，而不是因果報應需要我們的生活來驗證。所以，既然要求因果報應顯靈，就別挑三揀四了。

感恩與報祭

《國語·魯語上》記載了魯國大夫展禽（柳下惠）談論祭祀儀式及理論的一段話，其中說道："幕，能帥顓頊者也，有虞氏報焉；杼，能帥禹者也，夏后氏報焉；上甲微，能帥契者也，商人報焉；高圉、大王，能帥稷者也，周人報焉。凡禘、郊、祖、宗、報，此五者，國之典祀也。"

這段話我們不必糾纏，關鍵是其中的"報"字。《國語集解》解釋說："報，報德，謂祭也。……功不及祖，德不及宗，每於歲之大烝而祭，謂之報。"也就是說，"報"原意是報恩、感恩。所謂的報祭，就是對那些有功德於民，雖尚不及開國太祖、太宗，但能遵循祖先之志，不忘初心的帝王，每年將其靈位合起來祭祀表示感恩（"帥"為遵循之意）。《詩經·小雅·信南山》最後一節，對報祭場景有很具體的描寫：

> 是烝是享，苾苾芬芬。祀事孔明，先祖是皇。報以介福，萬壽無疆！

冬祭請神來受享，芬芬芳芳是馨香。祭祀的事很潔淨，先祖受祭得安享。報祭用來賜大福，賜給萬壽稱無疆！（周振甫先生譯文）

關於"報"，楊聯陞先生有《中國文化中"報"、"保"、"包"之意義》一書，有鬼君讀了有兩點體會：一，感恩儀式源遠流長；二，感恩儀式跟八輩祖宗確實有關係。

當然，上面說的只是引子，有鬼君真正想談的仍然是鬼故事。

東漢末年，揚州人蔣子文擔任秣陵尉，是個下級軍官。他帶兵在南京鍾山一帶剿匪，受傷而死。孫權割據江東時，蔣子文的一個老部下在鍾山意外見到他"乘白馬，執白羽，侍從如平生"。死人現形了，這人當然嚇得魂飛魄散。蔣子文告誡他說："我要在此擔任土地爺，將來就是我罩著你們了。你回去告訴孫權，趕緊為我立廟報恩，當有福報；否則就要讓你們受罪。"這人哪敢越級報告孫權啊，只能私下跟朋友說說。沒想到，那年夏天江東有大瘟疫，老百姓驚惶失措，有人就悄悄地在家裏祭拜蔣子文。這時，蔣子文又通過巫師在國內傳話："吾將大啟佑孫氏，官宜為吾立祠。不爾，將使蟲入人耳為災。"要求官方開展祭祀感恩活動，孫權也沒當一回事。果然"有小蟲如鹿蝱，入耳皆死，醫不能治，百姓逾恐"。恐慌在蔓延，孫權還是不回應。蔣子文再次通過巫師傳話："你們再不開展感恩祭祀活動，我就要放火了。"然後各地都突發火災，連孫權的皇宮也被波及。這下孫權真有點慌了，召集大臣商議。大家說："'鬼有所歸，乃不為厲。' 還是立廟祭祀、安撫為好。"孫權於是追封蔣子文為中都侯，"皆加印綬，為立廟堂"。還將鍾山改名為"蔣山"，以表示敬重。這些事辦完，瘟疫、火災都沒了，百姓從此對蔣山神定期祭拜。(《搜神記》卷五)

這個故事在不同版本中有些細微的差別，不過不影響整體的理解。梳理一下脈絡，當地的瘟疫和火災，都是蔣子文利用自己的神通造出來的，為的是要百姓給自己立廟祭祀，向自己表示感恩。一次不行就兩次，反覆威脅，迫使百姓承認他的功業。這個邏輯有點奇怪。一個傳播瘟疫、災害的邪神，在官方的強力加持下，竟然可以通過感恩儀式，將自己洗白。而且，此後官府對蔣山神的回報越來越豐厚。清人趙翼的《陔餘叢考》記載，六朝期間，蔣山神備受帝王崇敬，官也越封越大：

> 《南史》：宋太子劭之逆，南譙王義宣起兵。至新亭，劭以輦迎蔣侯於宮內，拜大司馬，封鍾山郡王，使南平王鑠造策文。又《宋書·禮志》：明帝加蔣侯爵，位至相國大都督中外諸軍事。《齊書》：東昏侯信蔣侯神，迎入宮，晝夜祈禱。左右朱光尚云：見神動輒啟，並云降福始安之平。遂加位相國，後又號為靈帝，車服羽儀，一如王者，設鎧馬甲仗千人，皆張弓拔白，出東掖門，云蔣侯出溫。《梁書·曹景宗傳》：武帝因祈雨不應，欲焚蔣帝廟，俄而雨注，帝遂到廟修謁。《陳書》：武帝即位，幸鍾山祀蔣帝廟。又永定三年，久不雨，帝幸鍾山祭蔣帝廟，是日遂雨。此蔣廟之顯赫於鍾山者也。《南史》：梁武起兵圍郢城。時城中張元嗣等迎蔣侯於州廳祈福，鈴鐸晝夜不絕，使導從登陴巡行。……蔣廟，明初雞鳴山十廟中尚存其一。永樂七年正月，又進封為忠烈武順昭靈嘉佑王，然民間已無祀之者。

從孫吳到南陳，六朝帝王對蔣山神的祠祀和恩寵無以復加。當時與蔣山神一起受到祭祀崇拜，香火旺盛的，還有朱虛侯劉章、伍子胥和項羽。這三位都是生前聲名煊赫，追隨者無數。相比之下，蔣山神這種小角色，竟然也詭異地躋身其中，難免讓人起疑。

實事求是地說，蔣山神這種由邪神洗白的橋段，並不少見。很多地方小神，都是靠散佈災異的方式，強迫地方百姓立廟感恩報祭，只是沒有最高層那隻看得見的手在強力推動。

清代江西新建縣有個姓金的商販，有一次行商經過鄱陽湖，忽然對同伴說："我很快就要做官了，歡迎的小吏和轎子都到了，不能久留。"同伴正一臉茫然，他忽然縱身一躍，跳到湖裏淹死了。同伴趕緊打撈起屍體，送回金家下葬。

就在他死的當晚，湖邊一個村子的村民見到一個陌生男子意氣揚揚地走來，對村民呼喝說："我是鄱陽小神，'應血食汝地方，可塑像祀我'。你們要給我立廟祭祀報恩。"說完就不見了。村民也是一頭霧水，怎麼可能立廟？不久村裏有多人頭痛發熱，口裏胡言亂語，說是鄱陽小神作祟。村民嚇壞了，趕緊出錢造了廟祭拜。過了幾天，這位鄱陽小神又出來作怪，說："做神仙的豈能沒有老婆？你們再塑一座娘娘的像，不能耽擱。"村民造辦，果然消停了。

就在這位鄱陽小神作怪的同時，他在家守孝的老婆如有感應，莫名其妙地脫了孝服，穿得花枝招展，塗脂抹粉，洋洋得意地對公婆說："我老公沒死，現在鄱陽湖做官呢，已經派了僕人來接我上任，身為官太太，怎麼能不穿吉服呢？"說著，做出上轎的樣子，就此去世。（《子不語》卷三〈鄱陽小神〉）

這個故事基本的情節與蔣山神一樣，都是先崇人，再威脅百姓感恩。只是這位金先生，一面大言不慚，一面張口閉口自稱"小神"，未免有點滑稽。不過，他要求給老婆也塑像祭祀，倒是很生活化，很接地氣。

　　類似鄱陽小神的情況，志怪筆記中有很多，各地方誌應該也有很多記載。五通神、青蛙神在各地的興起，大致都是先崇人、後祭祀的思路。

　　簡單總結一下，以感恩為情感主綫，以按時令祭祀崇拜為表現形式的報祭，從上古到近世，從官方到民間，從理論建構到具體實踐，無所不包，無遠弗屆。

鬼詩

　　古體詩中有一類，雖然作者不詳，但是整體都被認為水平不高，這就是鬼詩。南京大學程章燦教授在《鬼話連篇》之〈鬼詩是怎樣生成的？〉一文中分析："衡量鬼詩，當然不宜用人詩的尺度，應當適當放低一些標準。"[1] 按照他的說法，鬼詩的特點是"濕暗陰冷，悲淒慘戚，荒曠無人"。

　　鬼詩水準低於人詩的判斷，應該比較靠譜，讀古代的志怪小說，會有一個感覺，鬼世界的文化程度要明顯低於人類世界。當然，鬼作詩的水準也遠遠不如人類。

　　不過，鬼詩的有趣之處在於，這是他們與人類世界溝通的極好途徑。《閱微草堂筆記》卷十一記載，紀昀的一位學生戈式之，愛好賦詩、書法，某天讀書到半夜，偶然即景生情，吟出一句"秋入幽窗燈黯淡"，一時想不出妥帖的下句，正在那裏沉吟。有位朋友推門進來閒聊，戈秀才就把這句告訴朋友。朋友說："何不對'魂歸故里月淒清'？"戈秀才大驚失色，這意境"濕暗陰冷"，分明就是鬼詩啊！再看那位朋友，轉瞬之間就不見了。他這才意識到，其實這位朋友已去世很久了。

1　程章燦：《鬼話連篇》，桂林：廣西師範大學出版社，2011 年版，第 154 頁。

鬼除了作詩，對於作詩的基本訓練——對對子，也有不俗的表現。比如《堅瓠集‧堅瓠補集》卷二〈詩鬼降乩〉記載，明孝宗弘治年間，一群文人在西湖邊扶箕請仙，有人想測試一下箕仙的文化水平，出了個上聯：鼓振龍舟，驚起黿鼉之窟。箕仙應聲對出下聯：火焚牛尾，衝開虎豹之關。不僅對仗工整，還用了戰國時齊國田單以火牛陣破燕的典故。眾人驚嘆箕仙才思敏捷，追問之下，才知是數日前窮愁潦倒、自縊身亡的士人，於是集資將其安葬。

如果倒過來，人能幫助鬼將詩續完，也可算一段佳話。《堅瓠秘集》卷二〈洛陽士人〉記載，一位洛陽的讀書人，乘舟遠行，夜晚無事，在船頭吟詩：“銀漢無聲月正明，誰人窗下讀書聲。”後兩句一時接不下去了，正在沉吟中，不小心掉入江中淹死。因這兩句詩的執念，自此之後，他每晚都在江中現形，反覆吟誦那兩句詩。這樣一來，船夫嚇得不敢在此處停泊了，嚴重影響江中船隻的通行。後來有一官員經過，得知此事，命船夫就在這裏歇宿。半夜時分，那執著的讀書人又現形吟詩，官員立刻續上兩句：“遊魂何事不歸去，辜負洛陽花滿城。”勸他回鄉安息。此後，這裏果然清靜了。

鬼詩與“詩讖”有些相像，“詩讖”一般指詩作中那些預兆著對當事人不利的事件，可是在當時卻不為當事人所知。鬼詩雖非詩讖，但也常帶有不祥之兆，讓人心裏不舒服。比如前面提到的戈式之，在被朋友的鬼魂續了下句不久，也一病不起。紀昀認為這是“衰氣先見，鬼感衰氣應之也”。所以，無論如何，鬼詩是不怎麼受歡迎的。

先前說過，鬼的文化程度不高，除了嚴守格律的近體詩，類似打油詩、曲子詞的韻文，也時常出現。

　　河北滄州有個花園，園子主人姓佟。佟氏園設計巧妙，三面環水，林木茂盛，經常有遊客租來操辦文人雅集。奇怪的是，守園子的人幾乎每晚都會聽到有鬼在唱歌，唱詞是："樹葉兒青青，花朵兒層層，看不分明，中間有個佳人影，只望見盤金衫子，裙是水紅綾。"似乎有什麼含義，但是卻又很含糊。這鬼足足唱了好幾年。後來有一次雅集，一位歌妓被客人羞辱，憤而自縊於園中樹下。她死時的穿著，正是"盤金衫子"和"水紅綾"裙子。有懂行的人解釋說，那位唱歌的鬼是吊死鬼，在等替身，很早就知道要來作替身的是什麼人，所以高興得每天哼唱。（《閱微草堂筆記》卷十二）

　　這位吊死鬼唱的曲子雖然另含玄機，但唱詞內容倒是通俗易懂，另一個吊死鬼的才情就遠勝前者了。河北景州有人扶乩，請來的乩仙一到就賦詩一首："薄命輕如葉，殘魂轉似蓬。練拖三尺白，花謝一枝紅。雲雨期雖久，煙波路不通。秋墳空鬼唱，遺恨宋家東。""練拖三尺白，花謝一枝紅"說明這乩仙原來也是縊鬼。按照"雲雨期雖久，煙波路不通"的說法，她應該還是思春不得的女鬼。扶乩者細問之下，果然如此。艷鬼、縊鬼且有才，只是紀曉嵐評價這女鬼"才不減李清照"，卻未免抬得太高了。（《閱微草堂筆記》卷十八）

　　有些鬼詩交際味十足，完全是新聞發言人的口吻。據《堅瓠八集》卷三"箕仙"條記載，某人扶箕，請來的箕仙自稱是何仙姑，在民間傳說中，呂洞賓和何仙姑是有些曖昧關係的，所以有個頑童故意調侃箕仙："洞賓先生安在？"面對娛樂記者式的問題，箕仙隨口回答："開口何須問洞賓，洞賓與我卻無情。是非吹入凡人耳，萬丈長河洗不清。"雖然這打油詩的水平不怎麼樣，但還是非常官方地否認了自己與呂洞賓的曖昧關係，表達了對八卦緋聞四處傳播的無奈之情。

孔子說"質勝文則野"。說實話，有鬼君對於志怪小說中才華橫溢的鬼向來不太喜歡，因為他們大多喜歡掉書袋，繞來繞去的，比較令人煩悶，反而不如接地氣的鬼來得可愛些。

輯二
法律與政治

做一個政治正確的鬼

"政治正確"一詞近來廣受熱議，大意是指，以公正平等的態度對待社會上的各類弱勢群體，且不以言語或行為為手段進行歧視或打壓。

現代政治哲學意義上面對弱勢群體的政治正確，我朝鬼世界當然沒有，只有政治不正確的夷夏之辨和三綱五常。但是鬼世界也有一些不能動搖的基本原則，比如〈鬼世界的九十五條論綱〉第十條，也是政治板塊的第一條說：

> 在鬼世界的政治建構中，道德規範的權重遠大於資源佔有量，具有絕對的優先性。

也就是說，冥判的標準是道德至上，權力和金錢都等而下之。而且道德評價的標準是動機論，即按照人的主觀願望來評價其行為的道德意義。

《聊齋志異》第一篇〈考城隍〉，說的是冥府舉行公務員考試，題目八個字："一人二人，有心無心。"其中一位考生在答卷中寫道："有心為善，雖善不賞。無心為惡，雖惡不罰。"這種我們現在看來比雞湯還平淡的文字，卻引得包括關聖帝君在內的"諸神傳讚不已"，當場任命："河南缺一城隍，君稱其職。"《洞靈續志》卷四〈林生〉說得更直接:"冥律重在誅心。"

至於冥律中最大的道德,則是孝。冥府對逝者的審判,就是以孝為大。《夷堅志‧夷堅乙志》卷五〈司命真君〉中說:"人世何事為重罪?曰:'不孝為大,欺詐次之,殺生又次之。'"紀曉嵐說得更狠:"天上無不忠不孝之神仙。"(《閱微草堂筆記》卷十七)大概托塔天王李靖會惡狠狠地點個滅。

孝作為冥判的最高原則,大致沒有異議。在這個意義上說,孝道馬馬虎虎可以算作冥界的政治正確。可是這一原則在實施過程中,卻常常面臨困境:

清乾隆年間,裘曰修在福建主持鄉試,對第一名的文章稱嘆不已。發榜後,中舉的試子紛紛前來拜見座師。裘公正官府閒坐,忽聽門外喧鬧聲,原來是解元公因為給門房利是的大小而爭執。裘公心裏有點不高興,又猜測也許解元家裏窮,不堪門房勒索。趕緊讓解元進來拜見,沒想到此人"面目語言,皆粗鄙無可取",根本不像讀書人,裘公大失所望,忍不住向副主考抱怨。

副主考說:"要不是裘公您提起,我都不敢說。在放榜前一天,我夢見文昌帝君、關帝爺和孔聖人合署辦公取士。"陰差拿了〈福建題名錄〉(即福建省錄取名單)給三位審看。關帝一看就皺眉說:"第一名這人好勇鬥狠,怎麼能錄取做解元呢?"文昌帝君說:"此人命中原本有高官厚祿,可是因為日常無行,遭冥譴盡數削奪了。不過此人有一善行,即事母極孝,跟人打架鬥毆,只要母親喝止,就立刻收手。因著這一點孝心,所以給他一個解元的名頭,'不久當令歸土矣'。"關帝聽罷,雖然不便提出異議,仍然氣呼呼的。果然,此人中舉之後不久就死

了，一天官也沒做成。(《子不語》卷二十一〈福建解元〉)

　　孝道作為鬼世界第一道德原則，固然沒問題。但在實際操作中，堅持孝道第一，堅持又紅又專，在紅與專不能兩全時，就會遇到很多困難。福建省鄉試的錄取工作，也因此鬧出尷尬的局面。當然，最後的結果有些折中，只給了這位孝子解元的名分，沒有任何實惠。在另一則故事中，其中的矛盾愈發顯眼，連冥官也不能裁決：

　　也是清乾隆年間，一位小吏李懋華去張家口出差，夜宿神祠，正好遇到包括城隍在內的四五位冥官成立審判委員會，在神祠集中判案，他將全部冥判過程盡收眼底。其中一件案子，甲神說："某婦人侍奉公婆樣樣合規，但是'文至而情不至'，另一位婦人侍奉公婆也很好，只是私下向丈夫有抱怨。諸位怎麼判？"乙神說："咱們的原則是論心又論跡，這兩位嚴格來說都不能算孝婦。只是現在風俗澆薄，要表彰善行，咱們也從寬處理。按照陰律，孝婦獎勵延壽十二年，這兩位就打對折吧，每人延壽六年。諸位以為如何？"眾神都說："判得好。"

　　另一件案子，甲神說："某婦人'至孝而至淫'，怎麼處理？"乙神說："陽律犯淫罪止杖，而不孝則當誅，是不孝之罪重於淫也。不孝之罪重，則能孝者福亦重，輕罪不可削重福，宜捨淫而論其孝。"主張按照孝道獎勵她。丙神反對："服勞奉養，孝之小者；虧行辱親，不孝之大者。小孝難贖大不孝，宜捨孝而科其淫。"主張按照淫行處罰她。丁神則提出折中的意見，孝與淫各受其報應，罪福相抵，不獎不罰。戊神反對相抵，認為這樣會讓世人覺得盡孝沒有獎勵，而行淫不受處罰，達不到移風易俗的效果。己神又反對戊神，說："效果恰恰相反，因為盡孝，所以行淫也不受處罰，不是讓人更加知道孝道之好嗎？因為行淫，即使盡孝也沒有福報，不是讓人更加戒淫嗎？"

眾神爭執不休，最後說："這案子頗為重大，咱們做不了決定，上交天曹，請天界決定吧。"說完便散會走人。李懋華也算資深師爺，助縣令斷案無數，聽了眾神的討論，仔細揣摩，竟也無法決斷。(《閱微草堂筆記》卷八)

這個故事有點像寓言，但確實道出了冥府的法律困境。冥界作為陽間不公、不平等的一種替代性補償，往往將某些道德規範直接化為法律條款，並且將其推向極致，其後果就是冥律毫無彈性，遇到一些極端情形，便無所措手。然而，冥官有一個好處，就是可以把鍋甩到天上，請天曹處理。

政治正確則不然，必須在現實中解決。當代人不僅把上帝弄死，然後造了一塊連上帝也舉不起的石頭，這與冥府所面臨的法律困境相差無幾。

冥府的主權意識

　　近代以來，幽冥世界的基本觀念受到極大的衝擊，這其中，民族國家的觀念對冥界的邊界和主權觀念的衝擊特別明顯。

　　清明節、中元節掃墓祭祖，都要燒紙。除了燒冥幣，現在燒家電、燒汽車乃至燒小姐的也多了起來。不過，這種變化最多只能說明陰間也在與時俱進、共同富裕，還不能算是重大突破。況且，現在冥幣的幣值越來越大，動輒數億乃至數十億，玩數字遊戲而已。直到近幾年有報道說燒護照的，這才是真正的突破，因為這說明當代人已經意識到，那個世界也是存在空間尺度及空間意識的。

　　實際上，對於那個世界的時空問題，清人就已思考過。紀曉嵐曾經很疑惑："人死者，魂隸冥籍矣。然地球圓九萬里，徑三萬里，國土不可以數計，其人當百倍中土，鬼亦當百倍中土，何遊冥司者，所見皆中土之鬼，無一徼外之鬼耶？其在在各有閻羅王耶？……人不死者，名列仙籍矣。然赤松、廣成，聞於上古，何後代所遇之仙，皆出近世？劉向以下之所記，悉無聞耶？"（《閱微草堂筆記》卷七）

　　紀曉嵐的疑問是，陰間是否也有疆域和邊界？其實，他在《閱微草堂筆記》裏，就曾記述過在新疆的戍卒，死後因為魂魄無法返鄉，需要陽間的官員燒關牒（即通行證），才能在陰間穿州過府。他因此賦詩感慨說："白草颺颺接冷雲，關山疆界是誰分，幽魂來往隨官牒，原鬼昌黎竟未聞。"本國鬼的遷移尚且如此困難，在閉關鎖國的年代，洋鬼子要入境，更是難上加難。

雖然無法通過正規途徑入關，但偷渡客還是有的。比紀曉嵐稍晚些的袁枚，就講過洋人鬼的故事：

臨安有個姓趙的豬販子，經常到杭州販牲口。某天趕夜路回家，遇到四個蓬頭垢面的惡鬼打劫，趙某渾然不懼，揮拳而上。可是人單勢孤，被對方按在地上狠揍。危急時刻，有神人趕走惡鬼，並且告訴趙某，這四個惡徒是羅剎（俄羅斯）鬼。因為前年羅剎國遇上嚴重的自然災害，人都沒吃的了，鬼也只能四處逃荒。有不少羅剎鬼就越境逃到中國。（《續子不語》卷三〈羅剎國大荒〉）洋鬼子從塞外極北的苦寒之地，竟然能一路逃難到江南的杭州，可見陰間的管理還是有些疏漏的。

到了晚清，列強入侵中國，人們見慣了高鼻深目的洋人。陰間的洋鬼子自然也多了起來。據《清稗類鈔》記載，八國聯軍攻打北京時，有位滿人死後復生，追述自己在陰間的見聞，說是在地府見到很多新鬼，有中國鬼，也有洋鬼子，他甚至見到了三天前自縊"殉國"的體仁閣大學士徐桐，都在等著閻羅王過堂。可見，陰間是實行屬地化管理的，列強的治外法權只在陽間有效。

以上的事例已經顯示，冥界確實有自己的國家主權。下面從理論上分述：

首先，冥界的主體性原則是天賦的，不能被剝奪。有鬼君為什麼不愛看當代的鬼故事，就是因為這些故事無視冥界的主體性，以為鬼魂就是飄來蕩去、無所事事、懵懵懂懂……就中國而言，自從冥府在東漢時代初現雛形以來，其國家建設就日臻完善。其治下的鬼魂也逐漸意識到自己的主體性（比如買地券涉及的冥界土地產權，冥幣兌換涉及的冥界經濟等等），他們不再認為自己是人類的附庸。

其次，冥界與陽間具有同構關係。這意思是說，幽明世界對基本理念是共享的。"東海西海，心理攸同。"這是很多治學者的共識。對有鬼君來說，"幽明一理"，也是治鬼學的基本原則。這當然不是有鬼君的創見，紀曉嵐就指出："幽明異路，人所能治者，鬼神不必更治之，示不瀆也；幽明一理，人所不及治者，鬼神或亦代治之，示不測也。"（《閱微草堂筆記》卷二）中國人和中國鬼，分享共同的集體無意識，在主權問題上自然也不例外。

最後，也可能是最根本的原因。由於西方基督教文化對於鬼魂世界的安排，導致他們的冥界缺乏主體性，主權觀念尚未萌芽。

晚清有位進士廖立樞，其子廖能同在德國留學，出車禍去世。消息傳回國內，廖立樞悲傷不已，他最無法接受的是兒子不能歸葬鄉里，要在國外成為孤魂野鬼。於是在鄉里的呂祖廟扶乩祈禱，希望兒子的遊魂能回來。巧合的是，呂祖廟的廟祝同時在冥府兼職做陰差，呂洞賓命他到海外出差，將廖能同的魂魄帶回來。廟祝領命出發，一路上坐海輪、火車、汽車，終於抵達柏林。在車禍發生地點找到了廖能同的遊魂，將其帶回國。半夜到了廖家，敲了半天門，魂魄才被放進去。廟祝出完差，回家倒頭就睡。第二天，廖家人見到廟祝，說昨晚聽到有人敲門，開了門又什麼也沒見到，廟祝說我把你家公子的魂魄帶回來了。廟祝從未出過國，可是描述柏林的街道景象，卻與實際情況一絲不差。按照時間推算，廟祝往返於中德之間只花了一個晚上。一方面固然是速度驚人，另一方面也證明了冥界的時空尺度與陽間確實不同。（《洞靈小志》卷二〈柏林陰差〉）

這個故事有幾個細節值得琢磨，當時陽間世界已從帝國時代進入現代民族國家時代，各國的疆域邊界理當清晰明確，廟祝為何能自由無礙地出入國境？很可能，冥界的社會發展尚未進入這一階段。或者可以說，雖然當時德國在陽間的發展遠遠領先我天朝，但我天朝冥府還是霸主，所以廟祝在柏林領個亡靈回來很自然。另一則故事，似乎更加印證了陰間尚未進入現代民族國家階段：

民國初年，中國駐北婆羅洲（今屬馬來西亞）第一任領事謝天保遇到了一樁煩心事。因為謝天保幼年失祜，與妹妹相依為命。後來謝留學美國，畢業於丹佛大學醫學院，光緒三十二年（1906年）獲醫科進士，授學部主事。1913年調任外交部，擔任中華民國駐北婆羅洲領事。可是，他剛就任不久，在國內的妹妹就因病去世。想到兄妹二人當年的艱辛，謝領事悲傷不已，可是又沒法回國。聽說當地有個美洲巫師能招魂，於是請了巫師來招魂。巫師將其帶入密室等待，過了一會兒，一個貴婦的魂進來，謝領事搖搖頭說："搞錯了，不是我妹妹。" 巫師說："我再去招。" 又過了一會兒，一個頭髮蓬亂、粗布衣服的婦人進來，這真是他妹妹。謝領事與妹妹相見，悲喜交集，談起家事，歷歷如繪。談完之後，妹妹倏然不見。這次招魂，花了他幾百美金，按照當時的物價，應該不便宜。作者郭則澐說，中國自古以來就有這種招魂術，漢武帝見李夫人、唐玄宗

見楊玉環，都是如此，可惜現在國內失傳了。(《洞靈小志》卷二〈美洲招亡術〉)

　　謝天保身為外交官，當然很清楚地知道當時國家之間的外交關係，而請美洲巫師將中國的亡靈招到馬來西亞，在陽間需要辦理相當複雜的出入境手續，而在冥界，似乎暢通無阻。可見，冥界的國際關係還有一定程度的滯後。

冥府機關食堂的工作餐

　　涉及陰間飲食的記載很多，所以要先把題目的內涵界定一下。"冥府機關食堂"，當然不是社會上的營業性飯店酒樓，類似"黃泉第一酒家"（《妄妄錄》卷九〈鄭子由〉）不能算；"工作餐"就要把公務宴請排除在外，像《咫聞錄》卷五〈酆都府〉的記載："冥府主曰：'既荷光臨，當申地主之誼。已設蔬餚，聊作暢敘。'何固辭不允。只見戲具抬來，請何至東廳，庭燎晰晰，綺宴隆隆。"冥官招待陽間客人的宴會也不能算。

　　這樣一來，材料就很難找。幸好，《右台仙館筆記》卷十二講了一個故事：

　　浙江湖州人汪圻在河北宣化府做家庭教師。偶感風寒，病了一個多月，某晚忽有陰差召喚他去上任，出得門來，有一頂小轎將他抬到一處官衙，陰差讓他坐到公案後，"置印其上，贊拜如儀"。眾陰司差役向他參拜，請他點名。點完名似乎也沒什麼事，他就來到後屋，有兩個僕人伺候著，端茶倒水。過了一會兒，僕人端來工作餐，"饌以四簋，切豬肉作絲，蒸雞卵作餅，餘則蔬菜，其味悉如人間"。一共四個菜，一份豬肉絲蒸雞蛋羹，三份蔬菜，味道也跟人間一樣。吃完還是沒什麼事。既沒有公文要他批閱，也沒有陰差稟告事務。他閒極無聊，看那枚官印，刻的是"八達嶺分司之印"，也許相當於八達嶺街道辦事處吧。又過了幾個時辰，僕人又送上晚飯，跟中午一樣。他吃完後上床就寢。才一合眼，就驚醒地回到陽間，仍然是病快快地躺著。此後，每到陽間晚上，他就被陰差抬去做"八達嶺分司"的街道主任，在那邊無所事事一天。到了陰間的晚上，一上床躺下就回到陽間。最可惡的是，"八達嶺分司"身為政府機關，竟然不訂閱一份《冥府日報》，把汪圻弄得無聊至極。這樣過了一個月，他終於受不了了，對兩個僕人說："我不想再來這裏了，可以嗎？"僕人說："您既然不想做陰官，我們當然不會強求。"於是取了兩丸藥讓他服下。此後，他不僅晚上不用到八達嶺分司辦差，病也好了。

我們看這份機關工作餐的菜單，一葷三素，非常簡樸，並沒有大魚大肉。這不難理解，機關食堂講究的是平民化，與民同樂，至於內設包間雅座，農夫山泉裝茅台之類的招數，鬼是想不出的。

但是，冥府公務員出去公幹，四味小菜的工作餐就沒法打發了：

唐玄宗開元年間，洛陽令楊瑒偶遇一位著名的看相術士，術士說他只有兩日縣令可做。楊瑒連忙懇求術士禳解。術士說："我來試試吧。"於是讓楊瑒在院子裏披頭散髮，光著腳，面向牆站著。他自己則在邊上的桌邊寫符籙。一直忙活到半夜，術士高興地說："索命的陰差今晚暫時不會來了，不過明天才是關鍵。明天你準備三十張紙錢，多做點麵食點心，帶上幾罐好酒，到東門外桑樹林裏候著。只要有人經過就請他喝酒。要是有'皂裘右袒'（穿著黑色裘皮大衣，露著右臂）者，那就是索命的陰差。你一定要拖住他，請他喝酒吃點心，只要他肯吃，你就有救。"

第二天，楊縣令依言在桑樹林裏供應免費酒食，直到太陽偏西，楊縣令的心漸漸沉下去。這時，裘皮客出現了，楊縣令趕緊請他吃飯喝酒，裘皮客似乎走得倦了，欣然享用。楊縣令趁他喝得高興，雙膝一軟跪下求救。裘皮客說："你昨晚屬害啊！我在院子裏找了一晚上都沒看到你。今天上峰有令，務必將你拘押到冥府去。雖說吃人嘴短，兄弟也是奉命行事，你說怎麼辦呢？"楊縣令連忙叩頭，表示要燒幾千張大額冥幣，給陰差老爺孝敬點草鞋錢。裘皮客說："老兄這麼客氣幹什麼？錢財乃身外之物，兄弟是毫不在意的。不過，這事我一人也做不了主，我得與同事們商量商量。要不這樣吧，明晚我和幾十個同事一起到貴府拜訪，大家邊吃邊合計，你看如何？"楊縣令一聽有門，喜出望外，一迭聲地滿口答應，表示一定讓冥府的公務員同志吃好喝好。

告別陰差之後，楊縣令回家連夜準備，幾乎將洛陽城高檔酒樓的頂級食材買空。第二天晚上，裘皮客與幾十位同事施施然來到楊府，楊縣令"設供帳，極諸海陸候之。……宴樂殊常浩暢"，酒桌上喝好了，眾陰差紅光滿面，紛紛表態："楊長官的事，怎麼能不盡心盡力呢？"然後對楊縣令說："您對面小區裏住著一位叫楊錫的，與您的名字相近。我們把冥府的索命通知書上的'王'偏旁改成'金'，把那位楊爺帶回去就行。您在今晚五更時分，到楊錫家門外聽著。只要有哭聲傳出，就說明兄弟們得手了。"

群鬼吃飽喝足，領受了冥幣之後離去。楊縣令惴惴不安地等到五更時分，終於聽到楊錫家中傳出哭聲，楊縣令的命保住了。（《太平廣記》卷第三百二十九〈楊瑒〉）

可見，雖然都是工作餐，但在不同的地方吃，卻有天壤之別。

冥府的懲戒

　　功過格是舊時崇奉封建禮教或佛家戒律的人，將自己所行之事按善惡之分逐日登記，以考驗功過。道教徒也有用功過格記日常行為的善惡，作為權衡鬼神降與福禍的標準。

　　現在大家熟知的功過格，大概是明末袁黃的版本，據俞樾《茶香室叢鈔‧茶香室三鈔》卷十四〈袁氏功過格〉說：

　　　　國朝朱彝尊《靜志居詩話》云：袁黃字坤儀，嘉善人，萬曆丙戌進士，除寶坻知縣，遷兵部主事。導人持功過格，鄉里稱為愿人，其說實本愛禮先生劉馹，加發揮焉。然順親友兄弟，皆自居為功，終於心未安，君子之學無伐善可矣。

　　袁黃即袁了凡。對功過格，俞樾批評說：恪守五倫，於君子原本是義務，可是卻自以為“功勞”，於心未安（良心上過不去）。行善積德是好事，只要別到處吹噓就行。

　　功過格在明清流行，很多人認為據此日省吾身可以改變命運：

　　　　吳編修廷珍，字叔琦，吳縣人。幼孤，奉母極孝，十八歲遊庠。後夢神謂曰：“汝壽止二十，汝知之乎？”吳夢中驚泣曰：“修短固定數，但無以報老母奈何！」神曰：「既有此念，自可延生，但須努力行善耳。」驚而悟，即奉立命功過格，實力奉行。閱六年，戊辰登鄉薦。忽夢遊神廟，殿闕巍峨，旁有人謂曰：「汝得鄉舉，乃力行功過格之報也。」從此益自奮勉，奉行愈力。並將功過格諸善本，參酌採輯，刊刻行世。嘉慶辛未，以第三人及第。（《履園叢話》之〈叢話十三·科第·孝感〉）

某種意義上，功過格有點像冥簿的陽間版本。冥府判案，很少有控辯雙方互相質證的情況，一來是冥府不接受訟師，二來是冥府在技術上能提供完整的證據。冥府在收集證據上沒有太多的奇技淫巧，他們有原始而有效的東西——冥簿。

但是冥簿有很大的局限性，即使事無巨細地記錄生人的每一件事，由於沒有真憑實據，還是會有不少爭議。因此，在冥簿的基礎上，陰間又開發了業鏡，也就是在閻羅殿前當場進行視頻證據回放。這樣一來，那些反動分子就無所遁形了。下面請看具體案例：

唐德宗貞元年間，巴州清化縣令趙業在任上時病倒，神志不清。臥床幾十天後，忽然有一差役領著他出門，恍惚間他跟著差役來到一座官衙。在官衙見到已故的妹夫賈奕，莫名其妙地跟他爭殺牛的事。趙業意識到可能來到了冥界。這時，判官命差役將兩人帶到堂上。趙業與妹夫賈奕繼續就誰殺了牛爭辯，各執己見。判官一時也無法裁決，於是一拍手，只見大堂上忽然有一面巨幅鏡子懸在空中。眾人仰視鏡子，只見鏡子裏賈奕拿著屠刀，而趙業靠著門，一臉不忍之色。誰是誰非一目了然，趙業也被無罪釋放。與其他入冥者不同的是，趙業沒有按照慣例遊覽地獄，而是被帶去上清仙境踏青。在那裏，他見到了冥簿（戊申錄）的運作情況："錄如人間詞狀，首冠人生辰，次言姓名、年紀，下注生月日，別行橫布六旬甲子，所有功過口下具之，如無即書無事。趙自視其錄，姓名、生辰日月一無差錯也。過錄者數盈億兆。朱衣人言，每六十年，天下人一過錄，以考校善惡，增損其算也。"（《酉陽雜俎》卷二〈玉格〉）

我們可以看到，冥簿的記載是事無巨細的，比起現在的人事檔案要詳實得多，而且實行的是零報告制度（"如無即書無事"），就是說，即使這一天無功無過，也得記錄。在冥簿無法分清是非的情況下，業鏡的視頻回放制度就很有用了。所以紀曉嵐說："夫鬼神豈必白晝現形，左懸業鏡，右持冥籍，指揮眾生，輪迴六道，而後見善惡之報哉？此足當森羅鐵榜矣。"（《閱微草堂筆記》卷六）

不過，業鏡是死的，只能提供證據，判案還是靠冥官的智慧。這其中的人情世故就相當有用。再看另一則案例：

清代有位老僕人到陰間去作證，案子了結時，正巧遇到兩位剛去世鄰居也來過堂。一位女子生前生活作風略有瑕疵；另一位老頭生前嫌貧愛富。可是判官卻判決說："某婦甚孝，故託生山西貴人家為公子；叟甚慈，故託生山東為富家女。"

老僕人覺得實在太不公平，忍不住抗議："這案子判得太離譜了！你們殿上對聯寫著'是是非非地，明明白白天'，怎麼竟然這樣顛倒黑白？"判官說："這恰恰是明明白白。'男女帷薄不修，都是昏夜間不明不白之事'，這些曖昧之處，很容易被人誣陷。閻王爺豈能趴在人家床下'窺察人之陰私'？況且周公制禮之前，哪來什麼‘從一而終’？至於那位老漢，在貧賤之時，為求生計，奔走權貴之門，也是不得已的。如果他們做了什麼傷天害理的壞事，自然有‘陰間懸一照惡鏡，孽障分明，不特冤家告發也’。”（《續子不語》卷十〈淫諂二罪冥責甚怪〉）

這個故事中的判官有點現代法制意識，將公領域與私領域做了一定的區分。當然，這並不說明陰間就此不再看重傳統的倫常，畢竟這兩位之所以能轉世到富貴之家，還是因為孝、慈。當然，這麼做的效果如何，倒也不易判斷。

對於心中還存著善惡是非觀念的人來說，業鏡不僅僅是判案的工具，還是能起到教化作用的。《北夢瑣言·逸文卷三》有一則故事，一個和尚就是在陰間通過業鏡見到自己“從前愆過猥褻，一切歷然”，復生後專心改過。

業鏡確實能夠場景再現，但是人性複雜，其中的幽微之處不一定能從其在外行事上看出來。為了解決這個問題，心鏡應運而生：

業鏡所照，行事之善惡耳。至方寸微曖，情偽萬端，起滅無恆，包藏不測，幽深邃密，無跡可窺，往往外貌麟鸞，中蹈鬼域。隱匿未形，業鏡不能照也。南北宋後，此術滋工，塗飾彌縫。或終身不敗。故諸天合議，移業鏡於左台，照真小人；增心鏡於右台，照偽君子。圓光對映，靈府洞然。有拗捩者，有偏倚者，有黑如漆者，有曲如鈎者，有拉雜如糞牆者，有混濁如泥滓者，有城府險阻千重萬掩者，有脈絡屈盤左穿右貫者，有如荊棘者，有如刀劍者，有如蜂蠆者，有如虎狼者，有現冠蓋影者，有現金銀氣者，甚有隱隱躍躍現秘戲圖者。而回顧其形，則皆岸然

道貌也。其圓瑩如明珠，清澈如水晶者，千百之一二耳。（《閱微草堂筆記》卷七）

說起來，紀曉嵐為了抹黑宋學諸儒，也是費盡心機。明明什麼時候都有偽君子，他偏偏要說"南北宋後"偽君子增多，"方寸微曖，情偽萬端，起滅無恆，包藏不測，幽深邃密，無跡可窺"，連業鏡也照不出其內心的猥瑣齷齪之處。而用心鏡一照，人人無所遁形，甚至能現出"秘戲圖"。"其圓瑩如明珠，清澈如水晶者，千百之一二耳。"能在心鏡下過關的，不過千分之一二。

冥府在誅心問題上從未停止創新的腳步，業鏡竟然並非技術的頂峰，道光年間出版的《妄妄錄》卷十〈照心袍〉記載：

> 冥中業鏡台外，更有照心袍，如人間一口鐘之樣。以袍罩體，一生曖昧虧心之事，無不自吐。

內心私隱暴露無遺，還讓不讓人死了！

冥府的內捲

內捲化，網上是這麼解釋的：

指一種社會或文化模式在某一發展階段達到一種確定的形式後，便停滯不前或無法轉化為另一種高級模式的現象。

杜贊奇在《文化、權力與國家 —— 1900—1942 年的華北農村》中，提出了國家政權內捲化的概念，即國家機構不是靠提高舊有或新增（此處指人際或其他行政資源）機構的效益，而是靠複製或擴大舊有的國家與社會的關係 —— 如中國舊有的贏利型經濟體制 —— 來擴大其行政職能。

南宋寧宗年間，大理寺判了一件案子，罪犯被處以極刑，斬首示眾。行刑後的某一天，有人深夜敲一位獄卒的門，獄卒開門一看，竟然是那個死刑犯，獄卒驚懼無已，說："您不是死了嗎？找我幹什麼？"那鬼說："我罪有應得，死而無憾。不過有件事想麻煩老兄，咱們這的泰和酒樓不是供奉了五通神嗎？我輩死後全在此任職，油水很是豐厚。巧得很，前幾天有位哥們辦了停薪留職，去別處謀生了。這個空缺我想補上，但是需要陽間的公務員寫個調令才能生效，所以麻煩老兄按照公文格式寫一份差檄'明言差某充某位神'，調我去擔任五通神之職。"說著又掏出一錠銀子，"這錢請老兄拿去'製靴帽袍帶之屬'，我也好體面上任。"說完便走了。獄卒也不敢跟其他人說，自己悄悄製作了公文調令，買了紙製的官服，在半夜時分燒化了。

過了兩天，那哥們還託夢來致謝，排場很足，"有騶從若王者"。這事就算了結了。過了幾個月，獄卒聽說泰和酒樓有鬼作祟，日夜喧鬧。酒樓根本沒法做生意，虧得一塌糊塗。獄卒立刻明白，肯定是先前停薪留職的哥們在外面混得不好，想回來上班。五個位子，六個鬼要做，還不吵翻天？獄卒悄悄找到酒樓經理，讓他"增塑一像，夜遂安妥如初"。（《堅瓠秘集》卷一〈東庫五通神〉）

明代有一韓員外，他家裏的一個僕人感染時疫，昏迷多日，險些喪命。醒來後他跟大家說，其實自己不是得了時疫，是被土地爺招去冥府辦差了。土地爺招了很多臨時工到陰間去做抄寫員，抄什麼呢？冥簿。他到了寫字間，只見滿屋子都是冥簿冊子，十多個人晝夜不停地在登記造冊，記錄的全是各家灶神對一家各個成員所作的報告。無論善惡巨細，有聞必錄，甚至"飲饌食品以至床帷間謔浪之語"也全都記錄下來。

冥簿的運轉流程是這樣的：抄寫員記錄之後呈交給土地爺，土地爺稍微刪除其中過於瑣碎的記錄，整理後上報縣城隍，縣城隍再上報郡城隍，郡城隍再上報東嶽府君，東嶽府君最後上奏給上帝。由於每一級都會做些刪節處理，因而上帝看到的冥簿奏報，大約刪除了十分之五六，只保留主要事件和言論。上帝年終進行 KPI 考核，將對各人的賞罰批示發下，經東嶽府君、郡城隍、縣城隍，層層遞下，最後分發到土地爺那裏，由土地爺根據批示旨意執行賞罰。至於灶神最初的報告，並不銷毀，全部封存於土地爺衙門的庫房，以備隨時覆核。直到本人命數已盡，才將檔案全部"封勘註銷"。（此處未區分冥簿與天簿，有朋友指出：冥簿由俱生神填報，屬地祇系統；天簿由灶神填報，屬天神系統。）

　　這個僕人在陰間做了七天臨時工，抄到手軟，才被放回。抄寫時他有心記住一些細節。還陽後一一打探，分毫不爽。其中，江蘇長洲陸秀才的冥簿最為有趣。陸秀才與幾位朋友雅集，以"智者樂水"為題寫了一篇文章，自鳴得意，心裏不禁想像自己科場順利、大富大貴後要做些什麼。陸秀才雖然有點文化，可是其志向與阿Q想睡吳媽無分軒輊："我於富貴時取鄰家女阿庚作小妻，為阿庚畫造曲房，織成綺麗衣飾。"冥簿朱批的處理意見說："想雖逐妄，境實因人，著於正月十七日到松陵驛凍餓一日。"僕人看到此處，不覺可笑，陸秀才是長洲文化名人，怎麼可能跑到外地捱餓受凍呢？不過還是默默記住這條批示。正月十七後，他專門跑去打聽，沒想到果然靈驗了。陸秀才一幫人坐船去西山賞梅，不小心撞到巡視組的船，全被抓起來，陸秀才好歹有個功名，沒被捉去拘留。但是被巡視組留置在船上，到了吳江才放了他，凍餓一整天，險些把命也丟了。（《集異新抄》卷三〈土地冊〉）

　　有鬼君對陸秀才的遭遇不覺奇怪，感慨的是冥府的公文流轉竟然有如此嚴密的流程，對文牘主義執行得如此嚴格，陽間根本做不到。唯一不太清楚的是，上帝每年要對下界所有人的賞罰給出批示，他就算是朱元璋的平方，也做不完，那麼天庭究竟需要多少小秘書呢？

冥府躺平學

躺平學，按照網絡上的解釋：

指人們放棄拚命工作攢錢的生活，擺脫焦慮傷身的狀態，主動在生活中降低欲望的一種生活哲學。相比于拼命工作參加內捲的人，奉行躺平學的人群提倡降低開支，退出內捲。

冥府的躺平學與人類的躺平學相近，但並不完全相同，容有鬼君先引一則故事：

清代杭州西湖邊有座廟叫德生庵，廟門外堆積了幾千口棺材，像小山包一樣。袁枚曾在那廟裏住過，很好奇地問和尚："這麼多棺材，難道不會鬧鬼嗎？"和尚說："此地全是富鬼，終年安生。"袁枚不能理解，問："城裏哪有那麼多富人？焉能有如許多富鬼？況且這裏的棺材一直沒下葬，肯定都是窮人。"和尚說："所謂貧富，不是看生前的。凡是死後能接受酒食祭祀、紙錢燒化的，就可算富鬼。這千餘口棺材雖然沒有下葬，可是廟裏每年有三四次化緣為他們做道場，還有盂蘭盆會這樣的滿漢全席。個個吃得腦滿腸肥的，哪裏會生邪心？那些遇到過鬼的人，他們口中鬼的形象哪有衣冠華美、相貌豐腴的（也就是胖鬼）？凡是出來作祟的，大多是蓬頭垢面、襤褸窮酸、長腳伶仃的。"袁枚一聽，這話很有道理。果然，他住在廟裏一個多月，從來沒有鬼來騷擾。（《子不語》卷二十二〈窮鬼祟

人富鬼不祟人〉）

如果按照托爾斯泰的說法，這個故事大概可以概括為，"幸福的靈魂家家相似，不幸的靈魂各個不同。"如果從躺平學的視角看，相對人來說，鬼的生活是低慾望的。文中提到："此間皆富鬼，終年平靜。……所謂富者，非指其生前而言也，凡死後有酒食祭祀、紙錢燒化者，便謂之富鬼。"幽冥世界中，富裕的標準並不高，死後在幽冥世界有飯吃，有衣穿，有錢花，就足夠了。而且，每年只需在節日祭祀幾次，就足夠鬼魂一年的生活，他們也就不會出來祟人。

除了衣食住行，幽冥世界對於文化、教育、經濟、科技等各個方面都沒有發展的動力。在政治方面，除了處理公檢法問題的閻羅殿、城隍、土地三級政府部門（主要還是針對入冥者），更無其他政府管理機構。至於政治亂象、自然災害，更是幾乎沒有發生過。

換句話說，整體來看，幽冥世界的社會形態是小政府、大社會、低慾望，幽冥世界的主流生活狀態就是躺平學。

從冥府建構的邏輯上看，這一狀況不難理解。首先，幽冥世界作為陽間生活缺陷或遺憾的一種補償，當然要優先實現人類的各種基本願望。當公平、正義、和諧等基本訴求都不再成為問題的時候，躺平當然是最主流的生活方式。其次，陽間為幽冥世界躺平提供了足夠的資源與動力。冥府的生活資料絕大多數靠陽間輸入，甚至連孤魂野鬼，只要在七月半的慈善盛宴上分得一杯羹，就能熬過一年。可資參考的是，有鬼君幾乎沒有讀到一條關於陰間存在乞丐的材料。如果陽間把幽冥世界的溫飽問題徹底解決了，為什麼他們還要奮鬥？第三，由於輪迴轉世規則在幽冥世界成為最基本的運轉邏輯，所有奮鬥都失去了終極意義。在冥府初創時期，陽間的社會屬性可以被帶入陰間，即子產所說的"用物精多，則魂魄強。是以有精爽，至於神明"，這原則在魏晉南北朝的志怪小說中很常見，但隨著輪迴說、因果報應說逐漸嵌入冥府的建構，階層固化的現象在幽冥世界也被打破。幽冥世界在制度上基本實現了形式和實質的雙重平等，鬼魂們奮鬥的意義何在？

當然，躺平並不意味著死水一潭。志怪作品中大量人鬼互動的故事，恰好說明冥府的躺平學不是僵化的一刀切。舉個例子，在台灣學者王年雙的《洪邁生平及其〈夷堅志〉之研究》[1]一書中，有一節專門討論"遊魂滯魄"問題，作者根據葬祭儀式的不同，將鬼魂分為"神主鬼魂"（即祠堂供奉的祖先）、"葬地鬼魂"和"冥界鬼魂"三類，這三類鬼魂都是納入冥府管理有正式戶口的，只是融入冥府社會的程度不同。我們可以寬泛地視為躺平鬼。而"無主鬼者，即未經儀式行為處理之鬼魂，在觀念中，是為遊魂滯魄"（中冊，356頁）。這些"遊魂滯魄"為了能上戶口，不斷在陽間以各種方式提出訴求，比如，"托骨祈葬""塚鬼護穴""遊魂索食"等，而這些行為，在人類看來，就是鬼魂作祟。

即使辦了戶口，納入冥府管理體系，解決了基本的溫飽問題，還是有很多鬼魂寧願在人間遊蕩，有的是出於戀世情結，有的是出於恨世情結。作者總結說："遊魂滯魄為鬼魂崇拜橫向

1　王年雙：《洪邁生平及其〈夷堅志〉之研究》（中），台北：花木蘭文化出版社，2010年版。

發展之另一支流，在《夷堅志》中有大量之故事，反映宋人特有觀念，遊魂滯魄出於儀式之不完全，以致於無所歸依，以其無歸，遂加鬼魂以'歸'之希冀，於是又使人鬼之朋，在無血緣關係中，必須建立互助友善之社會關係……從《夷堅志》中有求於人之鬼魂所扮演角色觀之，所存在者，惟有人類之同情與憐憫。至於投射於鬼魂身上之戀世及恨世情結，往往造成怖人之效果。"（384 頁）

人鬼的互動當然不止於戀世和恨世，比如還有大量人鬼戀愛的故事。這些都說明，冥府的躺平學，是動態的、活潑的、充滿了生活氣息的。

讓我們轉向西方，比較一下基督教文化中冥界的躺平學。基督教文化早期的幽冥世界是怎樣的呢？《面對死亡的人》[1] 一書中這樣說："早期基督教信仰認為在審判之日上天堂之前會有一段幸福的等待時光，該信仰一定有利於上述的變化：清涼界，安寧，安眠在亞伯拉罕的懷中。……他們既不是無憂無慮的生者，也不是痛苦不堪的臨終人，既不是將腐爛的屍體也沒有走進重生的光輝，而是在和平寧靜中等待末日轉化新生的選民。"將天堂地獄二元劃分，死後只能躺平不動，靜靜等待末日審判的到來，這樣完全靜態的躺平學越來越受到挑戰。

勒高夫的《煉獄的誕生》[2] 則研究了中世紀"煉獄"觀念的形成過程，他指出："煉獄的誕生基於三元圖式模型，這一三元

1　〔法〕菲利普·阿里耶斯著，吳泓緲、馮悅譯，《面對死亡的人》（上卷），北京：商務印書館，2015 年版。

2　〔法〕雅克·勒高夫著，周莽譯，《煉獄的誕生》，北京：商務印書館，2021 年版。

圖式從十二世紀後半葉便大獲成功，與封建社會正在演變中的結構密切相關。這一圖式在兩個極端類別之間加入一個‘中間’類別。……煉獄是一個雙重意義上的中間點：人們在那裏既非與天堂中一樣幸福，亦非與地獄中一樣不幸，煉獄只持續到最後審判，只要將煉獄定位在天堂與地獄之間，就足以讓它成為真正意義的居中者。”（345 頁）也就是說，西方基督教世界，冥界躺平學直到 12 世紀末才開始有了萌芽。我天朝冥府躺平學的根基，西方基督教世界也是較晚才意識到：“活人們對於彼岸世界的思考，我認為更多出於對公平的需要，而非對得救的嚮往——也許在末世論短暫盛行的階段除外。彼岸世界必須糾正俗世的不平等和不公正。”（320 頁）

　　如果用一句話來說明中西的差異，可以這麼說：天朝冥府躺平學是辯證唯心主義，西方則是機械唯心主義。

冥府表態學

在職場乃至官場上，表態確實是一門學問，比如，同樣是表忠心，韋小寶就深得個中三昧。《鹿鼎記》第十四回，韋小寶化解了天地會與沐王府的仇怨，依然顯得憤憤不平：

> 韋小寶道：「是啊，沐小公爺有什麼本事，只不過仗著有個好爸爸，如果我投胎在他娘肚皮裏，一樣的是個沐小公爺。像師父這樣大英雄大豪傑，倘若不得不聽命於他，可把我氣也氣死了。」
>
> 陳近南一生之中，不知聽過了多少恭維諂諛的言語，但這幾句話出於一個十幾歲的孩子之口，覺得甚是真誠可喜，不由得微微一笑。他可不知韋小寶本性原已十分機伶，而妓院與皇宮兩處，更是天下最虛偽、最奸詐的所在，韋小寶浸身於這兩地之中，其機巧狡獪早已遠勝於尋常大人。陳近南在天地會中，日常相處的均是肝膽相照的豪傑漢子，哪想得到這個小弟子言不由衷，十句話中恐怕有五六句就靠不住。

在陽間，韋小寶這種花式表忠心固是如魚得水，但陰間的表態文化則更注重實質，強調入腦入心，韋氏表態法就很難奏效。以有鬼君所見，常規流程是這樣的：由勾攝的陰差將活人帶入陰間，先由判官或閻王進行誡勉談話，然後由陰差帶著遊歷陰獄，進行賞善罰惡、因果報應的警示教育，最後讓其復生，對陽間大眾進行宣講。

這一流程的重點並不在於最後的宣講，因為鬼門關裏走過一趟，絕大部分人都會幡然醒悟，不僅改邪歸正，而且會主動講好鬼故事。真正讓人觸目驚心、入腦入心的，是陰獄沉浸式的警示教育。比如《集異新抄》卷六〈不退婚〉所載的故事，就是全須全尾的表態學實例：

南京下關有位史老漢，篤信佛教，吃齋茹素。他兒子卻不信佛，經常嘲笑老爹。一天，父子倆同桌吃飯，小史夾起一塊肉對老史說："這味道不比麵筋豆腐香嗎？老爹你何苦呢？這樣吃素，幾時才能成佛？"老史聞言，連忙合掌稱罪過罪過。吃完飯，小史準備躺下休息，就見兩官差來拘拿他，不由分說，將他架起來就走。行得十幾里山路，見到一座城池，城門上兩個金字"地府"。小史大駭：我這是死了嗎？剛進城門，就有百十隻飛鳥對著他一通猛啄，小史一邊躲一邊呼救。這時見天邊"隱隱幡幢鼓樂，導引數十人，而父亦與焉"，他大聲向老爹呼救，卻毫無回應。倒是有一條黑狗竄出，替他奮力抵擋飛鳥。飛鳥散去，又跑出幾十頭豬衝他撕咬，黑狗仍然在一旁護佑。群豬散去，小史剛喘了口氣，又來了十幾頭牛，對著他"奔走憤觸，困苦不堪解"。黑狗螳臂當車，再也無法阻攔。無可奈何，小史跪地高聲唸佛，求菩薩保佑。兩個官差立刻出現，趕走了牛。轉身對小史說："這些都是你殺生的食物來報復了，比之麵筋豆腐味道如何？你老爹在雲中享福的樣子你也見到了，自己想想吧。"兩官差一邊說，一邊將他領到閻羅殿前，只見：

天子居大殿，殿九級三層，侍衛千萬，車馬旌旗劍戟森立墀下，寂不聞謦咳聲。子伏最下一級之東偏，一銀帶綠袍官人捧牒趨上殿，久而趨下，傳旨云："付查勘司發落。"夜叉左右百餘，應響如雷震，以皮帶蒙裹，曳之而行。

小史哪見過這陣勢，腿早就軟了，被夜叉們拖到另一處官衙。判官查看冥簿，一一核對，"皆知已來所犯罪惡，年月時刻大小載甚詳"。翻到一處，忽然面露喜色對小史說："你妻子在你在下聘禮之後，未過門之前，一隻眼睛瞎了。當時有人提議退婚，你拒絕了。是這樣嗎？"小史說："是的。"判官立刻肅然起敬，說："此等善事在陰間最為看重。只是你'謗佛嫚父'，犯錯不小。陰司甚為惋惜，所以把你召來警示談話，讓你紅紅臉、出出血。"小史說："我現下明白冥府的苦心了，不過那條黑狗是怎麼回事？"判官翻開冥簿，說："當年這條狗差點被殺，你花了兩百文救下的，所以牠來報恩。因果報應，毫釐不爽，世人昏聵，不知悔改，自我沉淪。'今送汝歸，兼語眾生勉為善。'"明確要求小史到陽間大力宣講。

小史還陽後，向父親表示要向菩薩懺悔，設了懺法道場七晝夜。之後全家奉佛。受史家感召，"一方之內，茹素戒殺者十且七八矣"。

我們看這個故事的結構，入冥—責罰—訓誡—復生，流程完備。這也是大多數入冥故事的基本形態。進一步看，小史入冥前的罪愆和復生後的表態，敘述都極為簡略。而對他在冥府所受的責罰、閻羅殿的威勢、判官的諄諄教誨、因果報應的來龍去脈，都不厭其煩地細細描繪。在有鬼君看來，入冥故事詳寫陰間，略寫陽間，一方面當然是滿足聽眾對冥界的好奇心，另一方面，也是為了渲染、強調冥界的法力，以起到強烈震懾的作用。

我們不妨將責罰與訓誡的情節與西方基督教煉獄的教義比照一下。勒高夫所著《煉獄的誕生》一書，就梳理了在天堂、地獄二元對立之外，第三個處所"煉獄"的形成過程。煉獄即煉罪，是那些非全善也非全惡的人，通過接受刑罰，洗刷罪責，得到救贖。書中寫道：

> 煉獄承載著東方的末世論文學，充滿火、酷刑、狂暴與噪聲，由奧古斯丁定義為刑罰比任何俗世的刑罰都要痛苦的地方，由想要用畏懼與顫抖來進行拯救的教會確立起來。（314頁）

反覆述說陰間／煉獄中的那些酷刑、畏懼、顫抖……能更好地讓人懺悔、認罪並且贖罪。中西的差別在於，在基督教義中，人的復活只能等到最後的審判日。而天朝冥府，能隨時讓罪人還陽復生，親自宣講；同時，在陽間贖罪之後，立時起效，其影響力自然不同。比較起來，天朝冥府顯得更靈活、更人性，給人出路才是王道：

清人某甲被勾攝到陰司，正好遇到故友，代為檢索冥簿，發現他犯了忤逆的大罪，"法當付湯鑊獄"。只是命數未到，將來還是要受此刑罰。而且"此罪至重，佛亦難度"，故友不得已，讓他回去後"亟以父母孝順，或可懺悔挽回"。此人還陽之後，對父母"侍奉惟順"，父母病故，喪葬如禮，一切都按照高規格來辦。後來他活到七十多歲，安享晚年，顯然悔罪、贖

罪在現世就起效了。（《妄妄錄》卷八〈遷孝免罪孽〉）

　　從這個故事可以看出，懺悔也好、表忠心也好，本質上不是給活人看的，而是由冥府考察判斷，所以那些職場的心機、技巧，實際並沒有什麼用。因此我們稱其為冥府表態學。

　　理論上看，人人到了閻王殿，參觀陰獄之後，都會當場表示要改惡從善，幾乎無一例外。就像上世紀三四十年代行納粹舉手禮一樣，已成為常態。所以從這個角度，很難對表態學進行有效的梳理分析。但是，還有一種我們司空見慣的表態方式——標語，可能被忽略了。

　　按照網絡的解釋：標語是用簡短文字寫出的有宣傳鼓動作用的口號。標語可以分為六類，其中長期性的有三類，即：一、用來宣傳路綫、方針、政策；二、用來宣傳某機關、團體的規定、禁令；三、用來宣傳社會公共道德。這三類標語，自然都具有宣傳、動員的作用，而且具有公共性。如果從張貼、公佈標語的執行者的角度看，是在表達對路綫、方針、政策、規定、禁令等的堅決擁護和執行，這就是一種公開的表態。

　　那麼陰間如何公開表達對路綫、方針、政策、規定、禁令等的宣傳和動員呢？古人當然沒有刷標語的情況，但是有鬼君曾在〈陰間的價值觀〉[1]中提到："冥界也使用文字，在一些特別的場合，陰間的文字可以將那裏的主流價值觀，或明或暗地表達出來。這就是冥府大門口常見的對聯。"冥府的對聯，就是一種公開宣傳、表達冥界價值觀的方式，也即冥府表態學的形

　　1　參見〈陰間的價值觀〉，載有鬼君：《見鬼》，東方出版社，2020年版。——編者註

式之一。這些文本都是在陰間呈現的，所以自然可以稱為"陰本"，也成為我們分析冥府表態學的珍貴資料。

明末南昌人徐巨源，曾於崇禎年間中進士，以書法知名。某天在路上被一陣狂風"攝入雲中"，原來是冥府修造宮殿，想請這位書法家去題寫對聯。徐巨源跟著冥官到了閻王府，見他們已經擬好了詞，只是還沒寫（冥府從陽間臨時聘請書手寫對聯，可見有多看重）。對聯是："作事未經成死案，入門猶可望生還。"橫批是："一切惟心造。"（《子不語》卷八〈徐巨源〉）

這副對聯實質是對冥府基本政策的宣講，"作事未經成死案，入門猶可望生還"，是不是有點像"坦白從寬，抗拒從嚴"？這裏明顯是在暗示，在陽間做的事情，只要沒有被定為死罪，還是有可能復生、還陽的，或者說可以轉世輪迴成人。並非所有入冥者都是命數已盡，有些是臨時性的誤入，有些是作為證人、當事人去參與冥判，有些甚至是參加冥府考公面試。即使有人陽壽已盡，被勾攝入冥，還存在閻王、判官根據具體情況定讞的變化。所以橫批說"一切惟心造"，就是論心不論跡，鼓勵入冥者誠實地交待自己在陽間的行為，以獲得寬大、贖罪的機會。從另一個角度看，這副對聯未嘗不是展示對冥府基本政策的理解和表態。至於表態給誰看？當然是給閻羅王看。你猜，閻羅王看到下屬造的閻王殿和刷的標語（對聯），會不會拈鬚頷首呢？

如果說這副對聯表達出寬厚、仁慈的意味，另一副對聯則相當嚴厲：

清人金舜功最初追求功名，中了秀才，晚年信佛，每日吃齋唸經。後來因病入冥，在"森羅殿"見到一副對聯："讀聖賢

書，以儒術殺人，國網漏天網不漏；授菩薩戒，借空門造孽，王法饒佛法難饒。"（《妄妄錄》卷十二〈森羅殿前對〉）

這副對聯看似只針對金秀才，其實是分別訓誡儒生與和尚。儒生以儒術追求利祿，無可厚非，但是打著儒家的旗號殺人，卻難逃陰間的法網；和尚亦是如此，借佛門做壞事，王法佛法都不會放過。這對於入冥者來說，像是陽間的各種普法標語。但實際上，即使孔聖人和如來佛看到這標語，大概也會滿意的。我們知道，冥府的建構融合了儒釋道等多種思想資源，其意識形態基礎是複合型的。這副對聯，不僅震懾了入冥者，更重要的是，同時也向儒家和佛教表示了認同和服膺，這個表態可謂無分軒輊地討好了兩家。

上面兩副對聯或溫和、或嚴厲，其功能都是宣傳冥府法律，而另一些對聯，則展示了陰間的日常生活，比如："曰校、曰序、曰庠，兩字德行陰教化；上士、中士、下士，一堂禮樂鬼門生。"（《聊齋志異》卷六〈考弊司〉）這副對聯是一位儒生聞人生入冥遊覽冥府考弊司所見，隨後聞秀才與考弊司司長虛肚鬼王發生衝突，憤然赴閻羅殿上訴，閻王嚴懲了虛肚鬼王。頗為諷刺的是，對聯中展示的是近乎"風乎舞雩"的教育場景，實際上虛肚鬼王卻對讀書人大施淫威："秀才已與同輩數人，交臂歷指，儼然在徽纆中。一獰人持刀來，裸其股，割片肉，可駢三指許。"而且，考弊司就在閻羅殿的邊上，所以，這副對聯更像是寫給考弊司的上級閻羅王看的，虛肚鬼王的表態藝術確實高超，不僅風雅，而且有內涵，可是表態的背面卻如此不堪。

有些對聯則視野更為廣闊，展現了宇宙洪荒的大化流行。

這種表態已不再拘泥於某個具體的領域，而是觸及對冥府基本原則的體認。比如："天道地道人道鬼道，道道無窮；胎生卵生濕生化生，生生不已。"（《耳談》卷五〈閻王殿〉）這副對聯所表達的將有情眾生聯結在一起，且永恆流轉的視野和豪情，這種級別的表態，陽間也鮮能比之。

　　以上只是從陰間的對聯入手，簡單分析了冥府表態學在陰間的一些呈現方式。不過，在有鬼君看來，鬼世界的心術過於簡單，即使以精細的文字形式表達，冥府表態學對於人性、社會、制度等的複雜性，也還是相對淺白了些。實在地說，只要將陽間任何一個縣城三十年的標語匯總起來研習，便能更加深刻地領會表態學的精髓。

冥府舉報學

要討論冥府對於舉報的態度，不妨先比較一下陰間與陽間政府治理的思路，紀曉嵐曾說：

> 幽明異路，人所能治者，鬼神不必更治之，示不瀆也；幽明一理，人所不及治者，鬼神或亦代治之，示不測也。（《閱微草堂筆記》卷二）

這是統治者熱愛的理想社會形態。這句話裏"不瀆"是指陽間能處理的案子，陰間不會越俎代庖，尊重陽間的司法權威；"不測"是指陽間沒法發現或懲治的罪犯，陰間就會代為出手，以顯示神鬼難測。換句話說，這是強調果報的普遍有效性：所有在陽間能逃脫的罪行，在陰間都不會錯過，甚至是十倍、百倍地奉還。

如果我們能理解這個背景，就能體會到，舉報這一行為，在冥府不僅不受重視，而且是不道德的。

舉報不受重視，是因為冥府強大而多層級的監控體系，對陽間人類所有行為都了如指掌。即使是內心的隱微波動，都難逃監控。不僅時刻監控，甚至還能做到即時反饋。簡單舉個例子：

南宋合州城有個鄭老太，自幼信佛，幾十年來從不喝酒、不吃葷，每天唸《金剛經》，虔誠無比。有一天，她到寺廟去聽長老說法，經過一家肉舖，肉舖的屠戶正在切牛肉，鄭老太一時心血來潮，對同行的另一個老太說："這牛肉切成薄片，澆上鹽醋，想想都鮮美無比。（'以此肉切生，用鹽醋澆潑，想見甘美'）"到了廟裏，長老劈頭就問鄭老太："你怎麼破了葷戒，吃牛生呢？"老太說："老身是自出娘胎就沒有吃過葷，大師這麼說是什麼意思？"長老微微一笑，取出一些藥末，在熱水中攪勻，讓鄭老太喝下去，過了一會兒，老太煩悶欲嘔，竟然吐出足足一碗的生牛肉。鄭老太才明白，自己經過肉舖時的玩笑話，"妄想故示顯化"。老太太為自己心念不誠懺悔不已，此後修行更加虔敬，活到九十多歲。（《夷堅志·夷堅支志》丁卷三〈鄭行婆〉）

僅僅是心中葷戒一動，就有如此反應。這固然是為了說明寺院長老的佛法神通，同時也間接證明冥界對人之心動能洞若觀火，畢竟佛教是冥府建立的基本理念之一。所以冥府判官曾說："陰間懸一照惡鏡，孽障分明，不特冤家告發也。"（《續子不語》卷十〈淫諂二罪冥責甚怪〉）有如此強大的監視和反應能力，人間的舉報對冥府治理當然毫無價值。

關於冥府對舉報的行為在道德上的鄙視，〈鬼世界的九十五條論綱〉中說：

> 十九、鬼世界、人類世界與天界共享一些基本的政治原則。
> 二十、這些共享的政治原則的核心是道德教化。

鬼世界政治原則的核心是道德教化，其基本內容就是儒家主張的仁義禮智信這些倫理規範。而且，儒家特別強調的是自省、自律、慎獨，強調正心誠意，而不是靠他律。所以舉凡陽間的舉報、告發、告密、檢舉、出首等行為，都為冥府所不齒，且會給予警示：

明代一位姓陸的軍官，剛升任指揮一職時，受到同僚的排擠，內心鬱悶，無以化解。於是每日窺伺同僚的隱私，尋其短處，悄悄記錄下來。時間久了，記錄越來越多，就裝訂成冊，藏在櫥櫃裏。等待機緣巧合，將同僚一舉告倒。有天晚上，他已入睡，忽然電閃雷鳴，陸指揮就見屋內有 “火光如豆，旋轉一室，若有人持而覓索者”，剛坐起來要查看，那火光竄入櫥櫃，立刻燒著了。他趕緊去取水滅火，回來時火已經自己熄滅了。打開櫃子一看，東西絲毫無損，唯有 “手疏同僚燒滅不遺一字”，那本記錄同僚隱私的小冊子被燒掉。顯然，這是鬼神運用神通在向他警告。陸指揮幡然醒悟，“遂悚然修省，絕不談人過惡”。後來仕途很順利，官居一品。(《集異新抄》卷八〈陸指揮〉)

因為陸指揮尚未舉報、告發，所以鬼神只是略施懲戒，而且在他悔改之後，還是給予很好的福報。至於那些不知悔悟的人，結局就沒那麼好了。《子不語》卷十八〈顏淵為先師判獄〉講了一個關於舉報的小故事：

明末清初的經學家毛奇齡年輕時曾參加抗清義軍，浪跡江湖多年，康熙年間才逐漸安穩下來。他有個好朋友張綱與他談及一樁往事，1645 年，清軍進逼杭州，監國的潞王朱常淓開城投降，與其他被俘官員一起被押解至北京，他的宮眷則躲藏在一個姓孟的大戶人家。張綱的弟弟得知此事，跟幾個狐朋狗友商量，要向清軍舉報領賞。臨到去官府交舉報信時，張某又後悔了，堅決不在舉報信上簽名。其餘幾位列名領賞的五人，不久便無緣無故暴死。張某死後復生，逃過一劫。可是他惡性不改，又因為與一個道士鬧矛盾，誣告道士是海盜，致使道士被殺。過了不久，張某也早早病死。張綱說起這個弟弟，"負先師之訓，違慈母之教，宜其終不永年也"。

張綱所說的"負先師之訓"，就是儒家仁義的基本規範，即使不考慮明清之際的朝代更替、夷夏之辨，出首告密也為士人所不齒。即使生活在大清盛世的袁枚也要專門記錄下來，以示對舉報者的報應。

至於那些賣友求榮之輩，人們往往認為天網恢恢，必遭果報：

清光緒年間，山東某地縣令朱永昌，與某人是過命的交情。這人奉命"解餉赴隴"，路上看中一個妓女，想給她贖身，可是錢不夠。這傢伙膽子也大，直接從餉銀中挪用了幾千兩。這樣一來，就沒法到甘肅交差了。他悄悄找到朱永昌，將實情告知，打算改換姓名身份，託庇在朱永昌那裏。他許諾事成後與朱永昌將剩餘的餉銀平分。這廝的主意簡直無法無天了，沒想到朱永昌滿口答應，安頓朋友住下。第二天一早，就直奔知府處告發。這案子沒什麼好糾纏的，那人很快被判了死刑。行刑那天，囚車經過街市，那人大聲呼喝："朱某賣友，三年內吾必報之！"朱永昌因為這次舉報，受到上司嘉獎，升了官。兩年後，因為一樁命案牽連，也被判了死刑。令人不可思議的是，這命案的起因是案值僅為二錢的地丁銀。所有知道此事前因後果的人都說"報應不誣"。記錄此事的作者郭則澐也說："夫某之侵餉論死，固當其罪，然朱既與深交，苟開誠告誡之，未必不悔悟變計，乃詭諾之而藉以邀功，則某之報怨為有辭矣。"朱永昌的那位朋友被判死刑，理所應當，但是朱不僅沒有開誠佈公勸誡，反而假意承諾分贓，轉頭就舉報邀功，那位朋友的報復也就顯得理直氣壯了。（《洞靈續志》卷二〈賣友報〉）

當然，此風氣之起，端的有賴榜樣的作用，《資治通鑑》卷二〇三有載：

> 中宗欲以韋玄貞為侍中，又欲授乳母之子五品官；裴炎固爭，中宗怒曰："我以天下與韋玄貞，何不可！而惜侍中邪！"炎懼，白太后，密謀廢立。二月，戊午，太后集百官於乾元殿，裴炎與中書侍郎劉禕之、羽林將軍程務挺、張虔勖勒兵入宮，宣太后令，廢中宗為廬陵王，扶下殿。中宗曰："我何罪？"太后曰："汝欲以天下與韋玄貞，何得無罪！"乃幽於別所。己未，立雍州牧豫王旦為皇帝。政事決於太后，居睿宗於別殿，不得有所預。立豫王妃劉氏為皇后。后，德威之孫也。有飛騎十餘人飲於坊曲，一人言："向知別無勳賞，不若奉廬陵。"一人起，出詣北門告之。座未散，皆捕得，繫羽林獄，言者斬，餘以知反不告皆絞，告者除五品官。告密之端自此興矣。

只是因為吃飯的時候發了一句牢騷話："早知道沒有功勞賞賜，還不如侍奉廬陵王"，就被同桌吃飯的人即刻告發，在座吃飯的軍士還未離開，全部被捕。結果，說話之人被斬首，其餘人因為知而不報被處以絞刑，告密者卻被授予五品官。從此，告密之風興起。

冥府入宮學

　　歷代帝王喜召術士、佛道人士進宮，這是大家都比較熟悉的。比如漢武帝時的李少君、李少翁、欒大，宋徽宗時的林靈素等。在有鬼君讀過的關於宮廷術士的著作中，以中國人民大學吳真教授的《為神性加註 —— 唐宋葉法善崇拜的造成史》[1] 最好看。據該書介紹，唐初一位出生於浙江南部松陽縣的道士葉法善來到長安打拚，歷高宗、武后、中宗、睿宗四朝，充任兩京的內道場道士六十餘年，於公元 720 年以一百零七歲高壽去世，不僅在生前獲得唐代道士所能得到的最高世俗爵位 —— 越國公，去世十九年後，唐玄宗還親自撰寫悼文《故金紫光祿大夫鴻臚卿越國公景龍觀主贈越州都督葉尊師碑銘並序》，"當時尊崇，莫與為比"。書中第一章為 "道教國師的政治人生"，第四節的標題是 "97 歲的政治第二春"，堪稱入宮術士中的王者。

　　不過，有鬼君既然要講的是冥府入宮學，重點當然就不是人，而是妖魔鬼怪如何入宮，在宮中做什麼。大家最熟悉的自然是《西遊記》中車遲國的三位國師，因為涉及佛道之爭，被寫成動物成妖，因此有點矮化了。況且三位國師不僅確實有些

　　1　吳真：《為神性加註 —— 唐宋葉法善崇拜的造成史》，北京：中國社會科學出版社，2012 年版。

法術，且都戰死在鬥法場上，也算是勇士。

以有鬼君閱讀所見，皇宮中鬧鬼較為常見，而妖精較少，這主要是因為鬼魂往往出於夙緣、果報等情況而滯留宮中，屬"幽魂滯魄"。而妖精入宮則需突破宮中神靈的安保措施，頗為不易。《續耳譚》卷五〈西山狐〉說："禁城中，帝王所在，萬神呵護。"只是時值元末，天命已改，"真天子自在濠州，城隍社令皆移守於彼，此間空虛"，所以狐狸精才能出入宮中。到明清時，安保手段又有提升，出現冥府聘用從良的妖精擔任守衛的情況，如《庸閒齋筆記》卷二〈狐知醫〉中，擅長醫術的狐仙"自言每月在宮中輪當差使數日，信乎聖天子百靈呵護也"。《洞靈續志》卷五〈狐大太爺〉也提到，"大內諸狐以端門仙狐領之，稱狐大太爺。其在保定者曰二太爺，在天津者曰三太爺，皆曾受封錫"。以人治人，以妖治妖，手段高明。

雖然有神靈守衛，但是鬼魂通過人情關係，也能入宮。據《庸庵筆記·太監安德海伏法》介紹，山東巡撫丁寶楨殺了安德海之後，歷城縣令買了塊地將其安葬，只是一座小墳，當地百姓也不很清楚。過了幾年，鄉民有人被鬼魂附體，胡言亂語，還是一口的京片子。眾人好奇，就圍著病人問。鬼魂說："本人姓安，是河北南皮人，'在北京內廷供職多年，有要差赴廣東，留滯於此，寓屋數間，久不修理，天雨下漏，令人難住，煩諸君為我稍加補葺'"。眾人聽他意思，不就是被砍了腦袋的小安子嗎？好奇心起，問他是否曾回京，京城什麼樣子，皇帝老兒是不是頓頓白麵饃饃蘸糖吃。安德海當然不會回答鄉下土鱉的這些無聊問題，只說自己曾兩次回京進宮，宮裏景象跟從前一樣。看守宮門的金甲神，因為以前經常見到自己，臉熟，所以不曾阻攔。只是因為黃河難渡，往返費勁，所以不常回去。鄉民聞言，去他的墳上查看，果然有兩個洞，於是用土塊糊上修補好。病人也就好了。

這個故事裏，宮中有金甲神守護，就是防止妖魔鬼怪出入驚擾聖駕。安德海身為橫死之鬼，能自由出入，純屬特例。更多的是鬼原本就在宮中：

唐高宗營建大明宮，宣政殿剛造好的時候，每晚都鬧鬼，"聞數十騎行殿左右，殿中宿衛者皆見焉，衣馬甚潔"，高宗命術士劉門奴搞清楚怎麼回事。劉門奴作法與鬼魂交流，對方說，自己是漢景帝時楚王劉戊之子，楚王參與七王叛亂時，他正好在長安。楚王兵敗被殺，景帝可憐他，並未斬草除根，養在宮中，死後就葬在這裏，景帝還賜了一對玉魚陪葬。因為營造宣政殿，東北角正好壓住了他的墳墓。"此是我故宅，今既在天子宮中，動出頗見拘限，甚不樂。"所以才驚擾當今天子，懇請下旨改葬，俾得人鬼兩便。高宗聞報，命人發掘改葬，果然在殿的東北角發現了古墳，還有一對形制精巧的玉魚。改葬到宮外後，果然鬼魂不再出現。（《太平廣記》卷三百二十八〈劉門奴〉引《廣異記》）

這個故事是有疑點的，漢長安與唐長安並不在一個地方，未央宮和大明宮相距還有些距離，所以那位號稱楚王之子的哥們，很可能是某個假冒的鬼，打著皇室後裔的旗號請求改葬。如果是普通的古墳，估計高宗也沒耐心穩妥處理。所以，這位應該不是主動入宮，而是被皇室圈地圈進宮的。下面一位，因為有些法術，應該是主動入宮的：

北宋徽宗宣和年間，一位宮女忽然被惡鬼附體，成了武瘋子，拿著刀亂揮，一般人近不了身。徽宗下旨召法師驅邪，可是京城道士一個能打的都沒有，"皆莫能措手"。只好下令將她關在空屋子裏，不給吃的。幾年下來，宮女也沒死。後來龍虎山來了一個程道士，據說法力高強。徽宗命人召來作法。程道士"請以禁衛數百，執兵仗圍其室三匝，隔門與之語，且投符使服"。宮女哈哈大笑："我服的符多了，你能奈我何？"說著便吞下去。沒想到真的被符制住，動彈不得。程道士用刀"劃地為獄，四角書'火'字"，逼問鬼魂老實交代，否則火刑伺候。那鬼連連求饒，說自己也是龍虎山的道士，死後為鬼，"凡丹咒法籙，皆素所習"，所以闖入宮中玩耍搞亂，沒想到被仙師制服。他懇求程道士放過自己，這就出宮。程道士大怒："皇宮禁區，豈容你撒野？"隨即報告徽宗，具牒奏明天帝，將此鬼斬殺。（《夷堅志・夷堅甲志》卷十二〈宣和宮人〉）徽宗朝昏亂不堪，連龍虎山道士都反水，在宮中肆意妄為，可見氣數已盡。

宮中鬧鬼，一般有點水平的術士都能驅除，不過，有些鬼卻實在沒法驅趕，因為他可能是皇帝的哥哥：

還是宋徽宗，政和年間，他下令在宮裏造一處涼殿，準備夏天來住。在他來之前，每晚有兩個小太監守著，門窗緊閉，不准閒人靠近。可是，"夜未半，聞內外暗嗚叱咄，聲殊猛厲，竹夫人相逐躍舞，不容交睫，顛悸徹曉。以告知省盧太尉，盧別易兩輩往，說其怪亦然"。這鬼鬧得動靜也太大了。盧太尉晚上親自去查看，到了殿外，門自動打開，他進去之後，門又自動關上，一直到最裏面的正殿。燈火輝煌卻陰氣森森，他抬頭一看，已駕崩的哲宗皇帝赫然坐在那裏，邊上是妃嬪和太監。太監大喝一聲，見了皇上，還不下跪。盧太尉驚恐之下，連忙跪下請安。哲宗問：「你來這裏幹什麼？」盧太尉回奏：「臣奉旨打掃新宮殿，不知聖靈在此，觸怒天威。」哲宗很不高興：「你回去問問官家（徽宗），這幾間房子也不能讓給我住嗎？」盧太尉哆哆嗦嗦地領旨告退。第二天上奏徽宗，又不敢說明情況，只能含含糊糊地請徽宗暫時不要去住。大概徽宗也是一時興起，竟被盧太尉混過去了。（《夷堅志·夷堅支志》丁卷一〈禁中涼殿〉）

一般來說，皇帝、皇后死於宮中，作祟的概率比較大，因為繼位者不敢動用法術驅趕，只能安撫。傳說同治、慈禧死後均曾在宮中現形（《洞靈續志》卷五〈同治帝死後現形〉、《清稗類鈔·迷信類·孝欽后現形》），做臣子的也只能避開，任由他們在宮中遊蕩。但是前朝的皇帝鬼，要是在宮裏作祟，他們是不會客氣的：

崇禎上吊於煤山，這個大家都知道。清朝定都後，每次皇帝、皇后駕崩前一兩個月，總有宮人看到一「古裝之白髮老人，於更深人靜時，在山之上下左右，或遠或近，嗚嗚而哭」。而且一邊哭，一邊絮絮叨叨地繞著宮殿走。月白風清之時，看得格外清晰，宮人對崇禎可就沒什麼好客氣的了：「你剛愎自用、一通胡搞，丟了天下，還有臉哭？」有好事者甚至操起木棒去追打，只是這白髮老鬼「其行如飛，頃刻不見」。（《清稗類鈔·迷信類·煤山有白髮鬼》）

簡單來說，冥府對於皇宮的守衛比較嚴格，能入宮的妖孽並不多。這主要是因為冥府對於陽間世俗權力的尊重。至於皇室鬼折騰自己人，冥府還真沒法干預。

冥府如何選拔人才？

據宮崎市定先生的《科舉史》[1] 一書介紹，除了文科舉，唐宋時期開始也實行武科舉。到了明代，武科舉在宦官王直的建議下復興，清朝則繼續採用。武科舉也分縣試、府試、院試、鄉試、會試、殿試等多個名目。外場考騎射、步射、技勇，內場考默寫"武經"。不過，錄取與否基本按照外場的成績決定，內場的默寫與及格與否無關。因為武生的學力通常都很低，比如把"一旦"寫成"亘"，把"丕"字寫成"不一"。從鄉試成績來看，通過者一般都是掇石三百斤、舞刀一百二十斤、開弓一百二十斤，馬箭中五矢、步箭中五矢以上的水平。（166 頁—173 頁）

冥府選拔官員，據有鬼君翻檢材料，只是偶有科考記載，最著名者為《聊齋志異》卷一第一篇〈考城隍〉：

> 上坐十餘官，都不知何人，惟關壯繆可識。檐下設几、墩各二，先有一秀才坐其末，公便與連肩。几上各有筆札。俄題紙飛下，視之有八字，云："一人二人，有心無心。"二公文成，呈殿

---

1 〔日〕宮崎市定著，馬雲超譯，《科舉史》，鄭州：大象出版社，2020年版。

上。公文中有云："有心為善，雖善不賞。無心為惡，雖惡不罰。"諸神傳讚不已。

從考場的情況看，有點像科舉中最後的殿試，上考官中有伏魔大帝關羽，級別並不低。考試的題目很簡單，接著就安排冥府職務。

《子不語》卷一還有一篇〈狐生員勸人修仙〉提到狐狸精參加科考的情況："群狐蒙太山娘娘考試，每歲一次。取其文理精通者為生員，劣者為野狐。生員可以修仙，野狐不許修仙。"這個考試嚴格來說不算選拔，只是為頒發狐狸精的修仙許可證舉行的資格考試，類似記者證、教師資格證等考試。

除此之外，冥府選拔人才，幾乎無需考試，倒是冥官有時需要進行業務培訓：

北宋英宗年間，韋安之與同學張道一起拜在理學家李潛門下讀書。當時李先生門下學生甚多，其中張道表現最好，一年學習下來，在同學中成績最好。某天，他忽然與韋安之告別，說自己其實是陰間的冥官，泰山府君想提拔他，但是他才學都有明顯的不足。於是給了他一年的進修假，讓他到陽間訪名師學習。一年期滿，他要再回陰間繼續工作了。臨別之際，還向韋安之透露了其一生的命運。（《太平廣記》卷三百四十七〈韋安之〉引《靈異錄》）

為什麼冥府不通過考試選拔官員呢？這大概可以通過陽間的選拔制度來比較。閻步克先生在《波峰與波谷：秦漢魏晉南北朝的政治文明》[1]中指出，兩漢時期，選官制度有多種傾向：

> 那些不同傾向，主要是注重德行的"以德取人"、注重吏能的"以能取人"和採用考試的"以文取人"⋯⋯
>
> 東漢順帝陽嘉年間⋯⋯其時尚書令左雄建議改革察舉，對孝廉進行考試。具體辦法是由公府主考，"諸生試家法，文吏課箋奏"。即，儒生出身的考經學，文吏出身的考文書。公府考畢，再由尚書省覆試。
>
> "以德取人"注重德行，依賴於舉主的了解和社會輿論；"以能取人"注重吏能，依賴於"試職"的工作檢驗；而陽嘉新制被後人稱為"試文之法"，它的亮點是"以文取人"，即書面考試。
>
> ⋯⋯魏晉以下察舉，考試環節就越來越重，舉薦環節越來越輕了，"以文取人"最終主導了察舉制發展，並進化為科舉制。
>
> （第六章）

漢代以"孝"治天下，政府注重德行，但是處理公務需要實際操作能力，兩者的矛盾最後以"以文取人"為解決辦法，進化為科舉制度。然而，陽間的這個矛盾，在陰間並不存在。由於冥府職能單一，以司法判案為主，所以冥官的實際工作能力並不重要，冥簿造冊所需的大量文牘工作，大概只要識字即可。

清同治年間，河南洛陽某小吏，被已去世同僚誆騙，莫名

1 閻步克：《波峰與波谷：秦漢魏晉南北朝的政治文明》，北京：北京大學出版社，2017年版。

117

來到冥府。自以為沒有還陽之路，準備進閻王殿點卯，可巧遇
到自己的師傅。師傅告訴他，這裏公務繁忙，需要徵召大量文
吏，待會兒進殿看他眼色行事。進去之後，一個判官坐在桌案
前問他："你在州府衙門做了多少年？"小吏回答說："十多年
了。"判官說："這麼久，那肯定很熟悉公文流程了。"小吏說：
"也不熟悉。我只是幫其他科員跑腿而已。" 判官臉色就不大
好看了，又問："你讀寫能力怎樣？"小吏說："能寫，但寫得
極差（'粗能之，殊不工'）。"判官就讓他試試，小吏故意寫
得歪歪扭扭，像狗爬一樣。判官看了大怒，這時小吏師傅過來
耳語了幾句，判官點點頭，讓師傅帶他走。師傅領著他到辦公
室，只見長桌前無數小吏在埋頭案牘文件。師傅給了他兩部厚
厚的文件，說："命汝書之，書畢可放還。"小吏奮筆疾書，也
不知寫了多久，總算抄完。於是被放回還陽。（《洞靈小志》卷
一〈造劫簿〉）

　　這個故事中，冥府對基層公務員的要求簡單，並不考察德
行，這裏的"以能取人"，不過是簡單的讀寫測試和公文處理的
熟悉程度。這位小吏為了還陽，在如此簡單的測試時，故意表
現拙劣。

　　而選拔中層和高層的冥官，則基本實行"以德取人"的原
則，根本無需基本能力測試。冥府的"以德取人"，基本要求是
"聰明正直"。《右台仙館筆記》卷一說："冥官皆近代貴官，則
理固不妄。蓋人死為鬼，人不能無賢愚，鬼亦不能無善惡，非
於人鬼中擇聰明正直者主之，則不勝紛紛矣。"《北東園筆錄》
續編卷一〈栗恭勤公〉說："蓋如公之聰明正直，其沒而為神也
宜矣。"《洞靈小志》卷一〈陰胥吏〉說："神之聰明正直終勝

於陽官也。"

　　總括地說，冥府從陽間選拔官員，基本不用考試。或者說，他們按照"以德取人"的原則錄用生前"聰明正直"者，實為終身測試，而不是看得見的"一考定終身"。

冥府為什麼喜歡招阿嬤做臨時工？

　　冥吏的工作很繁重，所以徵調活人作為臨時工，也是很正常的。這裏我們要稍微區分一下臨時工和永久性入冥任職。簡單地說，永久性入冥就是死後直接到陰間做官，這是在陰間已經定好的。屆時陰差直接出示任命書，把人帶走即可，稱為"冥招"。而臨時工則一般無性命之憂，在陽間以昏睡或假死的形式入冥，做完差事就可甦醒，稱為"走陰差"或"過陰"。曾有文章談魯迅的〈女吊〉，說從事索命的陰差均為臨時工，實則不然，有編制的正式陰差還是很多的，只是他們更喜歡僱用臨時工而已。

　　北宋宣和年間，首都開封的天漢橋上，有個官員忽然摘掉帽子，用頭猛撞橋上的石欄。圍觀的群眾擔心他是抑鬱症發作，也不敢上前勸阻。這人直撞得血肉模糊才倒地不起。巡查的城管見到，也只能看著。到了傍晚，這人甦醒過來，對城管說："我叫張顏承節。"並告知住處。城管才幫著把他送回家。這位姓張的官員回家後，精神恍惚，頭上潰爛，雖然請了醫生來調治，卻一直反覆。他自己也說不清緣由。這麼折騰了一年，人變得形銷骨立、奄奄一息。

　　全家正在焦慮之時，有僕人想起都水監杜令史"施惡瘡藥絕神妙"，於是家人就帶著病人去求杜令史。杜令史見了病人，讓其他人迴避，對病人說：「還記得前年中秋節您在哪兒嗎？您的病根由此而來。」病人早就神志不清了，哪裏還記得什麼。杜令史說：「那年您在江西督辦運糧，中秋節那晚，您上岸賞月，因為僕人取雨具稍慢，您'怒其來緩，致衣履沾濕，拋所執挂斧擲之中額'。僕人當晚不治身亡，您又不肯撫恤其家人，致其妻抱著幼子投水自盡。因為您導致三人殞命，僕人在陰間將您告了，冥府准許他自行報仇。去年您在橋頭尋死，就是僕人已經找到您了。」病人很驚駭，說：「您說得對，確有其事。可是您又怎麼知道呢？」杜令史說：「我白天在陽間做官，晚上在冥府值班，專門負責冤獄。您的案子正是經我手處理的。我對那僕人百般解釋，可他就是不聽。四十九天之後，就要取您性命。事情也許可以挽回，屆時您在靜室點上四十九盞燈，如果到了半夜，燈還沒滅，說明那僕人尚心存善意，如果滅了一半以上，就無力回天了。

此後的事情無需贅述，結局是四十九盞燈只有一盞未滅，病人當晚就死了。（《夷堅志·夷堅丁志》卷九〈張顏承節〉）

這個故事裏的杜令史在冥府的工作就屬臨時工。需要說明的是，他在冥府的工作並不屬執法機構，而更接近公檢法中的法院。顯然，在冥府中，他的職級要比走陰差的臨時工高，有點像借調。杜令史還指出一點，即使他負責司法判案，但並不能隨意枉法，因為「負命之冤，須待彼肯捨與否，有司固不可得而強，無用藥為也」。因果報應是冥府的至高原則，杜令史只能勸說僕人放棄，無權用強。至少對冥府而言，公權力是有邊界的，這倒與執法者是否為臨時工無關。

陰間為什麼喜歡用臨時工？其中的原因比較複雜，大致說來有以下幾種：一是公務繁雜，鬼手不足，需要借用人力；二是冥府專業人員缺乏，上面故事中的杜令史，就屬人才引進性質的借調；三是有些困難的工作需要有人背鍋。比如下面這個故事：

明中期大臣薛蕙為安徽亳州人，因性情耿直，頗有官聲。他有兩子，長子薛衢，次子薛存。薛存身體屢弱，整天病歪歪的，而哥哥薛衢則身體健壯，能吃能喝。有一天，薛存家的鄰居金阿嬤來串門閒聊。金阿嬤與古往今來所有阿嬤一樣，什麼秘密都藏不住。她說自己"奉陰司勾攝"，就是走陰差索命。可是有兩人特別難攝，因為他們身在豪門。薛存就問是哪兩位？金阿嬤說："似在君家。"薛存很緊張，說："難道就是我嗎？"金阿嬤說："不是不是，但是陰間的事我可不能告訴你。"薛存再三追問，金阿嬤說："是你哥哥薛衢。那麼還有一個呢，是薛衢的小妾史娘子，而且兩人都難活過今年。"現在大家明白了吧，嘴上最把不住門的不是閨蜜，而是各色阿嬤。

薛存聽了大駭，又覺得金阿嬤是在胡言亂語，也沒往外說。到了當年除夕，薛衢家中新建成個大園子，薛衢就在園子裏洗澡迎新，小妾史氏在邊上伺候。沒想到，史娘子剛關上門，再回頭看，丈夫已死在浴盆中。"史氏抱哭，才一聲而昏迷，亦暴死。家人破戶而入，二屍僵焉。"果然被金阿嬤說中了。（《耳談》卷四〈薛光錄〉）

這個故事裏的薛衢，被索命差不多一年，才在年末去世。正牌的冥吏，哪有工夫在外面等上一年半載的，所以這類費心費力的活，多半交給走陰差的臨時工。而且，文末還提到一句，"鄰嫗所為，京師男婦有焉，稱為'急腳'，誤為'雞腳'，即儺之類也"。這句話倒也頗有趣，為什麼都要找"男婦"，也就是阿嬸做臨時工呢？

有鬼君好奇心起，檢索了走陰差的材料，發現在走陰差這個行當，阿嬸確實碾壓阿叔，甚至在文字記載中，史上第一個走陰差的就是阿嬸：

三國時期，吳國富陽人馬勢的老婆蔣太太，某天忽然一整天昏睡不起，醒來後跟老公說，自己被冥府招去幫助勾魂，勾的是本村人。因為那人"強魂難殺，未即死"，所以折騰了一天。還說起那家的婢女無故衝撞她（婢女看不見她），被她在背上狠狠敲了幾下，直接打暈了。當時陰差還要殺了那人的哥哥，因為蔣太太的求情，才饒其一命。馬勢哪裏肯信，這瘋婆子腦子進水了？譫妄！沒想到他到村裏一打聽，還真是的，樣樣都跟老婆說的對得上。（《搜神記》卷十五）

在另一則走陰差的故事中，吳秀才因妻子突然去世，思念不已，想請城裏知名的走陰差的朱長班帶自己去一次陰司。朱長班拒絕了，理由是："陰陽道隔，生人尤不宜濫入。老相公侍我甚好，我豈肯作此狡獪？"就是不願擔責任，說來說去，最後介紹吳秀才"往城裏太平橋側尋丹陽常媽"。吳秀才許諾重酬，常媽答應了。常媽安排好儀式法術，吳秀才跟著她到冥府走了一趟，見到了妻子，得償所願。吳秀才覺得入冥也不麻煩、沒危險啊，過了個把月，又去找常媽，左磨右磨，開出更高的報酬，常媽勉強答應了。沒想到，這次剛進冥界，走了一里地，常媽忽然掉頭就跑。吳秀才正錯愕著，見自己去世的祖父坐著轎子過來，見面二話不說，狠狠抽了他一記耳光："各人生死有命，汝乃不達若此！汝若再來，我必告陰官，立斬常

嫗。"不是,你孫子亂闖冥界,你卻只去殺常媽?(《子不語》卷二十二〈吳生兩入陰間〉)

現在明白了,朱長班之所以不願帶吳秀才入冥,卻推給常媽,原來有掉腦袋的風險。

阿嫗不僅身體力行走陰差,而且走陰差的原因也是由她們向陽間轉達的:

> ……今所謂走無常也。武清王慶垞曹氏有傭嫗,充此役。先太夫人嘗問以冥司追攝,豈乏鬼卒,何故須汝輩。曰:病榻必有人環守,陽光熾盛,鬼卒難近也。又或有真貴人,其氣旺,有真君子,其氣剛,尤不敢近。又或兵刑之官,有肅殺之氣,強悍之徒,有凶戾之氣,亦不能近。惟生魂體陰,而陽氣盛,無慮此數事。故必攜之以為備。語頗近理,似非嫗所能臆撰也。(《閱微草堂筆記》卷七)

事實上,志怪小說中,阿嫗走陰差的比例確實要遠高於男人或青年女子。有鬼君覺得,阿嫗有以下幾個共性:一是膽子大,嫉惡如仇;二是熱心公益事業,不求報酬,走陰差幾乎就是義務勞動;第三點可能是最重要的,阿嫗不善於保守秘密。陰陽之間的事,絕對公開透明是不可能的,而密不透風也不可取,起不到懲惡揚善的作用。所以如果希望偶爾透露點冥府的消息,阿嫗絕對是最佳人選。

冥府也有太監嗎？

　　與古代女性需要遵守三從四德相比，現代社會的女性地位似乎提高了不少，可男女不平等的現象仍然存在。為了提高大眾的性別意識，"守男德"一詞被廣大網友創造了出來。這個創造比較有趣，不過在古代，守婦道可以受旌表，守男道則比較慘：

　　乾隆年間，江南鄉試，常熟一位四十多歲姓程的秀才入場考試。程秀才半夜忽然大呼小叫，得了失心瘋一般。折騰了大半夜才消停，第二天一早，程秀才就收拾鋪蓋不考了。同號的考生很八卦，抓住他一定讓他說說自己做了什麼虧心事。

　　程秀才說，我二十多歲的時候，在某員外家裏做私塾老師，四個學生都是員外家的子姪。其中有個姓柳的小哥哥，十九歲，生得粉嫩。我見了不由心動，想找機會跟他行床幃之事。正巧遇上清明節，其他幾個弟子都回家掃墓，只有柳小哥還在。我就寫了首情詩給他："繡被憑誰寢？相逢自有因。亭亭臨玉樹，可許鳳棲身？"柳小哥讀了後臉紅撲撲的，也沒說什麼。我想他大概是同意了，於是晚上喝酒把他灌醉，與他雲雨一番。半夜他醒來，嗚嗚大哭，我勸了一會兒，就自己去睡了。沒想到一早起來，他竟然上吊自殺了。他家人並不知緣由，我也不敢多說，就這樣過了十多年。

沒想到，昨晚我一進貢院，就見柳小哥坐在我的位子上，邊上還有個陰差，說是要帶我們一起去冥府過堂。在堂上，柳小哥飲泣申訴良久，我也認罪。判官宣判："律載：雞姦者照以穢物入人口例，決杖一百。汝為人師，而居心淫邪，應加一等治罪。汝命該兩榜，且有祿籍，今盡削去。"我這輩子的功名全被削去，沒指望了。可是柳小哥不服判決，說應該判我死刑。判官說："你並非程秀才所殺，按例不該判他死刑。要是這麼判，假如當時他因你不從殺了你，就沒法判了。你身為男子，還未盡孝，怎麼能隨意羞憤輕生呢？'從古朝廷旌烈女不旌貞童'，聖人立法大有深意，你怎麼不多想想？"柳小哥聽了痛悔不已，狠狠地扇了自己兩個耳光。判官又笑著說："不要自責了，你既然不願白死，就讓你轉世到山西蔣善人家做節婦，替蔣家光大門楣，將來再受旌表。"判了柳小哥，又打了我二十大板，放我還陽。現在雙腿劇痛，也沒法堅持考試。再說，就是考也考不中的，索性交個白卷吧。（《子不語》卷六〈常熟程生〉）

明清時為了鼓勵婦女守節，從中央到地方，各種表彰、宣講、立牌坊，不遺餘力，但是對於男性守貞，卻沒有任何激勵機制。相反，志怪筆記裏倒有不少故事譴責正房，因為她們嫉妒老公納妾。為了讓婦女守道，男人甚至鬼馬得很：

晚清時，廣東人丁維勳在上海做生意，娶了夫人王氏。後來丁病重，夫人殷勤服侍。丁自知不行了，勸夫人早點為自己考慮，王氏立誓不再改嫁。過了幾天，丁的病勢愈發沉重，又在那裏嘮叨。王氏鬱悶不已："你就這麼不相信我嗎？"轉身就到另一個房間上吊自盡了。丁這才"大感慟，將殮，力疾起

拜，無何亦死"。（《右台仙館筆記》卷一）

作者俞樾對此還不太滿意，因為王氏"殉夫於夫未死之前"，太早了，不合禮儀。至於守節的人心裏究竟怎麼想，只有當事人自己肯說才行：

清代荊溪某節婦，十七歲嫁入豪門大族，半年後丈夫就去世了，有個遺腹子，此後守寡近七十年。臨終時，她將孫子輩、曾孫輩的眾多小媳婦喊到床邊，教導一番：

> 爾等作我家婦，盡得偕老百年，固屬家門之福。倘不幸青年居寡，自量可守則守之，否則上告尊長，竟行改醮，亦是大方便事。（《諧鐸·節母死時箴》）

大意是說，你們如果能和夫君白頭偕老，當然最好；如果丈夫不幸去世，自己覺得能守節就守，否則就早點改嫁，這是好事。

一眾小媳婦大吃一驚：老太太這是死前昏聵了吧。哪有勸自己的孩子儘早改嫁的？老太太細述守寡之艱難，如果不是遇到了靈異事件，根本沒法堅持。然後讓兒子將這番教導寫下來作為家法，傳之後世。此後百餘年，這戶人家既有節婦，也有改嫁的，基本由自己選擇。

滄州某婦人，結婚後沒多久丈夫去世，過了不到一年她就改嫁，可是不到兩年，第二任丈夫也去世了。她立誓不再改嫁，竟然為後夫守志終身。前夫曾附體一鄰居指責她為什麼不為自己守節。婦人回答說："爾不以結髮視我，三年曾無一衿裯語，我安得為爾守；彼不以再醮輕我，兩載之中，恩深義重，

我安得不為彼守。爾不自反，乃敢咎人耶？"前夫鬼無語。悄悄退去。(《閱微草堂筆記》卷十一)

紀曉嵐說："五倫之中，惟朋友以義合，不計較報施，厚道也。即計較報施，猶直道也。"道德規範中的權利與義務是對等的，在他看來，除了朋友之間不用計較回報，君臣、父子、夫婦這三綱，雙方都有相應的義務。

有鬼君覺得，政府只表彰節婦，卻從不鼓勵男人做太監，一個很重要的原因就是古代男權至上。對於太監，有鬼君關心的是：一、太監死後，在陰間會受到怎樣的處理？二、冥府的組織編制中，有太監嗎？

先談第二個問題，答案是：有。

唐穆宗長慶年間，天平節度使馬總被陰差拘攝入冥，說是奉了都統的命令。馬節度使跟著來到一座大城，城門題著"六押大都統府"，"門吏武飾，威容甚嚴"。進得城來，有一衙門，都統在內招呼馬總，馬總聽聲音很熟，走上台階，只見"二閣豎出捲簾"(兩個太監挑開門簾)。原來都統是自己的好友杜佑。杜佑對他說，自己做這個六押大都統的陰官，任期已滿，要擇人接任。想來想去，堪當此任的，只有馬節度使最合適。不要小看"六押大都統"，這可是陰官中的頂尖職位了，位高權重。人生一世如白駒過隙，早點安排自己在冥界的生活，豈不為好？馬總在朝野已然是忠臣，當然不願到冥府做官，於是斷然拒絕。杜佑也沒多說，就送他回去了。只不過，第二年馬總就去世了。所以，究竟是不是接替了杜佑的職務，也不好說。(《玄怪錄》卷四〈馬僕射總〉)

這個故事提到的"二閣豎出捲簾"，當然是指太監。杜佑在陰間擔任高官，用幾個太監做門房，也很合理。

《太平廣記》卷三百零二〈皇甫恂〉的故事中，也提到冥府的雜役中有太監：

> 皇甫恂……暴亡，其魂神若在長衢路中，夾道多槐樹。……忽有黃衣吏數人，執符，言天曹追，遂驅迫至一處。門闕甚崇，似上東門，又有一門，似尚書省門。門衛極眾，方引入。……逡巡，判官務隙命入。……顧左右曰："喚閹，割家來。"恂甚惶懼。忽聞疾報聲，王有使者來，判官遽趨出，拜受命。恂窺之，見一閹人傳命畢，方去。

《子不語》卷一〈地窮宮〉也有關於太監的記載：清保定一下級軍官李昌明入冥後，來到一處宮殿，"瓦皆黃琉璃，如帝王居"。宮殿前站著兩個太監，"如世上所演高力士、童貫形狀"。李昌明大概文化程度不高，只能根據看戲得到的太監形象做出判斷。想來這兩位也只是門房級別的小太監。

最有趣的記載大概是《太平廣記》卷二百七十七〈代宗〉的一則故事：唐代太監李輔國專橫跋扈，代宗無法忍受，很想殺了他。一天，他夢見自己登上高樓，見到玄宗朝太監高力士，帶著數百鐵騎兵疾馳而來，當場誅殺了李輔國。然後歡呼高歌，向北離開。代宗忙命侍者去問是怎麼回事，侍者回來報告，高力士說是奉了唐明皇之命誅殺閹豎。代宗醒後，相信這是祖宗的暗示，後來派人刺殺了李輔國。當然，高力士晚年被李輔國陷害，流放到蠻荒之地。所以為了報仇而顯靈暗示代宗，也是有的。

太監何苦為難太監。

　　再談第二個問題，太監在陰間的命運，還是跟其生前的所作所為有關。《庸庵筆記·山東某生夢遊地獄》中，提到了專門關押太監的陰獄：

　　　最後過奸閹之獄，閭內有呼號聲甚厲，判官曰："此魏忠賢方受炮烙之刑也。"問："此中尚有何人？"則云："趙高、曹節、李輔國、仇士良、王振、劉瑾，皆在焉。"

　　歷史上著名的奸惡太監，都在這裏受罪。

　　另一則故事則提到魏忠賢轉世為蜈蚣，被雷劈死。"因見其腹，有逆閹魏忠賢五字"。(《堅瓠集·堅瓠秘集》卷三〈聖殿蜈蚣〉)

　　除了這些惡名昭彰的太監，更多的則是一般的太監。冥府不以身份決定命運。所以那些沒有過犯的太監，在陰間不僅能繼續生活，有些甚至能混得好。《墨莊漫錄》卷三有一則"歙州葉世寧夢遊金源洞"：北宋人葉世寧入冥遊歷，一位陰差領著他參觀監獄，"持鑰者復開一室，架大木於兩楹之間，有宦者凡九人，亦露頂蹲踞其上，見人皆泣下。持鑰者未嘗少停。世寧請入他室，持鑰者曰：'西有貴臣大閹及前唐、後唐未具獄囚，法嚴，不可輒近。'"有意思的是，這位陰差導遊，生前就是唐代太監，"親見當時中官勢盛，世人知有中官，不知有朝廷"。不過，因為他沒有犯什麼過惡，所以死後"凡三領江淮要職，此事了，則吾為地下主者矣"。不僅曾三次擔任陰官，而且還要升為冥王。

　　不管在陽間、陰間的命運如何，做太監總要承受心理、生理上的多重壓力。可是好處也是顯而易見的。《明夷待訪錄》卷下〈奄宦〉說：

> 奄宦之禍，歷漢、唐、宋而相尋無已，然未有若有明之為烈也。漢、唐、宋有干與朝政之奄宦，無奉行奄宦之朝政。今夫宰相六部，朝政所自出也。而本章之批答，先有口傳，後有票擬；天下之財賦，先內庫而後太倉；天下之刑獄，先東廠而後法司；其他無不皆然。則是宰相六部，為奄宦奉行之員而已。

黃宗羲之父是著名的東林黨人，所以他痛恨太監，也許是黨派之爭。不過，另一則材料則說得直白得多：

> 夫王公至貴者也，然望天子之居，不啻天上；彼以閹故，得出入不禁，一樂也。不耕不織，而一生吃著不盡，二樂也。父母不敢以為子，兄弟姊妹尊而奉之，三樂也。靡不素封，人不見之物，彼能見之；人不得食之物，彼得食之，四樂也。無妻子之累，有福獨享，不必為後人計，五樂也。有此五樂，何樂如之？（《夜譚隨錄》卷三〈新安富人〉）

做閹黨如此拉風，誰還願意做大好男兒呢？

怎樣敲詐冥府的陰差？

　　清代有位叫戴有祺的書生，半夜與朋友喝酒歸來，走到一座橋上，酒意上湧，就在橋邊坐著休息。這時有一個穿著藍衫的人拿著一把傘走到橋頭。那人一看到戴有祺，就遲疑不前。戴有祺心下起疑：大半夜賊頭賊腦的，說不定是盜賊。借著酒勁上前叱問，那人說自己是差役，奉命到城裏拘人。戴有祺哈哈大笑：「哥們，你撒謊水平太次。向來都是城裏差役到鄉下抓人，從沒有鄉下差役到城裏抓人的。」藍衣人不得已，跪下磕頭，說自己是陰差，奉命到城裏去勾攝索命，並且拿出陰間勾攝的公文給戴看。戴有祺看到公文上有自己表兄的名字，心裏有點信。於是放藍衣人進城，自己依舊坐在橋頭等著。四更時分，藍衣人回來了，戴問他：「事情辦完了嗎？你拘的人呢？」藍衣人說：「在我帶的傘上。」戴取過一看，果然傘上用細綾縛了五隻蒼蠅。戴大笑著把蒼蠅全放了，藍衣人對他竟然無可奈何，狼狽逃走。天亮後，戴有祺到表兄家去打聽，表兄家人說：「家主病久，三更已死，四更復活，天明則又死矣。」復活的那段時間，應該就是戴有祺把蒼蠅放掉的時候，看來那藍衣人又去抓了一次蒼蠅。（《子不語》卷四〈鬼多變蒼蠅〉）

　　需要補充的是，戴有祺確有其人，而且在康熙三十年科考中了狀元。冥府對於將來要擔任高官或有學識、德性之人，向來比較敬畏。這很可能是藍衣陰差不敢與他爭鬥的原因，否則憑他的法力，既然能夠在天亮時又重新把名單上那幾位抓到陰間，怎麼可能怕一個活人？

嚴格說起來，戴有祺對陰差確實算不上敲詐，最多侮辱性比較強。不過，陰差執行公務時如果四風不正，倒是很有可能被人拿住把柄：

清淮安府一戶李姓人家，夫妻感情甚好。可惜李某三十多歲忽染病身亡，妻子每日在堂前守靈。當時民間相傳，人死第七日，有回煞之舉，即使至親之人，也要迴避，以免傷害。可是妻子不肯，獨自一人在靈堂守候。半夜時分，陰風颯然，見“一鬼紅髮圓眼，長丈餘，手持鐵叉，以繩牽其夫從窗外入”，果然是回煞。那鬼進了屋子，見棺材前擺放著祭奠的酒食，放下叉子、繩子，據案大嚼。李某則神情黯然，撫摸家中的家具，愴然長嘆，又走到床前，揭開帳子。妻子見到亡夫，放聲大哭，伸手去抱，“冷然如一團冷雲”，於是用被子將這團運氣包裹起來。紅髮鬼正吃著，見此景，丟了筷子就來搶奪。妻子大叫起來，子女聞聲也趕來幫忙，紅髮鬼鬥不過，狼狽逃走。妻子與子女將裹著的魂魄放在棺材中，神了！屍體竟然漸漸有了生氣，眾人將其抱到床上，給他飲用米湯，到天亮時分，李某竟然完全復生了。再看紅髮鬼丟棄的鐵叉，原來是紙紮的。

此後，李某夫妻一起生活了二十多年。妻子六十多歲時，某天去城隍廟燒香，恍惚中看見兩個差役押著一個戴枷的罪犯走來，罪犯竟然是那紅髮鬼，一見婦人就大罵：“老子就因為貪吃，被你帶進坑裏，受枷二十多年。冤家路窄，這回絕不放過你了。”婦人受此驚嚇，回到家就死了。（《子不語》卷一〈煞神受枷〉）

這個故事有個弔詭之處：紅髮鬼二十年未能將李某勾攝至陰間，為什麼冥府不再派其他陰差呢？我們姑且設想是冥府基層管理的疏漏吧，生活於清末民國年間的郭則澐說："俗傳胥役奉公無大過者，歿後仍為胥役。……冥司稱清肅，乃必假手蠹胥虎役，使朋比為奸，殊不可解。"（《洞靈小志》卷一〈陰胥役〉）冥府的陰差，大多生前就是"蠹胥虎役"這類地痞流氓，被抓住痛腳也在所難免。

不過，郭則澐所見也有所蔽，陰差到陽間勾攝，將生人魂魄押解回冥界之前的這段時間，屬監控的死角。小型的勾兌腐敗多發生於此時。而冥府的管理確實公正廉明得多，到了冥府，再要對陰差敲詐勒索賄賂，其實並不容易。

至於到了冥府，也不是絕對沒有辦法，不過這些套路全是人琢磨出來的，對鬼世界來說太難，絕大部分的冥官都難以掌握其精微之處。舉個例子，清代大臣的奏摺：

> 皇帝給出兩種簡單的處理意見："知道了"或"依議"。不過，他無須動朱筆進行批示，而是指甲劃痕，"橫知豎議"，即橫綫表示"知道了"，豎綫則為"依議"，隨後由奏事處太監傳旨，交給各部領回。[1]

"橫知豎議"這類做法，還是陽間官場最粗淺的默會知識，你讓冥府怎麼學？

1　李文傑：《辨色視朝：晚清的朝會、文書與政治決策》，上海：上海人民出版社，2020年版，第17頁。

誰能在閻王殿裏撒野？

　　一般認為，閻羅殿是陰間最高權力機構，閻羅王自然是最高領導人，雖然有十位之多。但這很可能是個錯覺。有鬼君總覺得，地藏菩薩才是冥府真正的領導。換個通俗的說法，地藏菩薩是冥府的精神領袖，而閻羅王則是世俗的王。有個故事隱晦地透露了這一點：

　　唐德宗時期，襄陽城有個下級軍官孫咸，暴病而亡，入冥後被帶到閻王殿，與一個和尚對質。這和尚名叫懷秀，生前犯戒無數，死後在閻羅殿受審，沒有一星半點的善行。他撒謊說，自己生前常囑咐孫咸抄寫法華經，功德無量。所以孫咸被陰差追攝來作證。孫咸初到冥府，早就懵了，不管懷秀怎麼暗示，他就是不醒目，總說自己想不起來有這事。懷秀和他兩邊僵持不下，閻王也著急了。這時，旁聽審判的一個和尚忽然說了句："地藏尊者語云：'弟子若招承，亦自獲佑。' 地藏菩薩讓我傳達指示，做弟子的如果承認這事，也能獲得保佑。" 孫咸這下明白了，立刻申明，想起了在陽間抄經的事。閻王一聽，證據全了，立刻將兩人開釋，放孫咸還陽。（《酉陽雜俎》續集卷七〈金剛經鳩異〉）

　　這一審判畫面，相信很多人都能想像出來。閻羅王在明處審理，邊上的房間裏可能坐著地藏菩薩，全程觀看審理過程。

原被告僵持不下時，地藏菩薩讓人遞張紙條指點一下，合法撈人的局面立刻豁然開朗。只是這事做得太明火執仗了，台下的交易搬到台面上，吃相有點難看。所以，在孫咸被釋放的時候，"地藏乃令一吏送歸，不許漏泄冥事"。這個故事中，閻王當然是最後的判決者，但是人人都能看出，真正的老大哥是遞小紙條的地藏菩薩。

這種地位的差別，陽間的人未必清楚，但閻王爺一定充分領會，以至於有故事說，閻王爺在釋放某人還陽時，專門囑咐他"仍請……畫吾形及地藏菩薩像"。就是說，讓你多活幾年，雖然是閻王我決定的，但還是要先感謝偉大的地藏菩薩。（《太平廣記》卷一百三十六〈潞王〉）

對於這個問題，陽間人領會最深的，當屬撫遠大將軍、一等鹿鼎公韋小寶。每次立下大功，都要表白："那全仗皇上洪福齊天。"

很可能因為地藏菩薩在冥府是最高精神領袖，所以和尚到陰間撈人，往往比道士撈人容易得多，有些恃寵而驕的，甚至會在閻王殿撒野：

清代浙江建德的司法局長，有個親戚徐某常年誦《金剛經》。局長去世後，徐某為他做功德超度，每天誦經八百遍。某天晚上，徐某忽然被追攝到閻羅殿。閻王爺說："這個司法局長，生前辦事苛刻，是個酷吏，所以到了陰間要嚴懲。可是正在審理的時候，有金剛神闖進來，大吵大鬧，一定要把犯人帶走。我們冥府屬冥界神祇，金剛神是天神，中央直屬機構的，哪敢抗拒啊。沒想到，金剛神竟然直接將其釋放。人犯逃脫，我們只能據實上報，查來查去，發現這小子躲到地藏王府去了。我們這才搞清楚,原來是你在陽間多事,唸了這麼多遍《金剛經》,所以天神被召喚出來撈人。我只好派陰差去地藏菩薩那裏帶人犯。地藏知道公事公辦,只能讓我帶走,並且不許金剛神再來搗亂。之所以追攝你到陰間,是要警告你,不許再給人犯誦經了。這次念你是一番好意,所以還放你還陽。不過,因為擅自召喚尊神,這個罪免不了,所以削減你一紀(十二年)陽壽。"徐某還陽之後,不到十年就去世了。(《子不語》卷十九〈金剛作鬧〉)文中最後評論說:"金剛乃佛家木強之神,黨同伐異,聞呼必來,有求必應,全不顧其理之是非曲直也,故佛氏坐之門外,為壯觀禦武之用。誦此經者,宜慎重焉。"

金剛與《金剛經》當然不是一回事,人犯躲進地藏菩薩府,閻羅王就毫無辦法。地藏最後的處理也很有意思,劫法場的金剛並未受到任何處罰,而老老實實唸《金剛經》的徐某,卻遭到飛來橫禍。果然是"黨同伐異,聞呼必來,有求必應,全不顧其理之是非曲直也"。

但是,我們還可以換個角度分析,冥府給予地藏菩薩極為尊崇的地位,閻羅王偶爾賣地藏一個人情,卻從不讓他直接插手冥府基本事務,這能說明地藏在冥府的實際權威嗎?道心惟微,人心惟危,不敢細究。

閻羅王為什麼要請家教？

　　全民素質的提高有賴於素質教育，那麼問題來了：陰間也會辦教育嗎？要回答這個問題不容易，讓有鬼君試著一層層解釋。

　　首先，冥府其實不辦教育，那裏幾乎沒有關於古代的太學、府學、縣學的記載，更不用說現代的大學、中學、小學乃至教育培訓、職業培訓機構。簡而言之，冥府對教育渾不在意，甚至可以說是刻意不辦教育。

　　舉個簡單的例子，北宋英宗年間，韋安之與同學張道一起拜在理學家李潛門下讀書。當時李先生門下學生甚多，其中張道表現優異，一年學習下來，在同學中成績最好。某天，他忽然與韋安之告別，說自己其實是陰間的冥官，到這裏來讀書，其實是陰間的升職培訓。泰山府君想提拔他，但是他才學都有明顯的不足，於是給了他一年的進修假，讓他到陽間拜訪名師學習。一年期滿，他要再回陰間繼續工作了。臨別之際，還向韋安之透露了其一生的命運。（《太平廣記》卷三百四十七引《靈異錄》）連幹部梯隊建設這麼緊要的事情，冥府也不願自己辦，寧願借用陽間的教育機構和教師，可見他們對教育的無視。

　　但詭異的是，冥府其實很看重讀書人。《小豆棚》卷十一"沈耀先"條說："冥司最重讀書人，且讀書者門路多。"實際上，這和冥府的教育無關，關鍵在於，冥府公務員主要來自陽間。中國古代的科舉教育是為選官而設，陽間培養的讀書人，死後盡可以被陰間擇優錄用，冥府當然沒有辦學的必要和衝動。

另一個更深層次的原因可能與冥府的治國理念有關。冥府的主流意識形態，如果不太嚴格地概括，接近黃老之學。也就是說，冥府的管理偏於無為而治（閻羅殿相當於出入境管理處或公檢法機構，不能代表鬼世界的日常生活），對於陰間的成員，只期待他們“雖有舟輿，無所乘之；雖有甲兵，無所陳之；使民復結繩而用之。甘其食，美其服，安其居，樂其俗。鄰國相望，雞犬之聲相聞，民至老死不相往來”。進一步說，對生活在陰間老百姓，讓他們吃飽喝足就行，越是沒有知識，沒有思考能力，越容易管理。別說什麼應試教育、素質教育了，連學門手藝的技校都不需要。

所以，我們很容易理解，冥府一方面不辦教育，另一方面對於陽間的科舉考試又特別重視，科場鬼的故事非常多。他們看重公務員考試，看重冥官階層的選拔；百姓鬼只要安分地做奴才就好。

話又說回來，冥府固然不需要興辦提高全民族素質的義務教育。但是，冥官請家教的情況卻很多：

明末清初的張恭錫就曾被閻羅王請去做家教。冥官用大紅帖子半請半強制地將其帶到冥王府。閻羅王對張恭錫說：“想請您坐館，教我的兩個兒子，搞搞應試教育，將來參加科舉考試。”張恭錫很奇怪：“您都這麼大的官了，貴公子將來直接就能繼承您的爵位，還需要考試？”閻羅王不好意思地笑笑：“我也不是鐵帽子王，將來要輪迴轉世成人的，何況犬子呢？我這是為他們將來準備的。"於是命兩位小公子出來拜師,這兩個小孩十三四歲,懂禮貌,也聰明。閻王指定了教材,讓張恭錫仔細講解。張恭錫也不知教了多久,只覺得恍惚間時間過得飛快。某天,閻王設謝師宴,張思鄉心切,無心飲食。閻王也不勉強,說:"先生您有中舉的命,不過命中無子,有點可惜。我送你兩個孩子,作為家教的酬勞吧。"說著招招手,下人就捧著一個金盤進來,盤子裏坐著兩個不足一尺的小孩,展示給張恭錫看。宴會結束,命人將他送回家。張恭錫醒來才知道,原來自己失去知覺已經兩天了。此後,他果然科舉順利,還生了兩個兒子。(《堅瓠秘集》卷六〈冥王延師〉)

上面這個故事中的家庭教師是直接去陰間坐館的,有些閻王,為了不嚇著老師,會讓孩子跨界到陽間來求學,有點像借讀。當然,閻羅王有權有勢,學區房、家教的價格再漲,也難不倒他們。

明代鎮江有個胥教授,曾經做過幾任小官,退休後在家裏辦了私塾。有閻江、閻海兄弟倆來求學。哥倆對老師非常客氣,束脩給的也豐厚,只是每十天要回家一次。他們讀書認真,還很聰明,讀了三個月,老師教的大致都通了。要回去時,對老師說:"家祖父明天想請先生吃飯,表示感謝。"胥教授答應了。第二天,兄弟倆帶著僕人和一匹馬來接胥教授,說這匹馬比較頑劣,讓他閉上眼睛騎。一會兒功夫就到了,胥教授睜眼一看,閻府豪華無比,正廳裏有位王爺模樣的人正在處理公務,庭院裏上百人披枷帶鎖,正在過堂。他跟著哥倆來到後院,一位老翁拄著拐杖出來,說:"二孫久荷陶鑄,無以報德,今者薄設相邀,小兒適有公事不獲奉款,使老子迓賓,誠疏於禮。"就是代替自己的兒子向老師表示謝意。酒席豐盛異常，吃飽喝足，老翁又送了胥教授一大盤金銀作為謝禮。

胥教授告別老翁，跟著哥倆出去，經過一個院子時，見樹上綁著一人，正是自己的親家公。他大吃一驚，忙問是怎麼回事。親家公說："我犯了罪被抓，您是這裏的貴賓，請替我求求情。"胥教授請兩位公子幫忙，哥倆答應了，讓僕人先送他回家。胥教授心裏有點奇怪，也不知東家是哪裏的大官。第二天起來，到親家家裏探望，親家說："你救了老哥我的命啊！昨天我病故，到閻王殿待審，幸好遇見你向兩位公子求情，我才能還陽。"胥教授這才醒悟，原來那哥倆是閻王之子，自己昨晚是到閻王殿做客去了。不過，此後哥倆再也沒來。（《庚巳編》卷五〈胥教授〉）

類似閻羅王請家教的故事還有不少，比如《聊齋志異》卷十二〈元少先生〉中，閻王請的家庭教師韓葵，後來在康熙十二年中了狀元。

閻羅王請家教的事，也值得仔細琢磨。一方面，他們希望百姓鬼安分守己做文盲，另一方面，閻羅王卻熱衷請家教一對一培養自己的孩子（高企的教育成本，對他們完全不是負擔）。不管冥府怎樣無為而治，總有一小部分鬼是勞心者，絕大部分鬼是勞力者。勞力者當然希望能通過教育改變命運，成為勞心者，可是在陰間，這一想法終究只是妄念。

閻羅殿怎樣保護犯錯的冥官？

從陰間的視角看，人的死亡大多是遵照法律規範處理的。最常見的場景是，陰差拿著合法勾攝的文書，將人的生魂帶至冥界登記註冊。這個過程並不複雜，同時我們也很容易發現，陰差勾攝出錯的情況時有發生。出了錯就要改正，這是當然之理。對活人來說，勾攝是人命關天的大事，怎能隨便出錯呢？可是，如果站在冥府的角度，生死也許只是生命的一體兩面而已。對於勾攝的差錯，他們處理得總有點輕描淡寫，甚至連執行勾攝任務的陰差也表現得滿不在乎：

南唐時代，有個看守倉庫的小官陳德遇，經常要到倉庫值班。有天晚上，他妻子獨自在家，睡夢中見到兩個胥吏拿著文書進來，問："這是陳德遇家嗎？"妻子說："是，不過他去倉庫值班了。"兩個胥吏轉身就走。他妻子想起一件事，趕緊追出去說："我夫君名叫陳居讓，字德遇。還有個負責衣被倉儲的叫陳德遇，住在東曲街道，經常有人搞錯。你們究竟找誰？"兩個胥吏"相視而嘻"："差點搞錯，走吧。"第二天，管理被服倉儲陳德遇，忽然暴病而亡。原來兩個胥吏就是勾攝的陰差，如果不是陳居讓的老婆多說一句，這次勾攝就搞錯了。（《太平廣記》卷三百五十三〈陳德遇〉）

這個故事中，有鬼君注意到"相視而嘻"這四個字。陰差執行勾攝工作時的粗疏、馬虎就不必提了，讓人不可思議的是他們那渾不在意的態度。也許這就是人與鬼對生命的態度判然有別吧。

這只是一次險些出錯的公務，而那些已經出錯的情況呢？陰差又是另一副面孔：

南宋福州黃秀才的女兒黃十一娘，在家中閒坐，忽然有陰差進來說要執行勾攝任務。黃小姐剛回到屋中就心痛而死，過了幾天又復活。她向家人描述了自己在冥界的奇遇。當時她跟著陰差一起趕路，走了幾十里，陰差臉上忽然露出驚恐之色，對黃小姐說："我要勾攝的是王十一娘，剛發現搞錯了。待會兒見到判官，你就說你姓王，要是敢說實話，'當捶殺汝'"。黃小姐不敢抗拒，先答應了。到了冥府，見到三位冥官坐在堂上。巧的是，居中的竟然是黃小姐已故去的父親，原來他在這裏做了判官。黃小姐趕緊向父親說明自己是被錯抓來的，而且陰差還威脅自己做偽證。黃判官對旁邊的同事說："陰差搞錯了。"同事說："你怎麼知道？"黃判官說："錯抓的是我女兒啊！"同事命陰差取來冥簿查看，說："真是搞錯了。"又哈哈一笑，說："都說王法無親，今天卻有親人。"說著，幾位判官哈哈大笑，放黃小姐還陽。（《夷堅志·夷堅甲志》卷十三〈黃十一娘〉）

這個故事也很耐人尋味。陰差抓錯了人，首先想的不是放人還陽，而是逼迫當事人做偽證，否則"當捶殺汝"。此處有些荒誕：黃小姐不作偽證會被"捶殺"，作偽證也是死，兩者有何差別？三位判官對錯抓的態度也很有意思，"皆大笑"，並無懲處陰差的打算。另兩位倒也罷了，黃判官對自己女兒的命好像也渾不在意，這究竟是人性的扭曲，還是道德淪喪？

也許只能像上一則故事那樣解釋：人和鬼對生命的態度太不一樣了。更有甚者，誤抓之後，冥官還會遊說當事人別回去了：

> （崔敏殼）自說被枉追，敏殼苦自申理，歲餘獲放。王謂敏殼曰：「汝合卻還，然屋舍已壞，如何？」敏殼乞固求還，王曰：「宜更託生，倍與官祿。」敏殼不肯，王難以理屈，徘徊久之。（《太平廣記》卷三百零一〈崔敏殼〉）

當然，並不是所有的冥官都如此"草菅人命"，在《夷堅志·夷堅甲志》卷十七〈張德昭〉的故事中，陰差誤勾攝"建州張德昭。王者怒曰：命爾追某州孔昭德，今誤何也。付吏治其罪，命張還"。懲處了陰差，放張德昭還陽。但你想像中的冥府賠償，那是絕對沒有的。

以上說的還只是非故意勾攝的情況，還有一類，則是冥府的下屬機構收受賄賂、草菅人命：

清末民初，湖州舉辦迎神賽會，慶祝城隍爺生辰。有位姓丁的姑娘在樓上看賽會，因為丁姑娘是當地有名的絕色美女，輕薄少年紛紛在樓下圍觀。有個小夥子也擠在人群中，不小心失足掉到湖裏淹死了。當晚其魂魄就附體丁姑娘："爾女冶容誨淫，吾以此喪命，頃控於嶽廟速報司，蒙神斷為伉儷，茲來挈之同歸也。"（都是因為丁家女兒太漂亮，害死了我。我已經向東嶽廟下屬的速報司起訴，現在判決丁姑娘到陰間跟我做夫妻，我這就領她入冥。）丁家人再三懇求無用，只能連夜趕往東嶽廟反訴。東嶽神表示，涉及自己的下屬，請湖州本地城隍審理此案。因為所有過程都由被附體的丁姑娘傳達，所以整個湖州城嘩然，第二天都來圍觀這場冥判。這案子太明白了，城隍很快作出判決：「罰鬼為城旦。速報司徇情枉斷，詳嶽神治罪。」（《洞靈續志》卷五〈湖州東嶽廟〉）

這個該死的少年鬼在陰間提出如此荒謬的要求，速報司竟然也徇情同意了。當然，城隍在判決時賣了一個人情，沒有直接處罰速報司，而是交給其上級東嶽神處理。這當然是出於保護東嶽系冥官的考慮。速報司是做什麼的？就是加速因果報應，以求現世報的冥府機構。

這個故事裏，被收買的不是某個陰差、冥官，而是作為行政機構的速報司。換句話說，這件冥府腐敗案其實是一個部門腐敗的窩案。至於速報司的結局如何，雖然文中未提，但東嶽神為了保護奴才，絕不可能把速報司一鍋端。大膽猜一下，也許罰酒三杯吧。畢竟丁姑娘也沒死。

輯三
性別與身份

鬼臉識別

　　關於人是否能看見鬼的話題，常有議論。簡單地說，"視鬼"分先天和後天兩類。先天能視鬼的又分兩種，一種是十歲前的小孩子，"或言小兒眼淨，所見必有因"。（《夜譚隨錄》卷三〈地震〉）另一種是"異目"，就是眼睛異於常人。《洞靈小志》多次提到："異目能視鬼。"比如，"俗言人目碧色者能視鬼"（《妄妄錄》卷十〈蓬頭鬼〉）、"胡寶瑔……乾隆十七年，由兵部侍郎巡撫山西。性清約精微，既貴不改。眸青碧，能白晝視鬼神。"（《山西通志》卷一○四）、"相法：瞳神青者，能見妖；白者，能見鬼。"（《子不語》卷八〈冒失鬼〉）、"揚州羅兩峰自言淨眼能見鬼物"（《履園叢話》十五〈鬼神·淨眼〉）、"有韓氏之僕田姓者，人謂其有狗眼，能見鬼。"（《右台仙館筆記》卷五）、"河南中牟縣民間一女子，生而兩目與人異。其瞳子旁有白痕一綫圍之，自幼能見神鬼。"（《右台仙館筆記》卷六）林林總總，不一而足。

　　不過有鬼君主要談的不是先天視鬼的，因為這種個人天賦無法複製，不具備可持續發展性。那些通過後天訓練習得的視鬼能力，才具備技術意義，而這個技術又是自古以來就有的。

　　西漢武帝時，魏其侯竇嬰與武安侯田蚡政爭，田蚡設計陷害竇嬰和灌夫，致使兩人被腰斬棄市，後來竇嬰和灌夫的鬼魂報仇，痛毆田蚡，將其殺掉。這個故事大家都很熟悉，不用細述。關於田蚡之死，司馬遷的《史記》之〈魏其武安侯列傳〉卷記載：

> 春，武安侯病，專呼服謝罪。使巫視鬼者視之，見魏其、灌夫共守，欲殺之。

《漢書‧竇田灌韓傳》的記載稍微詳細一些：

> 春，蚡疾，一身盡痛，若有擊者，呼服謝罪。上使視鬼者瞻之，曰："魏其侯與灌夫共守，笞欲殺之。"竟死。

顯然，"視鬼者"是官方巫師中的專業技術人員，所以漢武帝可以隨時派遣他們執行視鬼任務。其他還有如"望氣者"，即通過觀察雲氣進行占測。一般來說，巫師的這些技能都是有師承甚至家學，通過後天的學習掌握，從而成為國家公務員。換言之，能夠進入政府僱員序列，說明政府對於他們的師承及能力是認可的，這與天生能視鬼的人完全不同。

這些備皇帝諮詢的巫師，常常隨侍左右。《幽明錄》記載：孫權生病，視鬼巫師報告說，見到有個鬼進宮了，穿著打扮像是老一輩的將相，神情倨傲，門神也呵斥不住。當晚，孫權就夢見已去世的魯肅，穿的衣服跟巫師描述的一樣。

視鬼人要成為公務員，還需要進行測試，大約因為數量需求不多，皇帝往往親自測試。《搜神記》卷二記載：

三國時吳帝孫休生病，找能視鬼的御用巫師看病（"求覡視者"）。孫休想先測試一下巫師的能力，於是命人殺了一隻鵝埋在園中，然後在上面造了一座墓，墓中"施床几，以婦人屐履服物著其上"。命這位巫師來看，如果能說出墓中婦人的樣子，重重有賞。可憐的巫師，看了半天，哆哆嗦嗦一句話也說不出。孫休大怒："到底看到什麼了？"巫師囁嚅著說："實在是沒看見鬼，只看見一隻白頭鵝站在墓裏，我懷疑是鬼在變幻形象，想等等看，'當候其真形而定'，可是一直也沒變化，所以不敢確定。"孫休大喜："妥了，你確實能視鬼。"

隨著技術的進步，視鬼巫師在唐代大發展，成為皇帝的重要顧問。據《舊唐書·方伎傳》記載，著名方士張果頻繁製造靈異事件，因此唐玄宗即位後，"親訪理道及神仙方藥之事"，將其召進宮。可是，唐玄宗又有點懷疑張果的本事，於是安排了兩場測試：

> 有邢和璞者，善算人而知天壽善惡，玄宗令算果，則懵然莫知其甲子。又有師夜光者，善視鬼，玄宗召果與之密坐，令夜光視之，夜光進曰："果今安在？"夜光對面終莫能見。

御用算命先生算不出張果的壽夭，御用視鬼人近在咫尺也看不到張果，可見此公深不可測。玄宗一高興，甚至打算把女兒嫁給他。

《朝野僉載》卷一提到，唐中宗即位後，年間曾濫授非正式的官爵，以致屠夫、小販都身居高位。睿宗繼位後罷免了這些濫竽充數的官員。當時的一位見鬼人彭卿收受賄賂，假託見到已故去的中宗，中宗表示反對罷官："我與人官，何因奪卻。"

結果這一批兩百多人竟然全部官復原職。

五代時閩國國君王鏻，"好鬼神、道家之說，道士陳守元以左道見信，建寶皇宮以居之"。寵臣"又薦妖巫徐彥，曰：'陛下左右多奸臣，不質諸鬼神，將為亂。' 鏻使彥視鬼於宮中。"（《新五代史·閩世家》）

各種方伎[1]、術數，無論是為了占測還是為了監視、規訓百姓，首先要為皇帝服務、為權力服務。

但是，巫師的視鬼技術只服務於皇權，且私人傳授、秘不示人，極不利於普及。在鬼學領域，廣大人民群眾迫切需要識別鬼魂與識別技術嚴格保密之間的矛盾，就顯得非常突出。這時候，零起點的視鬼技術也被發明出來。更有意思的是，這技術還是由鬼界傳入人間的：

南宋帝都臨安一位官員范寅賓在升陽樓請客，遇到已故的僕人李吉在賣烤雞。李吉告訴主人，世間如他一樣的鬼魂到處都是，"與人雜處，商販傭作，而未嘗為害"。就連主子家裏洗衣服的趙婆，也是鬼。說著掏出兩塊石頭給主人，說："只要在趙婆面前出示這塊石頭，她就會現出本形。" 范寅賓雖不大相信，回家後還是測試了一下，故意對趙婆說："聽說你是鬼混跡人間，有這回事嗎？"趙婆一臉不高興，說："我在您這裏二十年了，不要開這種玩笑。" 范寅賓就掏出石頭給她看，趙婆一見，臉色大變，"忽一聲如裂帛，遂不見"。（《夷堅志·夷堅丙志》卷九〈李吉爐雞〉）《夷堅志·夷堅丁志》卷四〈王立爐鴨〉也講了類似的故事，只不過鬼魂改賣烤鴨了，而被測試的則是

1　方伎，指古代醫、卜、星、相之術。── 編者註

官員家中的奶媽。

另一則是珉楚和尚的故事。相識的鬼給了珉楚一束花，說："凡見此花而笑者，皆鬼也。"珉楚拿著這束花在大街上閒逛，"其花紅芳可愛而甚重，楚小昏然而歸，路人見花，頗有笑者"。(《稽神錄》卷三〈僧珉楚〉)

鬼世界傳入的技術，雖然便捷，但沒有實現量產，對於大規模監控來說，顯得杯水車薪。所以清代最流行的是圓光術，雖比漢唐時期為帝王服務的視鬼術複雜，但操作性強，且在民眾中較為普及。用計算機術語就是，公開了源代碼。

晚清以來，很多術士都會使用圓光術，基本與陽間的監控一樣。而且，圓光術使用的是雲存儲技術，根本不需要硬盤。

俞樾等學者認為，圓光術起源於南北朝時期，《晉書》卷九十五〈佛圖澄傳〉云：

> (劉)曜自攻洛陽，勒將救之，其群下咸諫以為不可。勒以訪澄，澄曰："相輪鈴音云：'秀支替戾岡，僕谷劬禿當。'此羯語也。……此言軍出捉得曜也。"又令一童子潔齋七日，取麻油合胭脂，躬自研於掌中，舉手示童子，粲然有輝。童子驚曰："有軍馬甚眾，見一人長大白晰，以朱絲縛其肘。"澄曰："此即曜也。"勒甚悅，遂赴洛距曜，生擒之。

順便說句題外話，作為冥府的監控手段，冥簿在技術上顯得很落後，成千上萬的人在那裏奮筆疾書、登記造冊，屬典型的勞動力密集型產業；而業鏡、心鏡，在技術上又顯得特別超前，連攝像頭和存儲器都不需要。不同的監控，技術水平相差如此之大，讓人難以理解。

俞樾在《右台仙館筆記》中就介紹了這種雲監控技術實施的具體案例：

俞樾大兒媳婦的娘家，有位劉氏忽然得了癔症，瘋瘋癲癲的。醫生沒辦法診治，有僕人介紹當地一位圓光術士來試試。術士來了之後，要求準備一間整潔的房間，屋裏放著一張桌子，桌下放一個小瓶子。桌上放一個大的柳條編的半球形容器笆斗，笆斗盛滿大米和麥子，上面再放一面鏡子，鏡子邊上插滿了小旗子和箭。笆斗前放一盞裝滿燈油的燈，儘可能讓燈光明亮些。

術士開始焚化符咒作法，讓三個童男盯著鏡子看，描述所見到的情形。童男先看到一處宅院，有個圓形的大門，宅院裏有個白髮老翁。然後景象會切換到老翁所見，彷彿老翁頭上安了個攝像頭。只見老翁在屋裏四處溜達，看到一個怪物，"四足而毛，大如羊豕"，老翁捉住這怪物，放進一個大缸中。術士聽童男說到這裏，就用紙封住桌下的瓶子口。說，已經搞定了。然後童男就再也看不到鏡子裏的景象了。術士對這戶人家說，怪物已除，病人會痊癒的。劉氏果然痊癒，說自己得病前，見到一隻貓跳進屋子，然後自己就渾渾噩噩了。術士捉的怪物，就是那隻成精的貓。（《右台仙館筆記》卷十）

這個故事當然可以存疑，因為很可能是術士與童子合起來設個套，假裝說捉住妖怪了。最後病人痊癒了，這是實錘。不過，在有鬼君看來，這個術士的水平不能算很高，因為他作法所用的鏡子是實實在在的，高手可以做到眼前無鏡，心中有鏡。

杭州的大富翁沈公子是個同志，"餘桃斷袖，嗜而溺之"。

只有他最喜歡的兩個少年，才能在內室伺候他。沈公子家傳一枚稀世珍寶夜明珠，綴在他頭巾上，輕易不肯示人。有天晚上，沈公子讀書困倦，將頭巾隨手放在書桌上就去睡了。沒想到第二天起來，頭巾不見了。因為只有這兩個少年可以進入他的書房，所以沈公子認定是他們中的一個偷了。可是無論怎麼訓斥、責打，兩人都不肯承認。

事情僵在那裏，有人就推薦了擅長圓光術的紹興秀才俞萬春。俞秀才來到沈公子家，他預先準備了十二張黃表紙，在紙上書寫符咒，默唸口訣，然後燒了扔在地上。請沈公子找來十幾個十二歲以下的童男，圍著紙灰站成一圈。過了一會兒，就有童子說看到地上出現一面圓鏡，鏡子裏可以看見沈公子的宅院，裏面的亭台樓閣乃至各種擺設都清清楚楚。然後就見沈公子進了書房，兩個少年跟著。沈公子脫了外衣在書桌前看書，少年則端茶倒水、捶背揮扇地伺候。

過了一兩個小時，沈公子似乎困倦了，伸了個懶腰，然後脫下頭巾、衣服鞋襪。兩個少年伺候他睡下，然後關門出去。俞秀才問童子："這個時候頭巾還在桌上嗎？"童子說還在。俞秀才對童子們說："現在是見證奇跡的時刻了，孩兒們看仔細了。"然後有童子說，看到池塘裏忽然有個老頭從水中站起來，而且是人首蛇身。它像蛇一樣游到書房窗前偷窺，從窗子又游進去，在書桌前銜起綴著珠子的頭巾，衝著床上的沈公子詭異地一笑，就又游回到池塘裏了。

俞秀才哈哈大笑，說："真相大白了。"當時圍觀的幾十人都嘖嘖稱奇。沈公子命人將池塘水抽乾，果然見到那塊頭巾。可是夜明珠已經不見了。原來是池塘裏的蛇妖將夜明珠偷走

了。(《里乘》卷四〈圓光〉)

　　這個故事當然也可以質疑，比如是俞秀才與童子設的局，因為不管怎樣，夜明珠確實不見了。但這十幾個童男都是沈公了家裏的孌童，俞秀才要同時收買，難度實在太高。再加上圍觀的吃瓜群眾，這種監控力度下，很難造假。

　　可以毫不誇張地說，圓光術達到了古代世界監控技術的頂尖水平：一、會操作的術士遍佈於民間，不再為皇家獨享；二、成本低廉，術士所用道具都是日常用品，便於量產；三、不僅能視人，也能視鬼、視妖，全方位監控。唯一的缺陷是，識別能力依賴於靠童子的肉眼，有出錯的可能。不過，多一雙眼睛就少一分錯，多找些童子就行了。

　　在人臉識別技術大發展的時代，如何將高科技與數術方伎結合起來，進一步弘揚傳統文化，做到識人、識鬼、識妖，對於廣大碼農是新挑戰和新機遇。

手撕渣男老公的女鬼

　　有鬼君對於愛情裏動輒山盟海誓、天荒地老、生死不渝的套路向來不感冒，但是涉及生死，必須指出的是，只有無神論者才敢如此發誓，古人一般不敢隨口這麼說。

　　浙江吳興人袁乞與妻子恩愛無比，妻子臨死的時候，握著他的手說：「我死之後，你還會續弦嗎？」袁乞說：「我怎麼忍心呢？」不出所料，妻子死後不久，他很快就再婚。成親沒幾天，就見前妻現形，怒斥負心漢：「你忘了你當初的誓言嗎？」說完，她直接拿刀砍向夫君的要害，「雖不致死，人理永廢也」。（《太平廣記》卷第三百二十二〈袁乞〉）

　　類似的例子也見於《夷堅志・夷堅甲志》卷二〈張夫人〉，宋代的太常博士張子能的妻子鄭氏是個美女，張先生與她恩愛異常。可是天妒紅顏，鄭氏得病早死。臨死前勸丈夫再娶，張子能堅決不肯，並且指天誓日，如果有負妻子，將來要遭天譴。鄭氏得此承諾，就此一瞑不視。過了幾年，一表人才的張子能被朝中權臣看中，硬是假傳聖旨招他做了女婿。仕途雖然因此蒸蒸日上，可是張先生想起自己的毒誓，心中不免惴惴。果然，婚後不久，死去的鄭氏就現形了，大罵張如何負心。說著「遽登榻以手抔其陰，張覺痛，疾呼家人至，無所睹，自是若闇然」（還真的是手撕）。從此天下又多一個練葵花寶典的好苗子。

對無神論者來說，死者已逝，生者自可繼續生活，再婚亦無不可。只不過，古人總是認為，包括死者在內的家庭才是完整的。《右台仙館筆記》卷十四一則故事，就說明至少在晚清，這個觀念還是很普遍的：

浙江一位姓蔡的，兒子才四五歲時，他就買了一個幼女，預備將來長大了做兒媳婦。可是沒等長大，女孩就死了。老蔡於是給兒子另行定了一門親。等兒子正式結婚時，女方送新娘子來，送親的建議，按照慣例，要在新房外設立香案，插上香燭，讓新娘子在香案前叩拜，意思是身為繼室，要先向正房行禮。之前的婚事，因為尚未成禮，老蔡根本不當一回事，斷然拒絕。結果，夫婦拜堂時，新娘子忽然倒地，好像被人掐著脖子，口中荷荷有聲。老蔡這下慌了，趕緊做了那個已死去的女孩的牌位，讓新娘子對著牌位叩拜，即承認自己是續弦的，婚禮才順利進行。（《右台仙館筆記》卷十四）

正因為存在陰陽結合的家庭觀，生死不渝的誓言才特別要緊。

山東泰安的聶鵬雲，與妻子琴瑟和諧。妻子死後，他悲不自勝，妻子在冥府受到感應，懇請冥官同意，再現形"聊與作幽會"。聶鵬雲此後也不再考慮續弦，並且向妻子發誓。可是他的族人不答應，這樣豈非要無後？於是威逼勸說他再婚，聶鵬雲想了半天，答應了，只是沒敢告訴前妻。婚期臨近時，妻子知道了，大罵他："我以君義，故冒幽冥之譴；今乃質盟不卒，鍾情者固如是乎？"聶鵬雲無言以對，但堅決不肯退婚。

新婚之夜，前妻來大鬧洞房，兩任妻子，一人一鬼，就在洞房開打。老聶誰都不敢惹，誰都不敢幫，縮在屋角一直到天亮。此後，每天前妻都來鬧事，也不強行跟老聶同房，要麼使勁掐他的手臂，要麼晚上在屋內對兩人怒目而視。兩位新人不知所措，只能生無可戀地忍著。後來還是請了個方士，"削桃為杙，釘墓四隅"，用桃木做成木釘，釘在前妻的墳墓四角，這才鎮住。（《聊齋志異》卷八〈鬼妻〉）

大概有人會說，不是有生死輪迴嗎？已經去世的人，進入輪轉系統，怎麼可能再回來手撕渣男？說到這裏，有鬼君實在是對古人敬佩無已，為了讓這一倫理原則成為超越生死的普世價值，他們連輪迴問題也打上了補丁。

清代某村有個殺豬的屠戶去世，當天鄰村有戶人家的母豬生了一頭小豬。兩個村子相隔四五里地，有意思的是，這頭豬每天都要到屠戶家躺著，趕也趕不走。豬主人沒辦法，只好用鏈子把牠鎖起來。當時大家就懷疑這頭豬是屠戶轉世。這不算稀奇。稀奇的是，屠戶的妻子一年後改嫁，穿著新衣，正要登船去婆家。那頭豬忽然衝出來，"怒目眈眈，徑裂婦裙，囓其脛"，兇相畢露。眾人急忙救護，把豬直接踹到水裏，趕緊開船。沒想到，那頭倔強的豬"自水躍出，仍沿岸急追，適風利揚帆去，豬乃懊喪自歸"（《閱微草堂筆記》卷二十一）。《耳談》卷二〈胡泰母〉也說了類似的事，只是逝者轉世為雞，與新婦每天好勇鬥狠。

既然死生相妒是宇宙洪荒的真理，那麼出路在哪裏？

江南某鄉的陳張氏，結婚七年後丈夫去世，為生計所迫，由媒婆牽綫，改嫁鄰村的鰥夫張某。結婚半個月，張氏就被前夫附體："你竟然不肯為我守節，嫁給這麼個貨色。"邊說邊自打耳光。張氏的家人燒紙錢求饒，可是一點不起作用。這邊鬧得歡，那邊廂張某的前妻也來附體了："你這個薄情寡義的混帳，只知道新人笑，不知道舊人在泉下傷心。"也是邊說邊自抽耳光。

正在雞飛狗跳的時候，無所不能的媒婆出現了，笑著說："這事好辦。我從前都是替活人做媒，今天不妨為你們兩位死鬼做一回媒呢。既然你們在陰間也是孤男寡女，不如就結為夫妻。這樣你們在陰間不寂寞，不再騷擾原配，陽間的活夫妻也可以平安度日。"那被女鬼附體的張某面帶羞澀，低首不語。媒婆又轉向被男鬼附體的張氏，那邊也爽快地答應了。

媒婆正待說話，兩鬼同時表示："此事如此解決，當然好極。但我們雖然身為鬼魂，也是要排面的，不可隨便未婚同居，被其他鬼嘲笑。媒婆你要做主替我們剪紙人、花轎，敲鑼打鼓迎親，擺喜酒。總之，陽間婚禮的一切程序都要不偷工減料地做足，以示我們在陰間成為合法夫妻。這樣我們才不來騷擾你們。"媒婆滿口答應，為鬼夫妻把場面做到位，這一家就此太平無事。（《子不語》卷四〈替鬼做媒〉）

簡單地說，要麼做個有神論者，安撫好泉下的前任，要麼做個徹底的無神論者，即使渣出天際也不怕。

人鬼之戀

某年七夕的凌晨時分，朋友圈見到這麼一段話：

> 賓館外面走兩步隨便抬頭看都能看到銀河，我慕了，並且織
> 女牛郎並沒有匯合，一個巨亮一個巨暗，可以說是非常女權了。

這大概就是有鬼君一直不喜歡凡人與仙女戀愛故事的原因。那些蕩氣迴腸、驚天地泣鬼神式的愛情，大多數避免不了"娜拉出走以後"的結局，不接地氣。明明老婆是仙女，卻要洗衣、做飯、帶娃，非常不女權！即使仙妻施展神通，全家錦衣玉食，只要回仙界的時辰一到，甩手就走，把夫君、孩子直接扔在人間。

凡男升仙太難了，最多做個工具人。

而人鬼戀愛的故事，不僅充滿了煙火氣，而且很多女鬼做事爽利，只要看中了某個小哥哥，直接帶到陰間去成親。

西晉武帝咸寧年間（有學者認為是東晉廢帝興寧年間事），三位官二代同遊南京城外的蔣山廟。廟裏有幾尊美女的塑像，不知為何方神聖。三個年輕人喝多了，指著塑像互相開玩笑，"自相配匹"。當晚，蔣山神就託夢給這三位：我這幾個女兒長得並不好看，沒想到得諸位公子垂青。現安排某天，迎接諸位

到舍下成親。三人醒來後互相試探,都在夢中被蔣山神招為東床。大懼,準備三牲到廟裏去謝罪,懇求蔣山神收回成命。當晚蔣山神再次託夢給他們:婚姻大事,豈能兒戲!你們既然已在廟中選中了妻子,不能悔婚。過了不久,這三位公子哥就同時去世,到陰間做女婿去了。(《搜神記》卷五)

這三位公子的父親分別是太常卿韓康伯、會稽內史王蘊、光祿大夫劉耽,全是高官。蔣山神當機立斷,與他們結為親家,如非對官場情勢洞若觀火,豈肯如此?

這個故事裏,女鬼的婚姻由父親做主,其本人的態度如何,不得而知。下面的故事,女鬼則完全是自主擇婿。

唐玄宗天寶年間,會稽主簿季攸帶著兩個女兒和外甥女上任。到任後,不少人來求婚,季主簿把兩個女兒都嫁出去了,卻不肯嫁已是孤兒的外甥女。"甥恨之,因結怨而死,殯之東郊。"過了數月,主簿下屬中一位姓楊的小夥子忽然失蹤,小楊是大戶人家,而且長得俊美。家人懷疑他被精怪所魅惑,就在周邊各處墓地尋找,最後在外甥女停靈的殯室發現了那孩子衣服的一角。詭異的是,殯室完好無損,家人報告主簿,請他主持開棺。"女在棺中,與胥同寢,女貌如生。"家人將痴呆呆的楊小哥帶回家中調養,數日後方痊癒。

女鬼並未罷休,附體活人向季主簿抱怨:"舅舅你太偏心,讓自己的兩個女兒都嫁了好人家,對外甥女卻不聞不問。我死後在冥府,已請神道批准嫁給楊小哥,所以先把他弄來睡了。如今整個會稽郡都已知道此事,那就好好辦一場婚禮吧。懇請您向楊家知會一聲,收了他家的聘禮,以女婿之禮待楊小哥。下月初一是吉時,婚禮就定在那天吧。"季主簿又怕又驚,忙不迭地去安排。楊家無奈，拿出幾萬錢作為聘禮，把婚事定了。季主簿為外甥女"造作衣裳帷帳。至月一日，又造饌大會"。與陽間婚禮一般無二。女鬼再次附體，感謝舅舅和公婆，親自迎接楊郎。說完，楊小哥就暴卒。兩家於是辦了冥婚，將他們合葬在東郊。（《太平廣記》卷三百三十三〈季攸〉）

整個婚事，夫君是女鬼自己選的，結婚手續也是她自己向冥府申請的，婚禮儀式也是她一手安排的。作為父母早亡的孤兒，她將自己在冥界的生活安排得妥妥貼貼，對陽間也有合理的交代。民俗相傳，室女未嫁而亡，死後多為厲鬼祟人。此類故事很多，但從時人的視角看，室女自主擇婿，恐怕不能僅僅歸於厲鬼祟人。《牡丹亭》中杜麗娘還魂嫁給柳夢梅，並因此復生。一般認為這部戲"體現了青年男女對自由的愛情生活的追求，顯示了要求個性解放的思想傾向"。雖然人鬼殊途，但幽明一理，楊氏夫妻雙雙在陰間生活，同樣"體現了青年男女鬼對自由的愛情生活的追求"。只要是美好的愛情，無論在陽間還是在陰間，都應該得到讚美。更不能因為楊小哥學歷遠不如柳夢梅而歧視他。

男人對人鬼愛情的追求，也有很值得稱道的。唐人曹孝廉遊覽屬地，在都江堰拜謁李冰廟，見"土塑三女儼然而艷"，指著第三座塑像發誓說："願與小娘子為冥婚，某終身不娶凡庶矣。"當場卜卦，大吉。廟祝核對了卦象後，對曹孝廉說："既然婚事已定，請曹相公留個信物。"於是曹孝廉解下汗衫留在女像的座下，廟祝也取來女像的紅披衫給他，請他好好保管，二十四年後來迎娶李冰的女兒。

曹孝廉真是漢子，此後絕口不與凡人提婚事，"縱遇國色，視之如糞土也"。這樣過了二十四年，他自感身體不適，算算時日差不多了，就沐浴更衣，穿戴整齊，等候李冰神。當晚，迎親的"車馬甚盛，駢塞曹門，同街居人竟來觀矚。至二更，鄰人見曹升車而去，莫知其由"。第二天再看，曹孝廉已一瞑不視，做了李冰神的乘龍快婿。（《鑒誡錄》卷十〈求冥婚〉）

　　身為男子，曹孝廉對女鬼從一而終、守身如玉，比楊過還多等了八年。在有鬼君過眼的志怪小說中，極為罕見。這難道不是"體現了青年男女鬼對自由的愛情生活的追求"嗎？

　　最近這些年七夕節慶越來越引人矚目，不知與修仙小說、電視劇的流行是否有關。人仙情、人鬼情其實無分軒輊，甚至可以說，仙界受所謂命運的束縛更大，而女鬼對自主把握命運的願望和能力，要遠超那些餐風飲露的女仙。

為什麼很少見到胖鬼？

在這個看臉的時代，胖子基本被視為一種負能量了，當年玉樹臨風的李奧納多，並沒有什麼醜聞，僅僅因為發福照爆出，無數粉絲就因之心碎。在很多人眼裏，胖成了現代社會的原罪。

即便在志怪故事中，鬼的形象也都是瘦骨嶙峋、面色慘白、衣衫襤褸的，很少見到方面大耳的富態鬼。這是為什麼？難道以瘦為美的風潮連陰間也佔領了？胖子連做鬼的資格也沒有嗎？並非如此。

清代杭州西湖邊有座廟叫德生庵，廟門外堆積了幾千口棺材，像小山包一樣。袁枚曾在那廟裏住過，很好奇地問和尚："這麼多棺材，難道不會鬧鬼嗎？"和尚說："此地全是富鬼，終年安生。"袁枚不能理解："城裏哪有那麼多富人？焉能有如許多富鬼？況且這裏的棺材一直沒下葬，肯定都是窮人。"和尚說："所謂貧富，不是看生前的。凡是死後能接受酒食祭祀、紙錢燒化的，就可算富鬼。這千餘口棺材雖然沒有下葬，可是廟裏每年有三四次化緣為他們做道場，還有盂蘭盆會這樣的滿漢全席。個個吃得腦滿腸肥的，哪裏會生邪心？那些遇到過鬼的人，他們口中鬼的形象哪有衣冠華美、相貌豐腴的（就是胖子的意思）？凡是出來作祟的，大多是蓬頭垢面、襤褸窮酸、長腳伶仃的。"袁枚一聽，這話很有道理啊。果然，他住在廟裏一個多月，從來沒有鬼來騷擾。（《子不語》卷二十二〈窮鬼祟人富鬼不祟人〉）

有人會說，這不對，和尚說的是胖鬼，不是說胖人，這不能證明陽間的胖子比瘦子更有福。沒錯，這個故事只是說明陰間生活舒坦的都是胖鬼。下面講的是陽間的故事：

還是清代，有個叫趙曾翼的士人，很有才華，但是長得一般，是個胖子，所以有點自慚形穢。鬱悶之下，他寫了首詩質問閻羅王，為何如此不公。當晚，他做夢入冥，見到了故友康錫侯。康告訴趙："我因為生前酷愛丹青，所以死後被閻羅王禮聘為幕僚。所有眾生投胎之前，我都要先為他們畫好五官，然後投胎。"說著，他拿出兩本畫冊對趙說："你看看這畫冊，就知道我的良苦用心了。"趙翻開第一冊，標籤是"貴者相"，裏面的相貌都是醜陋不堪。稍次於貴者的，雖然不猥瑣，但是"麻鬍黑胖"（麻子、鬍子拉碴、面色黝黑、胖子）。再看第二冊"賤者相"，大多面貌姣好、眉清目秀的，"各有一種顧影自憐之態"。趙很不高興，說："你怎麼能顛倒貴賤，播弄造化呢？這是以權謀私啊！"康笑著說："老兄的見識太差！你看當世的那些台閣諸公，必然有內秀，哪裏需要靠外貌來顯貴呢？只有那些命中注定貧困潦倒的，才需要一副好皮囊，'上可以沐貴人光寵，下亦插身粉黛場中，竊斷袖分桃之愛'。古往今來的第一美男子衛玠，不就是年紀輕輕被人看死的嗎？總之，求全必然會招造物之忌，不如留點缺憾，為一生求福。"

趙雖然覺得故友說得有道理，可是心裏總是彆扭。康見他磨磨唧唧的樣子，爽快地說："這樣吧，我幫你把長相改一改，改得瘦一點、俊俏一點，不過福分也就相應地削掉了。"趙大喜過望。於是康稍微改了幾筆，趙還不滿意，要求再改改，康說："我和你十年好友，不忍心看著你下半輩子過於落魄，不能再改了。"

這時，趙從夢中醒來。此後他的樣子果然慢慢變得英俊不少，身材也好了。可是從此文思大減，連續三十多年科考失敗，至死也沒有中舉。(《諧鐸》卷六〈面目輪迴〉)

所以，無論從陰間和陽間來看，胖子的福分都不低，隨便歧視胖子是不對的，更別說大部分胖子的心態都好。即使在動漫裏，也有很多招人喜愛的胖子形象。

啞巴與鬼

　　河北邢台的寧晉縣有個小黃莊，莊子裏住著一位姓黃的奇人，因為他能記得自己前九次輪迴轉世的情景。能記得自己前世的事，已經夠奇特了，此人竟然能記得九輪，簡直駭人聽聞。

　　據黃先生自己介紹，在這九次轉世中，他曾有一次投胎為豬，一次投胎為驢，其餘七次都是投胎為人，有時長壽，有時早夭，有一次甚至一出生就被父母扼死。但有一點，無論怎麼輪迴，總是不出寧晉縣方圓百里之內。這也間接證明了有鬼君以前的說法：要想投胎到北京市西城區，前世就得在那一帶生活。

　　黃先生曾對人談及轉世的情況，據他介紹，"冥界昏昏，無晝無夜"。初入冥界，飢渴難耐，但是那些食物都腐臭不堪，只有寺廟的香火氣、村裏的炊煙才能入口，倒也能果腹。似乎沒有冥官來管他們，眾鬼零星散佈，每日無非聚集閒談。某天正枯坐無聊，見四位女子經過，服飾華麗，後面還跟著三個男子。黃先生好奇心起，跟在這幾人身後進了一處莊園。進去後忽然發現自己變成一頭剛出生的小豬。身為豬崽，心裏卻靈台清明，悲憤之下，立時就想撞牆自殺，可是年幼體弱，死也死不了。更加難受的是，聞到豬食就覺得香噴噴的，只能強行控制住豬的本能。後來，豬媽媽帶著八隻小豬到隔壁菜園，這可比豬食好多了，眾豬齊上，大啖菜蔬。菜園主人趕來，眾豬四散奔逃，牠卻故意慢悠悠的，結果被抓住殺掉。然後再次投胎。黃先生言下對冥界的生活還頗為眷戀：「為鬼頗自得，初不望轉生，亦未見閻羅及地獄，惟狀如胥役者則恆見之，意亦如鄉曲細民，無事不入官府耳。」也許，在他看來，只要沒有官府擾民，做鬼也沒什麼不好。（《洞靈小志》卷七〈知九世〉）

黃先生並沒有說自己被父母扼死的那一次是怎麼回事，猜想起來，很可能是他沒學會閉嘴。有些人就是因為不肯做啞巴，所以剛出生就炸號了。

清末湖北有一個私塾先生，在家裏開館授徒。他的獨子因為是個啞巴，所以長到十二歲也沒有開蒙。有天私塾先生外出，回來發現學生做的八股作業有人批改過。他以為是有客人來過，代為批改。可是問了僕人，說當天只有他的啞巴兒子進過教室。他將兒子叫來，一頓胖揍之下，兒子終於開口了。原來，他這個啞巴兒子，四世前是個秀才，因為生前無行放誕，死後被罰做馬。因為不願為牲畜，馬夫偶有疏忽，他就從懸崖上一躍而下，自殺而亡。冥官當然不能縱容，再罰他為牲畜，轉世為穿山甲。這次他很注意修行，故意避開人類，以免驚嚇到他們。死後受到表揚，被判再轉世為人。陰差帶著他走到一間屋外，讓他在窗口窺視，忽然猛推他一下，成了嬰兒呱呱墜地。可是這個過程中卻出了岔子，因為出其不意，他對陰差破口大罵，這罵聲直接帶到了陽間。全家人聽到剛出生的小娃娃竟然詈詞如潮，大呼妖怪，將這孩子扔在野外凍死了。等到第四次轉世，他終於知道閉嘴了，所以出生十二年一言不發。直到這次看到科考模擬卷，技癢難耐，露了破綻。後來父子倆一

起參加科考，又一起名落孫山，平平淡淡地過了一生。（《洞靈小志》卷七〈自述前世〉）

像這樣一出生就因為胡說八道而惹禍上身的故事還有很多。清末湖北蘄縣，傳說有位姓陳的乞丐知道前世之事。縣裏的師爺好奇，專門去問緣由。據陳姓乞丐自己說，他的前幾世姓高，是個秀才，靠替人打官司為生，屬政府所深惡痛絕的訟棍。因為與鄰居少婦私通，導致對方上吊自殺，被索命而亡。到了陰間，冥官罰他先為豬、為蛇，受了很多罪，然後再轉生為人。他大概是做訟師習慣了，管不住嘴，一出生就嘰哩哇啦地亂說一氣。他父親覺得生了個妖孽，直接把他掐死了，然後才投胎到陳家。因為前世的心理陰影，出生後始終不敢說話，家裏人把他當啞巴看。遇到戰亂，全家逃難，直接把啞巴兒子拋棄了。沒奈何，只能張嘴說話，以討飯為生。（《洞靈小志》卷七〈知前世〉）

這幾個故事都沒有提及消除記憶的孟婆湯，很可能，他倆入冥時因各種機緣巧合，其前世記憶並未清零。為了不被視為妖孽，選擇閉嘴也許是個辦法。可是，堅持裝聾作啞，很可能最後被家人拋棄，淪為乞丐。換句話說，選擇做啞巴，並不一定能帶來福報。

不過，有鬼君並不是想討論轉世過程中的閉嘴問題，而是有其他的困惑。在這三位的多次轉世過程中，因果報應似乎並非百分百地起作用，也許即使有因果報應，也被遮蔽了。在他們生命的多次流轉中，有太多偶然的主客觀因素。比如那位轉世成馬的秀才，在投胎時"見掛壁皆皮革，取其一著之，遂為馬"，轉世時"擇皮革稍異者，著之乃為穿山甲"。對他自己來說，下輩子是牛或馬，可能就在選擇皮革的一閃念間。然後我們以"後見之明"判斷，說這是善惡果報的結果，我們真是太喜歡路徑依賴了。

在寫這篇小文的時候，有鬼君正好讀到研究佛教的學者朋友的文章，其中說："強調善惡報應之對稱性的其實是中國本土的思想……印度佛教自始至終都更加注重作為'因'的善惡……行為之後莫管結果回報、無所執著，即'自淨其意'，才真正'是諸佛教'。"有鬼君並不信佛教，但對此卻頗多感觸。志怪小說中有大量涉及善惡果報的故事，很多人據此批評此類橋段的單調、無趣甚至無聊。可實際上，我們現代人一方面嚴厲批評因果報應，一方面心裏又暗暗期望這是真的，不僅是真的，還能像科學一樣嚴密、精確。可能是有鬼君的智商需要充值了，志怪作品讀得越多，對因果報應就越不敢深信，無論是"現世報"還是"來世報"，我們懂的並不比一個啞巴更多。

我們從哪裏來，我們到哪裏去？我們對自己不懂的事，正在反覆述說。

色鬼

反對性騷擾運動一向非常受關注。從自己的專業出發，有鬼君其實想說的是，色鬼在空間的分佈也是均勻的。直接地說就是，鬼、怪、精、仙等對女性的騷擾從來就沒有停止過，當得起罄竹難書了。甚至，極其惡劣的是，這種騷擾完全是霸王硬上弓，女性幾乎沒有反抗的能力；而反過來，女鬼、女妖很少強迫男性，基本上是因為男人管不住臍下三寸。即使在鬼界、精怪界，直男精神也異常強悍。

清代的烏魯木齊，有一個賣絲綢的小販，他老婆長得挺好看。忽然得了怪病，每天昏昏沉沉臥床不起，可是食量驚人，一頓要吃好幾個人的飯。過了兩年多，才清醒過來。她說自己的魂魄被判官捉去，被逼著做了判官的小妾。另外找了一個餓鬼附體在她身上，所以她才食量大漲。即使她壽數已到，有冥府文書拘拿時，判官又安排另一個餓鬼附體，而讓前一個餓鬼領著文書去轉世投胎。按照判官的設想，小販老婆的肉身可以接力的方式一直在陽間躺著，自己則安心地霸佔其魂魄。後來，城隍對文書進行復核，才發現了判官的詭計，判其入獄。小販老婆才能神志清醒。（《閱微草堂筆記》卷十六）

在長達兩年多的被強佔過程中，小販老婆連形神都被強行分離了，請問，你該怎麼要求她勇敢地站出來反抗呢？可是倒過來就不一樣了：

唐懿宗咸通年間，河南魯山縣有個靈女觀，裏面供著一個女仙，"低鬟囁嚅，艷冶而有怨慕之色"。魯山縣主簿皇甫枚陪著朋友夏侯禎去靈女觀祭拜。夏侯禎一見女仙的塑像，立刻被擊中了，舉起酒杯喃喃自語："小生我尚未婚配，今天見到女神了，願為女神裙下之臣。"回去之後他就中邪了，僕人趕緊去報告皇甫枚。皇甫枚一見他目瞪口呆的模樣，就猜到了原因，問："你是不是得罪靈女了？"夏侯禎口不能言，只能點點頭。皇甫枚命令小吏到靈女觀去禱告："夏侯禎確實因為喝多了，有言語騷擾，可是女神如果處罰他，是僅僅因為一句話就毀了一個知識分子啊（'以一言而斃一國士'），有違上天好生之德；如果答應他的請求，納為夫婿（即到冥界做夫妻），似乎又顯得女神不守貞潔，難免引起輿論漩渦（'以一言捨貞靜之道，播淫佚之風。……必貽幃箔不修之責'）。天下的男人多的是，何必盯著偶然口不擇言的呢？還是放過他吧。"祭奠完畢，夏侯禎也康復了。（《三水小牘》卷上）

這個故事中，靈女是被騷擾的一方，但皇甫枚卻更理直氣壯：把事情鬧大，不僅你作為女神的人設崩塌，而且傷害了一個對國家有益的知識分子。這兩條理由是不是有點眼熟，當然，因為咱們現在好像也沒超出皇甫枚的思路。這真是化解性騷擾歷史最悠久的套路了。唯一遺憾的是，皇甫枚沒有讀到明代才出版的《封神演義》，否則他會知道，商紂王因為在女媧廟寫淫詩調戲女媧，整個國家都被滅了。

這個故事裏凡人騷擾女神，已經算是膽大的了。可是，貴為一綫女神的嫦娥，也是三番五次地被騷擾。由此可見，無論在神鬼人的哪一界，都是男權當道。

　　至於狐狸精，當色鬼精蟲上腦時，當然也不會放過。《聊齋志異》卷十的"長亭"，說的就是人與鬼合謀給狐狸精下套的故事。大意是說，一位姓石的道士，擅長驅鬼。某狐狸精一家的小女紅亭為男鬼所祟，老狐狸精求救於他。他還未施法，男鬼先找到他做了一筆交易："人與鬼是一體兩面的，咱們何必自相殘殺，便宜了狐狸精呢？我對紅亭也就是玩玩而已，他家的長女長亭，'光艷尤絕'，你可以訛老狐狸精一筆，答應把長女嫁給你，才同意驅鬼。屆時我假裝被你趕走，你豈不是財色兼收？"石道士依計而行，果然如願。

　　至於妖怪甚至土偶成精騷擾女性的事，也是多如牛毛，舉不勝舉。比如北宋權臣蔡京的孫媳婦，就被一隻猿猴精騷擾，道士雖然制住了它，卻也不敢殺："此妖上通於天，殺之將有大禍。今竄之海外，如人間之沙門島，永無還期，譴罰如是足矣。"（《夷堅志·夷堅支志》戊卷九〈蔡京孫婦〉）

　　回到現實中來，有鬼君當然支持"Me Too 運動"，但並不急於搶佔道德高地。對於那些被爆出來的知名人士，有鬼君一個也不認識，所以也沒有什麼表態、站隊的急迫感。少認識幾個人，多認識些怪力亂神，豈不更有趣？

陰間的文青

　　文青並不是這個時代獨有的，他們絕對是一個"自古以來"的群體，比如民國，比如唐宋，比如魏晉。以有鬼君的淺見，魏晉時期的文青應該是最有特色的，去翻翻《世說新語》就知道了。舉個例子吧：

> 　　王子猷居山陰，夜大雪，眠覺，開室命酌酒，四望皎然。因起彷徨，詠左思《招隱詩》。忽憶戴安道。時戴在剡，即便夜乘小舟就之。經宿方至，造門不前而返。人問其故，王曰："吾本乘興而行，興盡而返，何必見戴？"（《世說新語·任誕》）

　　這條王子猷雪夜訪友的橋段，是不是讓我們想到了前兩年一條著名的微博："梁朝偉有時閒著悶了，會臨時中午去機場，隨便趕上哪班就搭上哪班機，比如飛到倫敦，獨自蹲在廣場上餵一下午鴿子，不發一語，當晚再飛回香港，當沒事發生過，突然覺得這才叫生活。"誰說人心不古，簡直古得像是流水綫上定製的。

　　既然古往今來有如此龐大的文青隊伍，在生死輪迴的過程中，也必然會在陰間留下很多蛛絲馬跡。我們就從魏晉開始吧：

　　《世說新語‧文學》說：“何晏註《老子》未畢，見王弼自說註老子旨，何意多所短，不復得作聲，但應諾諾，遂不復註，因作《道德》論。”何晏原本就有神童之名，當時早已名滿天下，可是在不到二十歲的王弼面前談老子，連嘴都張不開。王弼可算當時第一流的文青了，可惜英年早逝。在他去世後四十年，另一位文青陸機就見到了陰間的王弼。

　　那一年，陸機也只有二十多歲，他北上洛陽，在河南偃師附近的一個村子投宿。見村口一間屋子裏有個年輕人，“神姿端遠”（就是很帥的意思了）。年輕人身邊放著一部《周易》，正在那裏玩投壺的遊戲（類似於貴族們聚會時玩橋牌，既是遊戲，也是高端人群的社交禮儀）。如我們所知，那時談論《周易》《老子》《莊子》這三玄，就像當代文青談村上春樹一樣有範兒。陸機一見年輕人身邊的這幾樣標配，自然心生親切，兩人便攀談起來。陸機自負才學，沒想到這年輕人開口便滔滔不絕，“妙得玄微”，陸機對他五體投地，兩人談到深夜才抵足而眠。第二天，陸機告辭離開，到了一家旅店，向旅店大媽眉飛色舞地談起昨晚遇到的高人。大媽說：“你來的那地方是荒地，根本就沒人住，只有一座王弼的墓。”陸機再趕回去查看，只見“空野霾雲，拱木蔽日”，確實沒有人煙。昨晚遇到的一定就是王弼之鬼。（《太平廣記》卷三百十八〈陸機〉）

　　魏晉另一位著名的文青嵇康，因得罪司馬氏而被判死刑。“康將刑東市，太學生三千人請以為師，弗許。康顧視日影，索琴彈之，曰：‘昔袁孝尼嘗從吾學〈廣陵散〉，吾每靳固之，〈廣陵散〉於今絕矣！’”按照這個說法，〈廣陵散〉最終沒有在世間流傳。《笑傲江湖》中，魔教長老、音樂發燒友曲洋，一氣掘了二十九座晉以前的古墓，去尋找〈廣陵散〉的曲譜，終於在蔡邕的墓裏發現。

不過，早在曲洋盜墓之前，嵇康曾現身傳授過〈廣陵散〉。據《幽明錄》記載：會稽人賀思令擅長彈琴，經常在月下野外"臨風撫奏"（又是一文青範兒）。某天他照例在彈奏，忽有一人現身，這人面色慘白，身上還帶著刑具，對賀先生的彈奏點頭稱許。一曲奏罷，這人自我介紹是嵇康。賀先生倒也不怕，與嵇康就演奏技巧進行深入交流。嵇康說："你的技術是沒問題的，但節奏太快，於古法不合，韻味稍遜。"賀先生謙虛求教，嵇康也不藏私，將原本成為絕響的〈廣陵散〉傳授給他。

這兩則故事中，王弼和嵇康都是為文青所激，惺惺相惜，才從陰間趕過來交流。猜想起來，如果對方不是執著於文字、音樂、繪畫，不夠安靜、執拗、乖僻，這兩位大牛是絕對不會現身的。即使做了鬼，文青範兒也是不能丟的。

魏晉時期的另一位著名文青曹植，他的現身，則表現了文青的另一面。

韓愈之父韓仲卿曾任秘書郎，專門負責圖書的整理。有一次夢見一位戴著黑色頭巾的年輕人。這人"風姿磊落神仙人也"（還是很帥的意思了），對韓仲卿說："我寫的那些詩文，現在都藏在建鄴李氏家中。您負責收集整理圖書，想請您替我討來編輯，為我寫一篇序，讓我文名不朽。將來一定會重重報答您。"韓仲卿醒來一想：這事本來也是自己的工作，何樂不為呢？於是到李家將曹植文集討來，細細編訂，分為十卷，並為之作序。圓了曹植求不朽的願望。（《龍城錄》卷上〈韓仲卿夢曹子建求序〉）

　　韓仲卿只能算是國家圖書館館長，其文才自然遠不如曹植，想來曹植只是把他當成一個靠譜的編輯看待，所以與他也沒有什麼文學上的交流和共鳴。稍可推衍的是，曹植所說的報答，不知落在何處。因為在韓愈剛三歲時，韓仲卿就去世了，算不得享福。很可能所謂的"陰報"，應驗在"文起八代之衰，道濟天下之溺"的韓愈身上。有子如此，可以說是很大的福報了。

　　上面這三位青年才俊，都是英年早逝，所以即使再次現身，依然能將文青的風采定格。當然還有更重要的一點，這三位其實都是如假包換的貴族，做文青只是他們在錦衣玉食之外的興趣愛好，而不是為了提升格調，因為他們的格調早就高得離譜了。當然，如果他們能徒步去一次西藏，格調還會繼續提升的。

軟飯硬吃

　　關於吃軟飯的說法，有鬼君覺得不必耿耿於懷。既然能靠臉、靠才華吃飯，何必非要去搬磚呢？奉旨填詞的柳三變，詞話裏說他"為舉子時，多遊狹邪，善為歌辭。教坊樂工每得新腔，必求永為辭，始行於世，於是聲傳一時。余仕丹徒，嘗見一西夏歸朝官云：'凡有井水處，即能歌柳詞'。"這軟飯吃得多牛！

　　至於志怪作品中的吃軟飯，更是所在皆有，人鬼、人神、人妖、人仙之戀（男方均為人類），其核心就是吃軟飯。而其中寫得出神入化的，恐怕要算《聊齋志異》了。章培恆、駱玉明主編的《中國文學史》這麼評價聊齋一書：

　　　　《聊齋志異》長期以來受到人們的喜愛，最主要的原因，是其中有許許多多狐鬼與人戀愛的美麗故事。……這些小說中的主要形象都是女性，她們在愛情生活中大多採取主動的姿態，或憨直任性，或狡黠多智，或嬌弱溫柔，但大抵都富有生氣，敢於追求幸福的生活和感情的滿足，少受人間禮教的拘束。……作者藝術創造力的高超，就在於他能夠把真實的人情和幻想的場景、奇異的情節巧妙地結合起來，從中折射出人間的理想光彩。

　　學者的評價，有鬼君當然很贊成。需要注意的是，正因為這些女性狐鬼"在愛情生活中大多採取主動的姿態"，才給了男同胞吃軟飯的機會。那些"真實的人情""幻想的場景""奇異的情節"，以及最後達致的"人間的理想"，在蒲松齡的筆下，往往被改造成軟飯硬吃的橋段。

　　蒲松齡常常在每篇的文末以"異史氏"的名義對故事做些點評。我們摘錄數條：

　　　　一、夜叉夫人，亦所罕聞，然細思之而不罕也。家家床頭有個夜叉在。（卷三〈夜叉國〉）

　　　　二、或謂天下悍妒如某者，正復不少，恨陰網之漏多也。余曰不然。冥司之罰，未必無甚於釘扉者，但無回信耳。（卷五〈閻王〉）

　　　　三、人生業果，飲啄必報，而惟果報之在房中者，如附骨之疽，其毒尤慘。每見天下賢婦十之一，悍婦十之九，亦以見人世之能修善業者少也。觀自在願力宏大，何不將盂中水灑大千世界也？（卷六〈江城〉）

　　　　四、女子狡妒，其天性然也。而為妾媵者，又復炫美弄機，以增其怒。嗚呼！禍所由來矣。若以命自安，以分自守，百折而不移其志，此豈梃刃所能加乎？乃至於再拯其死，而始有悔悟之萌。（卷七〈邵九娘〉）

　　　　五、悍妻妒婦，遭之者如疽附於骨，死而後已，豈不毒哉！（卷九〈雲蘿公主〉）

　　大致可以說，蒲松齡只要寫到悍婦、正房的故事，必然會懷有偏見，其中第三條更是將十之八九的女性歸為悍婦，似乎對女性有刻骨的仇恨。當然，這是時代原因造成的，我們無須過多苛責他。所以，可以說，蒲松齡對女性的看法加上高超的藝術創造力，才使得他將軟飯硬吃寫得如此光彩照人！

比如卷二〈蓮香〉一篇中，男方桑曉，"沂州人，少孤，館於紅花埠"，就是一鄉村私塾教師，且無論顏值、才華都平平而已。可是在蒲松齡筆下，他的艷遇多得出奇。先是狐狸精蓮香假託"西家妓女"，以"傾國之姝"主動自薦枕蓆；然後是女鬼李氏自稱"良家女，慕君高雅，幸能垂盼"，李氏還是個"鬋袖垂髫，風流秀曼"的少女。桑秀才輪番臨幸一鬼一狐，身體不支，蓮香竟然"採藥三山，凡三閱月，物料始備，療蠱至死，投之無不甦者"。

之後的情節就更富於奇幻色彩了。李氏為能與桑秀才長相廝守，借屍還魂，以白富美的身份下嫁窮書生。而蓮香因身為狐狸精，無名無分，"君行花燭於人家，妾從而往，亦何形顏？"鬱鬱而終後轉世為人，十餘年後再嫁給桑秀才。

蒲松齡最後點評說："死者而求其生，生者又求其死，天下所難得者，非人身哉？"此篇中的桑秀才一無所長，只是因為"人身"，一碗軟飯竟吃得風生水起！恕有鬼君眼拙，實在看不出文中女性光彩照人的描摹對所謂的"封建禮教"有什麼突破。

如果桑秀才多少有點才華的話，那麼下面這個故事裏馮木匠的艷遇就完全與才華無關了。某座官衙改造，請了一些工人做裝修，每晚就住在官衙裏。某天夜深時分，窗戶忽然自行打開，月光下，一少女走到窗邊向屋中張望。馮木匠尚未睡著，以為這是某個同事的相好，可是，其他工人明明已經睡熟了。

馮木匠心中敲小鼓一般，盼著少女認錯人，對自己投懷送抱。沒想到並非錯覺，那少女跳入房中，直上他的床榻。馮木匠生怕錯失良機，默默地在黑暗中與少女共赴雲雨。"歡畢，女亦遂去。自此夜夜至。"過了好幾天，少女才對他說："我沒認錯人，就是找你的。"此等美事，馮木匠當然笑納。裝修結束後，少女還跟著馮木匠回家，夜夜春宵，不過家人都看不到，馮木匠才知道少女非狐即鬼。過了幾個月，馮木匠身體不支，讓家人請道士驅鬼（狐），可是完全沒效果，少女還是每晚都來。有一晚，少女忽對他說："世緣俱有定數：當來推不去，當去亦挽不住。今與子別矣。"然後就離開再也不來了。（《聊齋志異》卷十一〈馮木匠〉）

　　上一個故事中，桑秀才與狐鬼還有共同生活、交流甚至生兒育女的經歷。即使在早期《搜神記》中那些簡單樸素的異戀故事中，也有情感交流的橋段。相比之下，這個故事非常奇特，馮木匠在這幾個月中，除了晚上交歡，與女鬼（狐）沒有任何交流。顯然女方也沒存著害他的心，身體不支純粹是縱慾無度的結果。一般來說，狐狸精或女鬼找男人，無論是善意還是惡意，往往打著真假難辨的"夙緣"的旗號，可是從來沒有先同床共枕數月，再說是"世緣"的，而且說完就走，馮木匠連討好的機會都沒有。生生逼得他軟飯硬吃！

　　除了這個故事，卷二的〈巧娘〉篇，是將軟飯硬吃寫得最為有趣的：

　　廣東的富家公子傅廉"甚慧而天閹，十七歲陰才如蠶"，而且糟糕的是，此事在當地盡人皆知，所以沒人肯把女兒嫁給他。

　　傅廉有天逃學看戲，害怕老師責打，機緣巧合，正好有一年輕女子華三姑請他到海南島給母親送信。他索性離家出走，泛海瓊州。收信人的其實是狐狸精，與一美貌女鬼巧娘一起住。傅公子剛住下，巧娘就來撩撥，"女暗中以纖手探入，輕捻脛股，生偽寐，若不覺知。又未幾，啟衾入，搖生，迄不動。女便下探隱處。乃停手悵然，悄悄出衾去，俄聞哭聲。生惶愧無以自容，恨天公之缺陷而已"。華母得知，悄悄用秘藥治好了傅公子。"挑燈遍翻箱簏，得黑丸，授生，令即吞下，秘囑勿吪，乃出。生獨臥籌思，不知藥醫何症。將比五更，初醒，覺臍下熱氣一縷，直衝隱處，蠕蠕然似有物垂股際，自探之，身已偉男。"

原來，華三姑的夫君去世，她看中了傅公子，寫信請母親撮合。華母從廣東接來女兒，當晚就讓他們同房。華母為了讓女兒獨佔這位偉男，與女兒一起瞞住巧娘。雖然傅公子口舌便給、誇誇其談，可是始終沒有與巧娘單獨相處的機會。而巧娘還以為他仍是"丈夫而巾幗者"，也只將其視為"蘊藉，善諛噱"的男閨蜜而已。（婦命相呼以兄妹。巧娘笑曰："姊妹亦可。"）某天，華氏母女外出，照例將傅公子鎖在屋內。這哥們巧舌如簧，說動巧娘開門進來，"生挽就寢榻，偎向之，女戲搊臍下，曰：'惜可兒此處闕然。' 語未竟，觸手盈握。驚曰：'何前之渺渺，而遽累然！' 生笑曰：'前羞見客，故縮，今以誚謗難堪，聊作蛙怒耳。' 遂相綢繆"。

就這樣，傅公子以"天閹"之身，去了趟海南，竟然將鬼狐都拿下。後來他回到家，向父親說明情況，要娶華三姑。父親根本不信："妖言何足聽信？汝尚能生還者，徒以閹廢故。不然，死矣！"意思是幸好他不能人道，否則妖女早把他榨乾了。傅公子百般解釋也沒用，於是"輒私婢，漸至白晝宣淫，意欲駭聞翁媼"。"一日為小婢所窺，奔告母，母不信，薄觀之，始駭。呼婢研究，盡得其狀。喜極，逢人宣暴，以示子不閹。"

之後的情節就順理成章了，傅公子同時娶了華三姑和巧娘，鬼狐雙姝一起拿下。

有鬼君不太理解這篇的背景和用意。傅公子除了能說會道，在鬼狐眼中，包括資本在內的能力幾乎等於零。雖說整部聊齋中的女性"在愛情生活中大多採取主動的姿態"，可這個故事中的女性主動得有點令人髮指了。明明是軟飯，創造條件也要讓他硬吃！

聊齋以及其他志怪著作中此類故事雖多，但真正達到"不是針對各位"的境界的，是唐代的題為牛僧孺所作的短篇小說《周秦紀行》。不過，據說這篇小說是"牛李黨爭"時為了抹黑牛僧孺而託名的，各位可自行翻檢。

為什麼志怪中有如此多軟飯硬吃的故事，有鬼君膚淺認為大約有以下幾條：一、創作者均為男性，各種形態的異類姻緣，首先要滿足男性的幻想。二、在人鬼、人妖、人狐的關係中，人是最尊貴的，無論出於什麼原因，異類都自覺低人一等。即使在人仙關係中，仙女的那些超能力也無法取代活色生香的人間生活。三、文化傳承所形成的與生俱來的道德優越感，決定了軟飯必須硬吃，才能旗幟鮮明、理直氣壯。

鬼燈

　　昨天讀到一篇回憶煤油燈的文章，有鬼君想起小時候，有序供電（停電）是常態，偶爾會在煤油燈下做功課，燈影憧憧的，寫得馬虎點也無妨；至於馬燈，則是煤油燈的升級版，只在在革命題材電影裏見過。比較起來，對鬼燈就沒什麼感性認識了。無妨，在志怪筆記中，經常會出現那個世界的燈。

　　在古人一般的印象中，陰間常常昏暗陰冷，在有些記載中甚至是一片烏漆墨黑的。《宣室志・張汶》記載：張汶入冥，"行十數里，路曛黑不可辨，但聞車馬馳逐，人物喧語，亦聞其妻子兄弟呼者哭者……汶因謂曰：'今弟之居，為何所也何為曛黑如是？'季倫曰：'冥途幽晦，無日月之光故也。'"當然，冥界與陽間共享日月光，有鬼君之前曾考證過。同時也有很多材料證明，鬼在陰間並不特別需要燈光照明。當陰間與陽間交集時，陽間的人很難適應那種照明度很低的燈火。所以他們判斷是否有鬼，燈光是重要的參照。

　　北宋高郵縣有個大夫叫王攀，年高德劭，經常來往於揚州高郵之間巡診。某天他要從揚州去高郵，本來計劃晚上從東水門坐船，第二天一早就能到。可是當晚與親友小聚，多喝了幾杯，有點醉了，誤從參佐門出城（這也怪不得王大夫，唐宋時期的揚州城號稱有四面十八門，而且據學者考證，這十八門還只是陸門，不包括水門）。王大夫走了半天也沒見到河，更別說船了。他有點犯迷糊，就隨便找了家村舍投宿。下半夜醒來，見隔壁燈光昏暗，影影綽綽的，再看看自己住的屋子，不像以往常住的店。不覺嘆氣自言自語："明天怎麼到縣裏去啊？"這時隔壁傳來窸窸窣窣的聲音，一位婦人隔著牆問明王大夫，說："這裏不是去高郵的路，我派個僕人帶您去吧，絕對不會誤事。"於是叫來一個僕人服侍著王大夫出發，路上遇到難走的地方，僕人會直接把他抱過去。天快亮時，帶他到了以往常下榻的客棧，不受酬謝，告辭而去。王醫生從高郵回來後，專程去感謝婦人，結果那裏只有一座古墓，並無人家居住。（《稽神錄》卷三〈王攀〉）

這個故事裏，昏暗的燈火有點像《盜夢空間》裏的陀螺，暗示主人公在另一個空間，或是遇到鬼了。比如在《太平廣記》卷三百三十〈王鑒〉的故事：

唐玄宗開元年間，兗州富戶王鑒，生性膽大，不敬鬼神。有天喝了點酒，乘醉騎著馬到自己鄉下的莊園去。莊園離得挺遠，有三十多里地，王鑒對道路也不熟悉。傍晚時分，在小樹林邊遇到一位夫人，請他幫忙捎帶個包袱，說完就不見了。王鑒情知是鬼，打開包袱一看，裏面全是些紙錢、枯骨。他毫不在意，往地上一扔，說："愚鬼弄爾公。"繼續前行，又遇到十幾個人在路邊烤火，時值冬天，王鑒正好覺得有點冷，就下馬去烤火，一邊說起剛才的奇遇，可是那些人無一回應，連聲音也沒有。他再仔細一看，這十餘人"半無頭，有頭者皆有面衣"。面衣就是臉上蓋著白布。王鑒大驚，趕緊跳上馬疾馳，一路奔到莊園。這時天全黑了，王鑒敲了半天的門，才有個僕人來開門，他大怒："你們這些小鬼都死到哪裏去了，還不快點燈。"僕人轉身取來燈，可是"火色青暗"，他模模糊糊中對主人說："主子，這十幾天，莊上的七人都染了急病，陸續病死了。"王鑒問："就你一個還活著嗎？"僕人說："我也死了，剛才聽主子叫門，'起屍來耳'。"說完倒地一動不動。王鑒仔細一看，僕人也是早已死了。他嚇得再騎馬到鄰村去住下，沒過多久，他也病死了。

故事並沒有說王鑒的死因，但是從他這一路上遇鬼的經歷來看，很可能當地發生了瘟疫。第一個婦人很可能是索命的陰差，包袱裏的紙錢和枯骨已經是明示了。類似的例子，在《太平廣記》卷三百四十五所引《集異記》的故事中，索命的白髮老太太在長安城中搭便車，下車後留下一個錦囊，其中"有白羅，制為逝者面衣四焉"，不久車上的四女子陸續死去。

王鑒遇到的十幾個烤火的當然也是鬼，蒙著面衣的可能剛死去，無頭人很有可能是押解的陰差；至於莊園裏死去的僕人起來應門，在志怪小說中很常見（如《稽神錄》卷三〈周潔〉）。燈火青暗，則說明火焰受到陰氣的侵蝕。王鑒短時間遇到如此多新亡故的鬼，當地發生瘟疫或饑荒的可能性較大。鬼燈、面衣、紙錢，算是這個故事裏的冥界三件套吧。

據有鬼君推測，古人認為鬼為陰物，由於陰氣的侵蝕，鬼燈總是冷色調，倒未必是為了渲染驚悚的氣氛。比如《子不語》卷一〈煞神受枷〉說鬼出現時"陰風颯然，燈火盡綠"；《獪園》卷十三記載：中元節時，"鬼燈數千百點，熒熒然作青綠色，自遠而近，即之漸去，避之復來，積年如此。有人撲得一燈，乃是一莖枯稻草，莫詳其所繇變化也"。

當然，鬼魂對燈火的影響，並不全是陰氣的作用。《玄怪錄》卷三〈吳全素〉講了個很長的故事，其中的一個情節可以看出鬼魂對燈火的影響。

吳全素是蘇州人，到長安趕考，可是幾次都不中，他也不好意思回鄉，就在長安城裏繼續複習。某天他被冥吏索命，到了陰間，判官查看冥簿，說冥吏搞錯了，他還有三年陽壽，為了彌補過失，索性勸他別回去了，就在陰間過日子。吳全素對生命的看法當然不如判官這麼灑脫，一定要還陽。

兩位冥吏又帶他回去，路上向他索要草鞋錢，吳全素哪裏給得出？在冥吏的暗示下，找到城中做官的姨媽家。當時已是晚飯時分，吳全素來到姨媽家，見他們一家人正在吃晚飯。他走到桌前，拱手說：“姨媽萬福，姨夫健康！”可是沒人理他。於是他用手遮住了燈籠，房間立刻暗下來。姨夫說：“每次吃飯，就有鬼魂來打擾，真是煩死了。隨便扔兩個包子給他吧。”吳全素勃然大怒，正好有丫鬟過來上菜，他使勁一推，女僕應聲倒地。姨夫一家人大喊：“鬧鬼了！”一陣忙亂。吳全素忿忿地走出門，向等在外面的冥吏抱怨。冥吏說：“你還沒還陽呢，當然是鬼魂。你和他們說話，他們看不到也聽不到的；再遮住燈光，當然嚇人了。只能用託夢的辦法告訴你姨媽。”於是吳全素等到深夜再去託夢，終於拿到了紙錢。

這個故事很具體地說明了鬼魂對陽間日常生活的影響。雖然在人看來無形、無聲，卻能遮住光綫，能推倒活人。顯然是介於有形無形之間。在《廣異記·安宜坊書生》的故事中，也有類似的情節，但是驚悚度更高，不再敘述了，有興趣者自可翻檢。

不知大家注意到沒有，前面說到的鬼燈，其實全是從人類的視角呈現的。鬼世界自然也有燈，但燈火似乎並不是必需品。當然，冥府並未不許百姓點燈，只是燈火對冥府來說，更像是低配版的燈光秀，也就是身份的標識。

清人陳其元的《庸閒齋筆記》卷二記載：陳的伯祖父陳觀國是乾隆年間的進士，在多地擔任地方官，"所蒞之處，均循聲卓著"，病逝於海門同知任上。去世前不久，他聲稱自己要去揚州甘泉縣擔任城隍。去世當晚，海門同知衙門前的百姓都見到了寫著"甘泉縣城隍"字樣的燈籠，大大小小有幾百盞之多，把巷子都堵住了。顯然，這是甘泉縣城隍府來接陳觀國入冥履新的。有很多材料證明，鬼在陰間並不特別需要燈光照明。所以，海門縣百姓看到的城隍府的燈籠，更大可能是給陽間人看的。城隍在陰間屬地方官，值得光宗耀祖，如果不提著燈籠出來，豈非衣錦夜行？而且，如果只有一兩盞"城隍"字樣的燈籠，你可能會認為自己眼花了；數百盞燈籠夜晚通明，必然引起關注。燈籠上的官銜標誌著儀仗隊的規格，所以一些平民鬼在婚喪嫁娶時，千方百計地想要弄盞體面的燈籠。

新建縣的張秀才，小時候喜歡手工，用金箔紙做了很多兵器、盔甲、首飾等玩具，長大後也沒扔掉，放在小樓儲藏室裏。某天有位三十多歲的女子上門向他討要紙首飾，願意酬以重謝。張秀才問她做什麼用，女子說："嫁女奩中所需。"張秀才也不以為意，讓她第二天來取。那女子又說："我姓唐，鄰居唐某在政府擔任官職，想請先生您幫我去唐家求一張寫有官銜的封條，我們也好沾沾同姓的光。"張秀才弄不懂這女子的腦回路，索性隨手寫一張有官銜字樣的封條讓她拿走。

第二天傍晚，女子來取紙首飾，給了張秀才幾百文錢和一些糕點表示謝意。第二天發現，"餅皆土塊，錢皆紙錢"，知道女子原來是鬼。可是女鬼這麼做究竟為什麼呢？過了幾天，終於知道答案了，半夜時分，村邊不遠的山上"燭光燦爛，鼓樂喧天"，那座山上全是墳墓，向來無人居住，半夜時分鬧騰什麼？有幾個好事的小青年忍不住跑去瞧熱鬧，只見"人盡披紅插花"，顯然是婚禮，唯一特殊的是"燈籠題唐姓某官銜字樣"。張秀才聽說，明白女鬼求帶有官銜的封條，是為了面子。（《子不語》卷十二〈鬼借官銜嫁女〉）

當然，鬼提燈籠也不全是為了炫耀，也能派別的用場：

清代蘇州人朱祥麟，生活不太檢點。有一次在朋友家喝酒，散席時已是深夜。他在空蕩蕩的大街上遊蕩，走到護龍街（今人民路）時，見一美貌少婦獨自夜行。老朱色心大動，卻也不想想深更半夜的，怎會有女子獨自夜行呢？顯然有詐。他尾隨少婦走了一段，不斷出言挑逗。少婦不答，只是微笑著向他招手。老朱大喜，跟著少婦來到一處宅院。房屋不大，但是陳設華麗，尤其是一張大床，"綺帷羅幔，繡被錦衾"，果然是共度春宵的好去處。

少婦輕解羅衫，一直脫到只剩內衣，讓老朱先到床上去候著。老朱"心蕩不能自持"，正待上床之時，眼前忽然一亮，見十多個人提著燈籠走來，燈籠上寫著"蘇州城隍"的字樣。眨眨眼再看，少婦、眾人、燈籠、房子、大床，全都不見了，自己正站在范莊前（今觀前街）石欄杆的水邊。老朱這才意識到，剛才碰到的是溺鬼找替身。所謂的上床，就是一頭栽到水裏去。這一嚇，他酒也醒了，色心指數瞬間跌停。"此等景象，必溺鬼幻為之，使非神燈一照，是人必於溫柔鄉中失足矣。"
（《右台仙館筆記》卷八）城隍的儀仗提燈籠出門，驅散開雜鬼
魂，求替的溺鬼才無法作惡。

　　忽然想到前幾年有一部日本動畫《鬼燈的冷徹》，說的就是
陰間的事，只是不知這部動畫是否已下架，裏面的主角"閻魔
王"，大概率也是要被約談整改的。

扶乩師：人鬼交流的字幕組

　　有鬼君曾向一位研究扶乩的年輕學者請教問題，忽然想到，扶乩降神，乩仙、靈鬼在沙盤上寫下的符號，都需要專業人士釋讀，才能為人們理解。這些專業人士，幹的不就是字幕組的活嗎？如此不靠譜的腦洞，當然不被這位學者認可，她認為："目前的字幕組還是都在人類語言範疇內交流，就算字幕組亂翻也不會有觀眾不承認斯瓦希里語的存在。而扶乩是跨波段的……"有鬼君則覺得，在古代社會，大多數人都相信扶乩（扶箕）的有效性。從翻譯神鬼世界的文字這個角度看，與字幕組的差別並不太大。當然，必須承認，扶乩師的水準極不穩定，甚至不少人是在胡說八道，比不了偉大的字幕組。但是，在人鬼交流的歷史進程中，扶乩師的作用亦不可小視。

　　人鬼交流當然有很多方式，但人類被動的情況居多，鬼魂可以託夢、現形與人交流，而人類擅長的具牒、祈禳等辦法，卻只能被動地等待鬼魂的回應，甚至談不上交流。更重要的是，如果人鬼交流無法訴諸文字，只能通過口述，對那個世界的了解就更加不靠譜，所以，陰陽之間的書同文極為重要：

　　東漢末年，武陵一位六十歲的老婦人李娥去世，葬在城外。十幾天後，鄰居蔡仲知道李家挺有錢，想著陪葬肯定也不少，起了盜墓之心。深夜來到墓地，挖出棺材用斧子劈，剛劈了兩下，棺材裏的李娥說話了："蔡仲，別砍著我腦袋！"蔡仲嚇得魂飛魄散，狼奔豕突地逃掉。李娥竟然復活了，而且自行回到了家。原來她命數未到，被誤追攝入冥，要遣送還陽。出了冥府，一片茫然，恰好遇見已去世的表兄劉伯文，劉伯文找到也要還陽的某男士一起回去，同時請她帶一封信給自己的兒子劉佗。李娥找到劉佗，將信交給他，劉佗一眼就認出信紙是父親去世時棺材裏的文書用紙（可能是買地券）。可是父親寫的字，一個也不認識（"書不可曉"）。於是他們請來著名的術士費長房解讀這封信。費長房到底是專業人士，隨口譯出："告佗：當從府君出案行部，當以八月八日日中時，武陵城南溝水畔頓。汝是時必往。"劉佗全家依照約定在城南等候，見到了去世的劉伯文，劉伯文與子孫全家敘話，依依不捨。分手時給了兒子一丸藥，說來年春天瘟疫時可以辟邪。費長房拿藥丸看了看說："這玩意珍貴啊，是方相腦。"（《搜神記》卷十五）

　　李娥復生的事，《後漢書‧五行志》亦有記載，只是比較簡略，且隱去了費長房識別鬼書的情節：

　　　　建安四年二月，武陵充縣女子李娥，年六十餘，物故，以其家杉木槥斂，瘞於城外數里上。已十四日，有行聞其冢中有聲，便語其家。家往視聞聲，便發出，遂活。

　　《淮南子‧本經訓》說："惜者倉頡作書而天雨粟，鬼夜哭。"因為"鬼恐為書文所劾，故夜哭也"。人類剛掌握文字，就已經把鬼嚇成這樣；費長房能夠準確地識別鬼的文字，其價值恐怕並不比倉頡造字低。人與鬼可以通過翻譯（釋讀）的文字交流，突破了技術上的障礙。《後漢書・費長房傳》說他"後失其符，為眾鬼所殺"，聯繫到他成為鬼書破壁人的情況，有鬼君感覺他死得很可疑。（三體人除了鎖死地球人基礎科學研究的上限，同時也在拚命追殺羅輯。）

快進到扶乩吧。最早的乩仙是個叫"紫姑"的女人。傳說紫姑是一個大戶人家的小妾，因為正房嫉妒，將她虐待致死，後來成鬼再成仙，經常通過扶乩顯靈。紫姑的地位雖然不高，但顯靈事跡極多。不過最初基本為鄉下人信奉，莊稼人經常請教點農事方面的問題，像什麼時候栽種、收割一類。這些訴求不太需要認識太多的字。

扶乩在知識分子中流行，大約始於宋代，到明清時達到鼎盛。他們主要詢問的是科舉考題、功名前程、生死壽夭等大問題。而這些問題，往往會涉及冥界的日常生活、運行規則乃至高層變動等隱秘信息：

明萬曆年間，雲南巡撫陳用賓因夫人病重，在幕府設乩壇請仙，乩仙自署為"金碧山神"，他告訴陳用賓："您夫人的病很厲害，我本來想在冥府替您想想辦法，但是'新天子法甚嚴峻，無路可相救矣'。"問誰是新天子？乩仙說："就是禮部侍郎趙用賢，現在是第五殿閻羅王，三月十五日上任的，就是昨天，您不知道嗎？"寫完這些話，告別辭去。當天是三月十六日，陳用賓覺得不可思議，趙用賢與他是同年進士，聽說早就辭官還鄉了，怎麼會有這種事？

過了不久，他夫人果然去世了。又過了幾個月，他收到朝廷邸報，其中訃聞部分記錄了近期去世的大臣名單，居然明明白白寫著"侍郎委以三月十五卒於家"。他這才意識到乩仙說

的沒錯。(《獪園》第十一〈金碧山神〉)

同卷另一則記載中說，萬曆年間，南京太僕寺卿費堯年死後擔任冥官，這一人事變動也是通過乩仙傳出來的。廣信府扶乩，乩仙未到，後來解釋說："鉛山費公為神，初下車，因赴東嶽陪宴，故不及至耳。"扶乩師問是不是費堯年，乩仙說："是矣，然天機不宜洩也。"

需要說明的是，陳用賓"設壇於幕府，夜召乩仙"以及廣信府公務扶乩，都是由專業扶乩師負責翻譯釋讀乩仙的文字，這在當時是常識。乩仙嘴上往往沒有把門，冥府人事變動信息脫口而出，雖然"天機不宜洩"，但有了扶乩師的翻譯釋讀，這些機密迅速傳到陽間。恐怕結果不是"鬼夜哭"，而是"鬼殺人"了。

當然，乩仙並不僅僅傳播機密消息，也會指點人求醫問藥，更多時候是與士人詩詞唱和。在這些交流過程中，人類對幽冥世界的了解越來越多，也越來越豐富。早已超越了費長房代為識別家書的層次，明明是好事，但總有人不高興：

> 岳侯死後，臨安西溪寨軍將子弟因請紫姑神，而岳侯降之，大書其名。眾皆驚愕，謂其花押則宛然平日真跡也。復書一絕云："經略中原二十秋，功多過少未全酬。丹心似石今誰訴，空有遊魂遍九州。"丞相秦公聞而惡之，擒治其徒，流竄者數人，有死者。(《睽車志》卷一)

岳飛降乩，秦檜當然要震怒，"擒治其徒，流竄者數人，有死者"，意味著又有扶乩師(字幕組)受難。

　　而有些乩仙確實炫技太過，甚至能與洋人交流：

　　晚清民國的畫家金北樓，死後在泰山府君處擔任公職，每逢家裏扶乩，他總要降臨。順便處理家事，教育子女，與生前一般無異。當時中國海關總稅務司為英國人安格聯（Francis Arthur Aglen，1869 年—1932 年），是金北樓生前好友，聽說金死後降乩，根本不信，專門來測試。"手自扶乩與問答，猶不信"，大約安格聯也懂中文，所以覺得金家在作偽，於是找了兩個完全不懂中文的英國人來扶乩，"亦運掉如飛，乃信非偽"。（《洞靈續志》卷五〈金北樓降乩〉）

　　在傳統社會的現代化進程中，扶乩師真的成了字幕組，你猜誰會不高興？

　　正道無路，莫怪歧途。

投胎學：受限制的旅行

投胎轉世，既是陰陽之間流轉的動力或規律，也是人類努力改變自己命運的途徑之一。不過，改變命運並不容易，在六道輪迴中，天道最難，地獄道最苦，而人道大概是一般人都想去的。如果我們把轉世成人看作一次旅行或移民，要經歷怎樣的困難和限制，才能到達期待的終點呢？

《地藏菩薩本願經》第六品說：

> 未來世中，若有惡人及惡神惡鬼，見有善男子、善女人，歸敬供養讚嘆瞻禮地藏菩薩形像，或妄生譏毀，謗無功德及利益事，或露齒笑，或背面非，或勸人共非，或一人非，或多人非，乃至一念生譏毀者。如是之人，賢劫千佛滅度，譏毀之報，尚在阿鼻地獄受極重罪。過是劫已，方受餓鬼。又經千劫，復受畜生。又經千劫，方得人身。縱受人身，貧窮下賤，諸根不具，多被惡業來結其心。不久之間，復墮惡道。是故普廣，譏毀他人供養，尚獲此報，何況別生惡見毀滅。

文中提到，"譏毀之報，尚在阿鼻地獄受極重罪。過是劫已，方受餓鬼。又經千劫，復受畜生。又經千劫，方得人身"。如果簡單點理解，就是先在地獄受罪，累積劫難、刷夠積分之後，再升到餓鬼道繼續受罪、刷分⋯⋯直至投胎為人。

佛教傳入中國後，那些千劫、萬劫的時間單位有時會轉化為具體的刑罰次數，這在志怪小說中也有不少體現，特別是一些歷史上公認的大奸大惡之輩。《剪燈新話》卷二〈令狐生冥夢錄〉記載了秦檜在陰間所受的苦：

> 見數十人坐鐵床上，身俱桎梏，以青石為枷壓之。二使指一人示（令狐）誤曰："此即宋朝秦檜也。謀害忠良，迷誤其主，故受重罪。其餘亦皆歷代誤國之臣也。每一朝革命，即驅之出，令毒虺噬其肉，餓鷹啄其髓，骨肉糜爛至盡，復以神水灑之，業風吹之，仍復本形。此輩雖歷億萬劫，不可出世矣。"

以秦檜為代表的奸臣，因為罪惡太多，被判了永不保釋的無期徒刑。所以"雖歷億萬劫，不可出世矣"，永遠不能到達旅行的終點。如果都是像秦檜這樣僅僅忍受無期徒刑，也就起不到懲惡揚善的目的，所以，有不少罪犯在陰間被判的是有期徒刑，這樣旅行才有意義。我們以秦國名將白起為例，看看有期徒刑的情況。

白起是秦國的名將，在後世也被奉為戰神。《史記》卷七十三記載，白起最後是被秦昭襄王賜死的：

> 秦王乃使使者賜之劍，自裁。武安君引劍將自剄，曰："我何罪於天而至此哉？"良久，曰："我固當死。長平之戰，趙卒降者數十萬人，我詐而盡阬之，是足以死。"遂自殺。武安君之死也，以秦昭王五十年十一月。死而非其罪，秦人憐之，鄉邑皆祭祀焉。

白起認為自己在長平之戰中坑殺趙國降卒四十萬，所以被賜死也是報應。這一報應，在陰間就顯得特別慘烈，《廣異記·河南府史》記載，一王姓小吏入冥參觀地獄：

> 忽見一人頭，從空中落，隨池側，流血滂沱。某問：「此是何人頭也？」使者云：「是秦將白起頭。」某曰：「白起死來已千餘載，那得復新遇害！」答曰：「白起以詐坑長平卒四十萬眾，天帝罰之，每三十年一斬其頭，追一劫方已。」

白起受的刑罰是每三十年砍頭一次，要滿一劫才行。在佛經的記載中，一小劫為一千六百八十萬年；合二十小劫為一中劫，共三萬三千六百萬年；八十中劫為一大劫，共計兩百六十八億八千萬年。印度人的數學太好，不僅發明了零，而且操弄無限大的數字跟玩似的，這對國人來說太繁瑣了。所以在其他記載中，白起還是有盼頭的。

《庸庵筆記·山東某生夢遊地獄》記載：老儒生到冥府遊歷，接受警示教育，其中一處是暴賊之獄。只見獄中有「裸身反接者數百人。鬼卒或鋸其項，或剝其皮，或斷其手足」。其中五個殺人最多的暴賊為朱粲、黃巢、秦宗權、李自成、張獻忠，他們所受刑罰最慘。每殺一人，就要相應地在地獄挨一刀。所以他們五位每天被斬首一次，第二天將其屍首合起來，灌下續命湯後復活，再斬首。如此往復，每年要被斬首三百六十次。黃巢殺人八百萬，張獻忠殺人一千多萬，一人一天，也相當於無期徒刑了。而白起「自長平坑卒四十萬外，節次殺人復不下四十餘萬」，合計殺了八十多萬人，所以在陰間待了兩千多年，"罪孽甫滿，今出獄不久耳"。

在另一則記載中，白起在地獄受的處罰算不上酷烈，早早就轉世了。《諧鐸》卷九〈頂上圓光〉記載，黃山上有個老和尚，向遊客述說了自己的前世情況

老和尚的第一世為白起，因"伊闕之戰，斬首二十四萬，破趙長平，取四十萬人盡殺之，復坑降卒不下數萬。閻摩王大怒，轉輪迴六道，受諸怖苦"。這次受罰，才到唐代就結束了，與奸相李林甫同一天轉世為牛，升級到畜生道。因做牛時一心向佛，開了外掛刷分，再次轉世成人，在南宋時轉世為賈似道，可是一做官就"迷失本來；起多寶閣，廣通賄賂，貽誤國家"。再次回到地府受罪，經多次輪迴，"今始度入佛門，虔修善果"。

當然，我們要清楚，像白起、秦檜這樣的極端大奸大惡之人，畢竟是少數，大部分亡靈生前雖有過錯，但無需受盡諸多酷刑，甚至可以由陽間的親人開外掛，誦經、抄經即可。隨便舉一例，《夷堅志‧夷堅丙志》卷十〈黃法師醮〉記載地獄刑罰酷烈：

> 火輪、銅柱、銅狗、鐵蛇，鍛冶於前，楚毒備極。三人著公服在其中。將軍曰：一為臨政酷虐，二為事父不孝，三為作監官不廉。監官乃吾弟，曾任潭州稅官，盜用公家錢而逃，至今在獄，而酷虐者獲罪尤重。叔介問如何可救。曰：除是轉《九天生神章》一萬遍，即可救拔。

轉《九天生神章》一萬遍，雖然也要花點時間，但確實好

受很多。就這一點來說，佛教確實給了人類很多開外掛的方便法門。

很多人會說，我一介平民，又不是位高權重的官老爺，想作惡多端都不可能。如果越過地獄道受罪這一關，不就可以順利投胎到下一世嗎？

非也！

轉世成人的困難很多，比如檔期不對：

> 惟節婦守貞者，其夫在泉下暫留，待死後同生人世，再續前緣，以補其一生之煢苦。餘則前因後果，各以罪福受生，或及待，或不及待，不能齊矣。（《閱微草堂筆記》卷十三）

比如投錯胎：

> 逞雄撞入廣寒宮……扯住嫦娥要陪歇。……卻被諸神拿住我，酒在心頭還不怯。押赴靈霄見玉皇，依律問成該處決。多虧太白李金星，出班俯囟親言說。改刑重責二千錘，肉綻皮開骨將折。放生遭貶出天關，福陵山下圖家業。我因有罪錯投胎，俗名喚做豬剛鬣。（《西遊記》第十九回）

比如性別轉換：

> 海秋前生為四川綿竹令，渠為幕友，賓主極相得。曾用主人銀，將及萬，今世應轉男子身，以主人之銀未還而情未答也，特現女子身以報。（《北東園筆錄》三編卷二〈姚伯昂先生述二事〉）

比如被迫轉世：

> 客有自山東來者，言濟南某村婦，已死經日，忽復甦。婦
> 固樸拙，至是乃能歌，凡簫、笛、胡琴之屬，罔不嫻習。人咸異
> 之。久之，乃自言實鄰村婦之魂，年三十餘，患時疫，誤於藥而
> 死。冥司察其生平無大過惡，命隸役送還。詎天暑屍已腐壞，不
> 得已乃留於役所，俟有女屍年歲家道差埒者，俾藉以還陽。諸
> 役無事，多以吹彈歌曲自遣，婦亦漸習之。適是村婦卒，遂送以
> 往。兩家蓋相距百餘里也。初甦，與家人皆不相識，其夫入房，
> 婦堅拒之，久乃相安。蓋近年事。（《洞靈補志》卷一〈濟南村
> 婦〉）

……

以上這些故事中，恩愛的夫妻因為所受罪福不同，總也不
能同時轉世再續前緣；天蓬元帥因為投錯胎而轉世成豬；男子
為了報恩，特地轉世為女子，以身相許；因屍身已經腐敗，某
村婦只能藉別人的身體還陽……

即使這些難關都順利度過，還有些意想不到的事情：

南宋紹興年間，一位叫趙豐的將領率軍進駐四川，駐紮南
充時，驛站鬧鬼。趙將軍膽子大，借著酒醉與女鬼交流。女鬼
自言叫解三娘，因戰亂流離失所，嫁給郡守之子做妾，不容於
正房，被虐待致死，被隨意地葬在此處。至今三十年，一直沒
法轉世。"遺骸思葬，未嘗須臾忘。是間有神司守，不許數出。
十年前妾夜哭出訴，地神告曰：'後有趙將軍來此，是汝冤獲伸
之時。'"毫無理由地將冤魂羈押三十年。

趙將軍可憐她的身世，命人"召僧為誦佛書作薦事"，並派人將其遺骸起出。解三娘特別交待，在起骸骨時，"頂骨最在下，千萬為我必取。我不得頂骨，不可生"。(《夷堅志‧夷堅甲志》卷十七〈解三娘〉)如果沒有頂骨，轉世也無法成功。

當然，按照陰律的規定，生前行善積德，死後往往會有轉世綠色通道甚至成神，但這是對其前世的補償。還有一類的綠色通道並不多見：

北宋仁宗年間，相國龐籍去世前，曾在夢中朝拜玉皇大帝，玉皇下詔書說：你先回去，多活幾天，到時與南嶽真人一起來。然後有仙官領著他去見南嶽真人，"復至一殿庭列班，龐居上游，捲簾畢，既拜，熟視乃仁宗皇帝也"。過了不久，"三月二十七日龐薨，越一日，仁廟上仙"。(《括異志》卷一〈南嶽真人〉)

想到仁宗姓什麼，這事就不奇怪了。

與魔鬼訂約的人

從整體上判斷，陰間鬼魂的文化程度不高，心機更不及人類。但有時候，鬼也會使些小手段和伎倆來捉弄人。當然，說捉弄輕了，因為相信鬼話，是會鬧出人命的。

北魏末年，朝野混亂。528 年，胡太后、孝明帝母子反目，孝明帝密召爾朱榮為援，爾朱榮求之不得，進軍中央，北魏朝廷迅速被爾朱榮控制。爾朱榮擁立孝莊帝，把胡太后和幼主元釗帶到河陰，投入黃河淹死，然後又以新主皇帝祭天，召見百官為名，誘使兩千多名官員齊集陶渚，在眾多騎兵包圍下，爾朱榮歷數百官罪狀，將他們全部殺死，史稱"河陰之變"。530 年八月，孝莊帝不甘心做傀儡，利用朝見的機會，伏兵殺死爾朱榮與其長子等三十餘人，爾朱榮這一支死亡殆盡。爾朱家族立刻發動復仇，由爾朱兆、爾朱世隆立長廣王元曄為傀儡皇帝，出兵俘虜孝莊帝，送到晉陽縊死，北魏中央仍由爾朱集團控制。

為孝莊帝定計殺爾朱榮的是城陽王元徽（拓跋徽），爾朱兆進佔洛陽城之後，元徽嚇得躲到洛陽令寇祖仁家裏，因為寇家出了三個刺史，全是仰仗元徽安排，所以元徽很放心。爾朱兆殺了孝莊帝后，懸賞萬戶侯捉拿元徽。這麼高額的賞格，寇祖仁當然要出賣恩人了，於是殺了元徽去請賞，同時吞沒元徽的家產百斤黃金和五十匹馬。沒想到爾朱兆不僅沒有封賞，還要他交出元徽的財產。原來，元徽死後，立刻託夢給爾朱兆，說自己有黃金二百斤、好馬一百匹，全在寇家，你盡可取用。爾朱兆醒來一琢磨：沒錯啊，前　陣直抄城陽王宅，"全無金銀"，原來是這麼回事。寇祖仁原本想封侯，沒想到竟然陡生變數，只能交出百斤黃金和五十匹馬。爾朱兆當然不信，還有一半呢。寇祖仁連忙四處借錢，又湊了"金三十斤，馬三十匹"，還是不夠數。爾朱兆大怒，"懸頭於樹，以石捶其足，鞭捶殺之"。算是變相地為元徽報了仇。（《還冤記》）

元徽報復的手段並不複雜，如同後世韋小寶騙人的套路，黃金和馬匹都是真的，只是數字變了。爾朱兆這種暴脾氣的蠻族，哪會動腦子？

嚴格說來，這不能算是人鬼訂約，事實上，中國文化傳統中，人鬼訂約的情況不很常見，或者說沒有那種很明確的契約意識，人鬼之間交往主要靠矇騙。而在西方基督教社會，人與魔鬼訂約則是很嚴重的事。中世紀的獵巫，對於巫師的定義，就是與魔鬼訂約，棄絕上帝，將靈魂交給魔鬼。卡洛·金茨堡所著的《夜間的戰鬥：16、17 世紀的巫術和農業崇拜》[1] 一書，說的就是意大利民間農業崇拜儀式被宗教裁判所裁定為巫術的故事。教會審判員對嫌疑人各種威逼利誘，就是要他們說出自己與魔鬼訂約的細節。嫌疑人最後只能胡編："惡魔和我，還有所有的男巫和女巫一起，出現在同一個地方。我重申了要把靈

---

1 〔意〕卡洛·金茨堡著，朱歌姝譯，《夜間的戰鬥：16、17 世紀的巫術農業崇拜》，桂林：廣西師範大學出版社，2021 年版。

魂交給惡魔的誓言，並且再次向他保證，在惡魔的要求下，我又一次背叛了耶穌基督還有對他的信仰。每次去巫師的舞會，我都和其他男巫和女巫一樣，親吻惡魔的臀部。……"（178頁）一般得到這樣的招供，審判員就可以心滿意足地提交審判決議了，大抵是火刑。

比較起來，西方魔鬼的邪惡寫在臉上，一望即知，是否信仰堅定，沒有太多轉圜的餘地。而中國的心機鬼則狡詐得多，這主要是因為冥府的基層陰差主要由陽間的胥吏死後擔任，這些胥吏將人類的各種刁滑手段輸出到陰間，一般老實人根本沒法分辨。《夷堅志．夷堅支志》乙卷三〈洪季立〉就說了個被鬼戲弄的小故事：

南宋高宗年間，鄉紳洪季立五十八歲了，身體還很好。某天早起後，他把姪兒洪喬喊來，高興地告訴他："昨晚我做了個佳夢，你得擺桌酒祝賀我。"原來，昨晚他夢見陰差轉告，說他的陽壽原本是六十八歲，因為"近有陰德，幽冥所重"，所以增加壽數十年。想到自己可以悠遊田間直到近八十歲，不由喜不自勝。洪喬一聽，叔叔這麼大的喜事，當然要好好祝賀，於是招來親友大吃一頓。沒想到，當晚老洪就突發急病，第二天就死了，才五十八歲。原來老洪的陽壽被減了十年，陰差是來索命的，故意說加了十年。"惡鬼侮人如此。"

此類陰差鬼魂戲弄人的故事很多，往往是在活人的陽壽上搞花樣。《酉陽雜俎（續集卷一）．支諾皋上》介紹，長安惡少李和子被陰差索命，他請陰差喝酒勾兌，約定燒紙錢四十萬，換三年陽壽，沒想到燒完三天就死了。陰差的解釋是，咱們陰間三年等於陽間三天，你沒搞清楚換算規則，活該。惡人自有惡鬼磨！

這些只能算小手腕，真正把人帶進坑裏的陰差，對人性的洞察力則嘆為觀止：

清同光年間，翰林院學士錢林有項特殊技能，每年都會入冥判案。所謂判案，就是根據冥簿勾決人，勾了的自然要終結陽壽。至於勾誰不勾誰，"憑其冊註，大抵昧財者居多，然亦有昧至盈千累萬而不勾者"，也就是陰差提供的卷宗中人的善惡，全憑自己的判斷決定。每次還陽，錢學士都會跟同僚談談冥府的見聞。有一年八月二十七日，錢學士照例入冥判案，他一邊看一邊勾決，有個陰差在旁侍候，指著冥簿上的兩人說："這兩個人惡貫滿盈，應該勾決。"錢學士看這兩人的善惡記錄，確實是奸徒，但他原本就對陽間胥吏在公務上上下其手的行為很反感，沒想到冥府也搞這一套。他覺得其中一定有詐，於是偏不勾決這兩人。勾決完畢，陰差收起冥簿交給上司審閱，上司看完之後對錢林說："閣下勾決很合理，只是有兩人似乎漏了。"原來就是陰差指的那兩人。錢學士有點臉紅，說："我再補勾吧。"上司說："命數已定，不能改。'奉旨請爾來辦此，勾由爾，饒亦由爾，不能補也。'"錢學士還陽後，與朋友復盤，朋友說："老兄一定是著了陰差的道了。他們不知收了什麼好處，本就想饒了這兩人，卻故意讓你勾決，引你起疑，你果然上了當。"（《北東園筆錄（三編卷二）·錢學士》）當陰差掌握了人性的弱點，真是防不勝防。

但是，總的來看，鬼魂在約定上使詐的情況還是不多見，畢竟人的心計遠勝於鬼，且人不要臉起來，鬼也很難辦的：

明末崇禎年間，某士人扶乩，關帝爺降乩批示，此人"官至都堂，壽止六十。"後來此人果然中舉，在崇禎朝做到中丞之職。清軍入關後，他主動投誠，但是官位卻沒有升，一直活到八十歲還身體康健。有天偶然到乩壇，正好又遇到關帝爺將乩。此人心裏盤算，自己一定積了陰德，才能延壽這麼久。於是跪下請教：弟子的官位應驗了，可是壽命卻遠超預示。莫非修德在我，神明也有所不知？關帝爺在乩壇上大書了一行字："某平生以忠孝待人，甲申之變，汝自不死，與我何與？"此人再一算，崇禎殉難那一年，自己正好六十歲。原來，判詞所謂的"壽止六十"，指的是甲申那年，他應該一死殉國，關帝也沒想到，此人毫無氣節，不肯死……（《子不語》卷十三〈關神下乩〉）

　　他就是不肯死，你說該怎麼辦？

遞刀子的人與遞繩子的鬼

在鬼世界的設定中，一般情況下，某人的陽壽已盡，陰差來拘走，這是常態。可是，淹死鬼（溺鬼）和吊死鬼（縊鬼），必須找到生人替代，才能轉世。這些溺鬼和縊鬼尋找替代的過程，稱為求替。這是鬼世界設定中一個很奇怪的規矩。而且，因為溺鬼和縊鬼大多是自殺的，這又生出一個新問題：自殺是他們的自由選擇嗎？

有鬼君粗粗翻檢了關於縊鬼的志怪作品，可以比較明確地說，故事中大多數上吊自殺的，其實當時並不想死，只是因為有吊死鬼遞繩子。

清代廣東有趙、李二秀才，在番禺山中讀書準備科考。端午節那天，兩人弄了些酒菜，放鬆一下。夜深時分，忽然有不速之客敲門進來。此人也是一個書生，衣冠楚楚，說自己住得不遠，"慕兩生高義，願來納交"。三人就一起坐下飲酒談天。一談之下，趙、李二人發現，這個書生無論舉業時文，還是古文辭賦，樣樣精通，遠勝他們。最後談到仙佛，李秀才深信不疑，趙秀才倒不大信。書生說："仙佛當然有，想要見到佛菩薩，不過是頃刻之間的事。"說著把椅子疊放在桌上，自己站上去，"登時有旃檀之氣氤氳四至"，他解下腰帶結了個繩圈，對兩位秀才說："從這個圈子進去，就是佛地，你們試試看。"

李秀才一看，只見圈中有觀音、韋陀，香煙繚繞，立刻就想探頭進去。可是趙秀才一眼望去，卻見"獠牙青面、吐舌丈餘者在圈中矣"。他連忙大聲呼喊，家人聞聲趕來，李秀才這才從恍惚中清醒過來，雖然掙脫繩圈，可是脖子已經被勒傷。再看書生，已杳無蹤跡。兩人明白過來，這是縊鬼設套求替。第二天就趕緊離開回城。（《子不語》卷二〈趙李二生〉）

有鬼君覺得，這個書生縊鬼有點大意了，如果沒有外人在場，一對一地給李秀才遞繩子，這替死鬼基本就拿下了。事實上，大多數縊鬼求替時，為了避免被說破，都是單獨遞繩子的。

清末四川某地，有個小偷深夜行竊，正要悄悄進一戶人家，見屋中有一女子坐著還未睡，"雙眉深鎖，時而凝思，時而哽咽"，他只好在外等著。這女子哭了一陣，出門來到後院一棵大樹下，站著發呆。這時，牆根下有一個黑色鬼影竄出來，對著女子下拜，女子不為所動。鬼影轉身爬到樹上，再下來在女子耳邊竊竊私語，反覆了四五次。只見女子一跺腳，似乎下了什麼決心。然後四下張望，好像在找什麼，黑影指指她的腰帶，做了個解開的手勢，女子沉思一會兒，"乃解帶，結繯於樹，將伸頸就縊，鬼助之"。小偷在旁邊一直窺伺，一見要出人命，急忙跳出來將女子抱下。再一看，抱下的原來是那個鬼，原來找替身已在進行中。那鬼對他瞪目吐舌，小偷也不懼，鬼再轉臉苦苦哀求，他也不鬆手。人鬼互相爭鬥，縊鬼最後被擒獲。（《洞靈續志》卷一〈偷兒捉縊鬼〉）

當縊鬼反覆向女子遊說並示範上吊的各個步驟時，女子其實一直處於精神恍惚的狀態，等到遞繩子的時候，已是最後一個步驟。正因為遞繩子表示出強烈的暗示意味，所以大多數縊鬼求替的故事中，繩子是最重要的道具（無論是不是縊鬼自備的）。試舉幾例：

> （呂某）嘗過泖湖西鄉，天漸黑，見婦人面施粉黛，貿貿然持繩索而奔。望見呂，走避大樹下，而所持繩則遺墜地上。呂取觀，乃一條草索。嗅之，有陰霾之氣。心知為縊死鬼。（《子不語》卷四〈鬼有三技過此鬼道乃窮〉）

> 婦人袖物來，藏門檻下，身走入內。陳心疑何物，就檻視之：一繩也，臭有血痕。陳悟此乃縊鬼，取其繩置靴中，坐如故。（《子不語》卷四〈陳清恪公吹氣退鬼〉）

> 見一婦人傍偟四顧，手持一物，似欲藏置、恐人竊見者，屢置而屢易其處，卒置檎稻中而去。秋崖燭得之，乃一麻繩，長二尺許，腥穢觸鼻。意必縊鬼物也，入室閉戶，以繩壓書下，靜以待之。（《耳食錄》卷二〈劉秋崖〉）

> 忽聞窗罅作聲，一女從門隙入，靚妝高髻，徑至祖先案前，伏地跽拜。已，出一物置香爐下，冉冉由門隙入內。（韓文懿）公知有異，悄起，於爐下摸得一物，就燈下諦視，形類篾絲，上纏紅線一縷，腥臭刺鼻，乃攜壓枕下，倚枕假寐以覘之。（《里乘》卷一〈韓文懿公軼事〉）

> 門內有女子出，容齒少好，手引長帶一條，近榻授婦，婦以手卻之。女固授之；婦乃受帶，起懸椽上，引頸自縊。（《聊齋志異》卷七〈商婦〉）

可以說，縊鬼求替主要就是靠遞繩子，將原本並無死志的人逼上絕路。

　　為什麼縊鬼要用這種方式轉世輪迴呢？因為這是冥府的規定。換句話說，冥府是用法規的形式鼓勵縊鬼展開遞繩子大賽。以下幾則故事就是證明：

> 凡境內有欲自縊者，土地以告無常；無常行牒，授意應替者。此間數十里內，更無他鬼，妾是以奉牒而來也。從來枉死鬼，苦雨淒風，飄零無倚，往往數十年，尚難謀一代。妾大幸，雉經僅半載，已有代者，誠喜泆過望也！（《道聽途說》卷九〈謀代鬼〉）

> 老人曰：「明日徐四來，可以得代否？」其人曰：「地方已許我矣，有隙可乘，即得代也。」（《夜譚隨錄》卷二〈施二〉）

　　第一條材料將遞繩子的規則、程序說得極為清楚；第二條中的「地方」一詞，指的就是冥府的地方官，得到了官方的許可，老人才能找「徐四」做替死鬼。順便提一句，溺鬼求替，也是受官方許可並安排的。（參見《聊齋志異》卷一〈王六郎〉）

> 冥府制定的陰律，絕大多數都是尊重公序良俗、賞善罰惡的，唯有借用「遞繩子」找替死鬼的法案，可稱冥府第一惡法，當時就有人批評說：「若是，則相代無已時也。……冥間創法者何人？執法者何吏？乃使生者有不測之災，而鬼亦受無窮之虐也。」（《耳食錄》卷二〈劉秋崖〉）

　　儘管有如此惡法，但我們依然有自己的自由意志可以依靠：清代吳江一位沈姓員外，某天晚歸，見一縊鬼躲在門外，等他走近，縊鬼就不見了。他心知有異，進屋問夫人："家裏發生什麼事了嗎？"夫人氣呼呼地說："今天我發現家裏的一個丫鬟和廚子私通，你看怎麼發落吧。"沈員外讓她不要聲張，自己來到書房，叫來廚子，寒暄一番，先是誇廚子做的菜不錯，然後又問他是否成家。廚子說還是單身。沈員外就把丫鬟也喊來，當場宣佈將其許配給廚子。兩人喜出望外，連忙叩謝。沈員外又說："你們大概也沒什麼錢，索性連婚嫁費也賞給你們。"兩人簡直如在夢中，連連磕頭拜謝而去。回到臥室，夫人怪他實在太寬厚了，簡直是縱容。沈員外也不解釋。第二天晚上，全家都聽到鬼哭聲逐漸遠去。沈員外這才說出前一晚見到縊鬼的情形，說："如果不這麼做，那個吊死鬼肯定找丫鬟做替代了。'吾寧寬於人，勿寬於鬼。'"（《洞靈續志》卷二〈止縊〉）

　　"寧寬於人，勿寬於鬼。"固然符合忠恕之道，但是，遞刀子的人和遞繩子的鬼，在精神的卑劣上並無差別，我們實在不願寬恕。

奪舍與煉形：你的生活可以被替換

　　轉世投胎是志怪小說中的常見主題，紀昀曾經總結了輪迴和不輪迴的各三種不同途徑。他同時還指出，除此之外，還有一些不依常理的現象："或有無依魂魄，附人感孕，謂之偷生。高行緇黃，轉世借形，謂之奪舍。是皆偶然變現，不在輪迴常理之中。"（《閱微草堂筆記》卷五）

　　所謂"高行緇黃，轉世借形，謂之奪舍"，就是一些僧人道士，修煉之後，魂魄進入其他人的肉身，鵲巢鳩佔。在另一處，紀昀說得更加清楚："釋家能奪舍，道家能換形，奪舍者託孕婦而轉生，換形者血氣已衰，大丹未就，則借一壯盛之軀與之互易也。"（《閱微草堂筆記》卷十六）

　　在佛教文獻中，"奪舍"一詞主要在明清時期出現，且沒有褒貶之意。也就是說，在彼時的語境中，"奪舍"意味著修煉後獲得的法術，只要你法術足夠強大，在轉世投胎過程中，就可以強行超車，選擇富貴人家投胎。當然，文獻中往往說得比較婉轉：

　　　　僧云：世有不投胎而能奪舍者何也？師曰：世有學道之士，
　　或是有福之人。不入胞胎，候有緣處，母產才出，囝的一聲，

一靈識光，直入顖門[1]。胎識逼去，奪舍成人。斯是不可思議之境界，非有意造作之所能為。（《萬法歸心錄》卷中）

明明是搶來的位子，卻要說是因為學道有成，行善積德所致，而且是不由自主的，"不可思議之境界，非有意造作之所能為"。形神離散聚合的過程中，攘奪別人的生存空間，經過"奪舍"包裝之後，不僅合法，而且精緻。

清人周克復的《金剛經持驗記》中就說了一個這樣的故事：

明代杭州城有個遊方僧人廣澈，每日白天在某官廟唸《金剛經》，晚上提著燈籠繞城唸佛。有個官員替他在燈籠上題了八個字："沙門廣澈，唸佛通天。"這麼唸了幾年，到萬曆年間，湖北某藩王夢見一個和尚闖入王宮，說我是杭州某寺院的和尚，現在投胎到你家做王子。王爺夢中見這和尚提的燈籠上有"沙門廣澈，唸佛通天"八個字。驚醒之後，僕人報告他，世子出生。藩王派人到杭州打探，果然世子出生那天，正是廣澈圓寂之日。"奪舍已逝"，搶到個好胎位，就自行坐化了。

廣澈這次奪舍，還可以勉強解釋是"非有意造作"。在《北東園筆錄》三編卷四〈高僧奪舍〉的故事中，就說得非常直白了：

浙江錢塘一位王老漢，家境雖然清貧，卻樂善好施，只是年過五十還沒有孩子。某年清明，王老漢的父親託夢給他，說因為他廣種福田，因此可以去鏡山寺求子。王老漢依言祈禱，第二年果然生了個兒子。這孩子很聰明，十六歲就舉孝廉，

1　顖門，指嬰兒頭頂骨未合縫之處。──編者註

在京城親戚家讀書備考。某天，這孩子忽然對親戚說：“我前身是鏡山寺的和尚，修持戒律多年，可是心心念念的只是少年登科，還有大好榮華富貴沒有享受，所以‘尚須兩世墜落。明日，吾當託生富家，了結業案’。”第二天少年果然無疾而終，再次投胎到富甲一方的姚大戶家。作者的點評也很有意思：“貧而樂善不倦，富而慷慨好施，何患晚歲無兒，自有高僧奪舍也。”那些好的福報空缺，都有貪戀世俗風花雪月、準備許久的“高僧”在候著。

有鬼君雖然不懂佛教，但隱隱覺得，這並非佛教正道，特別是明清時期調侃、妖魔化僧道的作品特別多，這類故事不知算“高級黑”還是“低級紅”。

有涉及佛教的，當然也有涉及道教的。釋家奪舍，道家煉形。在搶位子的性質上，並無差別，道士的作法，愈加詭異：

清代廣西巨富李通判，家財萬貫不說，還有七個貌美如花的侍妾。可惜，李通判身體不好，二十七歲就因病去世。他的老僕人與七個侍妾設靈堂齋醮超度亡魂。這時有個道士來化緣，老僕人說：“主人已經亡故，我們沒空施捨你。”道士嘿嘿一笑：“我能作法，讓你家主人還陽，如何？”老僕人與眾侍妾都大喜過望。可是道士接著說：“作法可以，但是陰司有規定，死人還陽，需要替代，你們家裏有誰肯替主人去死嗎？”眾侍妾自然是不願意的，老僕人見狀，挺身而出：“諸娘子青年可惜，老奴殘年何足惜？”道士說：“可以，給你三天時間，跟親戚朋友告別。”

老僕人遍告親朋，最後來到常去的關帝廟祈禱關帝保佑主人還魂。忽然案桌前出現個赤腳和尚，對他說：“汝滿面妖氣，大禍至矣！吾救汝，慎弗泄。”和尚給他一個紙包，說危急時拿出來就行，說著就不見了。老僕人回家悄悄打開一看，裏面有“手抓五具，繩索一根”，也不知何用，就揣在懷裏。

三天期滿，道士要作法，命人將老僕人的床和李通判的棺材放在一間屋子裏，房間封死，牆角挖個小洞方便傳遞食物。自己則帶著侍妾在外築壇作法。老僕人躺著正休息，地下跳出兩個惡鬼，“綠睛深目，通體短毛，長二尺許，頭大如車輪”。兩惡鬼繞著棺材轉了幾圈，掀開棺材板，從中扶出去世的李通判。李通判樣子憔悴，說話有氣無力，可卻是道士的口音。老僕人發覺有異，莫非赤腳和尚說的是真的？於是掏出懷中的紙包，“五爪飛出，變為金龍，長數丈，攫老僕於室中，以繩縛樑上”。兩惡鬼扶著李通判到老僕人床前，發現沒人，大呼：“慘了，法術敗了。”兩鬼一人在屋子裏轉圈尋找，一鬼無意抬頭，看見被捆在樑上的老僕，大喜，與李通判都跳起來抓。這時一聲震雷霹靂，老僕被震落於地，李通判的屍體重新落入棺材，棺材板自動合上，兩惡鬼也不見了。

家人聽到雷聲，開門進來，與老僕一起到屋外神壇，只見道士已經被雷震死，屍體上有硫磺寫著十七個字：“妖道煉法易形，圖財貪色，天條決斬，如律令”（《子不語》卷一〈李通判〉）

“煉法易形，圖財貪色”，妖道辛苦修煉，就是為了搶佔李通判的肉身，用他的錢、睡他的女人、打他的娃。比較起來，僧人的“奪舍”只是投胎時做手腳，以便搶先填報志願、搶先錄取；妖道“煉形”則是直接頂替其他考生，所以要遭雷劈。

裝神弄鬼的閱卷員

　　宮崎市定的《科舉史》中提到："儘管宋代以後伴隨財政政策的膨脹和細化，需要的官吏數量增加，但進士的地位被看得十分高貴，無法就任低等級的官職，進士的高地位反而成了他們任職的阻礙。此後整個明清時代，這樣的傾向有增無減，進士賦閒引發了嚴重的社會問題。"（第 7 頁）科舉在明清越來越重要，也影響到鬼世界。

　　志怪小說中，科場是重要的鬧鬼場所，欒保群先生《捫蝨談鬼錄》中有一篇〈恩仇二鬼〉，論之甚詳。不過，談科場鬼，往往只涉及考生，與考官或閱卷員相關的比較少。有鬼君檢索了一下，發現在科場鬧鬼事件中，考官亦有貢獻，特別是在閱卷過程中。

　　明萬曆年間，舉子管九皋進京考試，有神仙託夢，給了他七個題目。第二天一早，管舉人就找到之前的模擬卷，選出七篇同題的範文，熟讀了以備考。進了考場，神了，七道題全是神仙預測的，管舉人輕鬆寫完交卷，自認必然高中。沒想到，當年的主考最反感套題答卷，所有初選合格的試卷，都要拿來查重，只要雷同卷，全部黜落（"盡刮房間文入內磨對，試文凡同者，擲之"）。管舉人猜對了開頭，卻猜錯了結果。（《耳談》卷十二〈富順管明府〉）

從故事情節中看，查重並非科考閱卷的必經步驟，全憑主考的好惡。當然，套題作文確實有投機取巧之嫌，不宜錄用。只是不知託夢的神仙是故意戲弄舉子，還是沒有料到主考有如此偏好。

科舉考試中，除了帖試考的是默寫經文，其餘均為主觀題，端看主考的個人偏好，不確定性很大。所以各個考官對試卷的判定也很不一致，有些認真到偏執的考官，異常迷信，生怕因此斷了一代文宗的前程：

清雍正年間，江南鄉試，聘請的閱卷官員大都是年少才俊。只有一個叫張壘的，年紀較長卻性情迂闊，每晚都焚香禱告："壘衰年學荒，慮不稱閱文之任，恐試卷中有佳文及其祖宗有陰德者，求神明暗中提撕。" 各房考官都暗笑他痴，就合夥戲弄他：準備了一根竹竿，每晚他閱卷時，只要有黜落的試卷被他扔掉，就從窗外用竹竿悄悄挑他的帽子。張考官扔了之後，帽子微動，撿回來再看，仍然覺得不行。再扔帽子又動。試卷連扔三次都不行。就如《倚天屠龍記》中，光明頂上華山派、崑崙派四人聯手大戰張無忌，"高老者始終無法將兵刃拋擲脫手，驚駭之餘，自己想想也覺古怪"。

張壘老師大驚，以為鬼神真的在 "提撕"，望空禱告："這試卷文章實在不佳，可是神明提示，莫非試子有陰德護佑？如果真要錄用，請神明再提示一次。" 眾考官暗笑，等張壘再要扔掉這份試卷時，又挑了一下他的帽子。張老師不再遲疑，拿著試卷直奔主考副主考的房間，叩門求見，說明來意。大主考仔細看了試卷，說："這文章寫得很好啊，本來就該錄用，你又何必神道設教，裝神弄鬼來忽悠我呢？" 玩笑鬧大了，眾考官不敢再多嘴。等到發榜，大家對張老師說清戲弄的緣由。張老師正色說："此非我為君等所弄，乃君等為鬼神所弄耳。"這不是神戲弄我，是神在戲弄你們，借你們拿竹竿的手選出高分試卷。(《子不語》卷十四)

這個故事，我們固然可以視作開玩笑造成的巧合，但冥冥中未必沒有神意在。眾考官手中的竹竿，也許正是看不見的張無忌遞到他們手中的。

科舉的錄取率極低，有人計算過，按照晚清四億人為基數，大約一萬六千人中出一個秀才，二十八萬五千人中出一個舉人。這樣低的錄取率，在個人努力之餘，必然也會求助於鬼神：

清代江西秀才周力堂參加江南的鄉試，考題是"學而優則仕"，周秀才讀書多而雜，所以試卷"文思幽奧，房考張某不能句讀"，連閱卷員張老師都看不懂，大怒之下，將其黜落扔出。當晚，張老師忽然中邪了，狠狠地自抽耳光，"如此佳文，而汝不知，尚忝然作房考乎！"家人大驚，告知其他考官，大家找來周秀才的試卷，還是看不懂，集體意見交給上司處理吧。於是將試卷呈交大主考禮部侍郎任蘭枝。任主考一看，大驚失色："這篇奇文，通場所無，今科滿分卷就是他了。"這時副主考閱卷辛苦，正在打瞌睡，眾人等他醒來，告知此事，副主考問："這是哪一房的試卷？"回答說："男字第三號。"副主考說：我不用看了，直接定他解元吧。我剛才入睡，有金甲神託夢給我：'汝第三兒子中解元矣。'第三個兒子，不就是'男字三號'嗎？"說完拿過試卷一看，也是大加嘆賞。眾議已定，周秀才就這樣中了解元。(《子不語》卷十四)

　　周力堂後來官至福建巡撫，仕途算是非常成功。有鬼君好奇的是，這篇"文思幽奧"，連考官也看不懂的滿分試卷，究竟寫的什麼？

　　宮崎市定在書的最後說："如果科舉有功，那應當是一千三百多年前就樹立了如此卓越的理想；如果科舉有過，應該責備的是它將各界事物全都包含在儒教的氛圍之中，後來不能進行本質性的改善，並且一直延續了一千三百多年。"（232頁）

　　據參加新語文教材培訓的高中教師介紹：新教材的目標，是要求中學語文老師掌握幾乎所有人文學科的基礎內容並向學生講授，如古典文學、現當代文學、外國文學、歷史學、人類學、民俗學、社會學……

　　神啟的試卷，需要神啟的教材和教師！

後浪與前浪，新鬼與故鬼

不同代際之間少有共同語言，即使生活在同一年代浪潮裏，比如同學群，一樣的年齡、一樣的成長教育背景，最後都會吵得不可開交，我們怎麼可能奢望後浪與前浪之間互相理解、尊重呢？像莊子說的那樣"不齊而齊"，或像荀子說的"惟齊非齊"，大家各齊各的，不是更好嗎？

在那個世界，與後浪前浪對應的，自然是新鬼與故鬼。這個典故出自《左傳·文公二年》：

> 秋八月丁卯，大事於大廟，躋僖公，逆祀也。於是夏父弗忌為宗伯，尊僖公，且明見曰："吾見新鬼大，故鬼小。先大後小，順也。躋聖賢，明也。明、順，禮也。"
>
> 君子以為失禮：禮無不順。祀，國之大事也，而逆之，可謂禮乎？子雖齊聖，不先父食久矣。故禹不先鯀，湯不先契，文、武不先不窋。宋祖帝乙，鄭祖厲王，猶上祖也。是以《魯頌》曰："春秋匪解，享祀不忒，皇皇后帝，皇祖后稷。"君子曰："禮，謂其后稷親而先帝也。"《詩》曰："問我諸姑，遂及伯姊。"君子曰："禮，謂其姊親而先姑也。"

再抄錄沈玉成先生的譯文[1]：

　　秋八月十三日，魯國在太廟中舉行祭典，把魯僖公的牌位安
放在閔公之上，這是不合禮的祭祀。當時夏父無忌擔任宗伯官，
他很尊崇僖公，而且宣佈他所見到的說：「我見到新鬼大，舊鬼
小，大的在前面，小的在後面，這是順序，把聖賢供在上面，這
是明智。明智、順序，這是合於禮的。」

　　君子認為，這樣做是失禮。禮沒有不合順序的。祭祀是國家
的大事，不按順序，難道可以說合於禮嗎？兒子雖然聰明聖哲，
但不能在父親之先享受祭品，這是由來已久的規定。所以禹不能
在鯀之前，湯不能在契之前，文王、武王不能在不窋之前。宋國
以帝乙為祖宗，鄭國以厲王為祖宗，這都是尊重祖先的表現。所
以《魯頌》說：「一年四季祭祀不懈怠，沒有差錯，致祭於偉大的
天帝，又致祭於偉大的祖先后稷。」君子說這合於禮，是說后稷
雖然親近但卻先稱天帝。《詩》說：「問候我的姑母們，於是又問
候到各位姐姐。」君子說這合於禮，是說姐姐雖然親近然而卻先
稱姑母。

　　簡單地說就是，夏父弗忌出於私心，改變了祭祀的順序，
把魯閔公之後即位的魯僖公的牌位放在前面，而且解釋說，雖
然魯僖公後即位後死，但他年紀大（為閔公庶兄），新鬼大，所
以排前面。《左傳》對他的說法給予嚴厲的批評，祭祀的原則是

　　1　參見沈玉成譯，《左傳譯文》，北京：中華書局，1981 年版。—— 編
者註

"上祖",即尊重祖先。

可是後來,"新鬼大,故鬼小"的說法常常被解釋為形質上的大小厚薄。比如著名的"宋定伯捉鬼"的故事中,宋定伯就曾向真鬼解釋說:"我新鬼,故身重耳。"(《搜神記》卷十六)紀曉嵐說:"鬼本生人之餘氣,漸久漸散,以至於無。故《左傳》稱新鬼大,故鬼小,殆由氣有厚薄,斯色有濃淡歟。"(《閱微草堂筆記》卷十九)袁枚說:"君所見跪地無數矮鬼,殆二犯之祖宗也。"(《子不語》卷二十〈冤魂索命〉)"隨有矮鬼無數、長鬼一個環跪閻君乞訴,求放李氏還陽。"(《子不語》卷十二〈借屍延嗣〉)在下面一則故事中,故鬼還特別囂張:

無錫北鄉有個村子叫胡家渡,有個私塾先生在村裏教孩子上課。每天傍晚,都會有個貨郎挑著糖果蜜餞到村子來賣,三更時分離開,私塾先生會和學生買些來吃。村民都習以為常了。可是"一夕忽不至,盼之兩月,而雜貨擔始來"。貨郎解釋說,兩月前他從村子回家,差點把命丟了。那天月色很好,他經過一座橋時,看到有兩人在憑欄賞月,"身長不及三尺,而鬚眉皓白,相對喞啾,其語了不可辨"。三更時分,兩個矮子在鄉野中賞月,說話又嘰裏咕嚕地聽不懂,貨郎心知遇到鬼了。可是也沒法避開,只能硬著頭皮挑擔上橋,口說:"請兩位先生讓一讓。"兩個矮鬼忽然變色:"這人擾我等風雅,可惡,揍他!"說著將他打暈,跌落橋下。直到天亮,才有路人經過將其救起,將養了兩月才復原。作者說:"夫鬚眉皓白,而長不滿三尺,《春秋左氏傳》所謂新鬼大故鬼小者,豈不信歟?"(《庸庵筆記·舊鬼玩月》)

不過,在大多數情況下,新鬼與故鬼的形象並沒有什麼明顯的差異，只是入冥先後的不同而已。有時候，相對於新鬼，故鬼反而顯得富態：

有個新死的鬼，剛到陰間如初次踏進社會，飯都吃不飽，"形疲瘦頓"，飢寒交迫中，遇到生前的好友。那位已經死了二十年了，身形"肥健"，一看就是日子過得舒坦，屬先富裕起來的。好友教他，得去人間作怪，才能弄到吃的，甚至可以予取予求。他來到一戶人家，見院子裏有隻白狗，就把狗抱起來在空中行走。生人見不到他，只見狗忽然在空中飄，慌了。請來巫師，巫師占卜之後說："這是有不知名的貴客索要吃喝，你們在院子裏準備酒菜瓜果祭祀，就能禳禍。"這家就準備了豐盛的祭品，新鬼入冥後第一次吃上了飽飯，此後四處作怪，身形也很快像故鬼一樣豐腴起來。(《幽明錄》)

故鬼因為先先混冥界，所以對陰間的規矩比較熟悉，新鬼初到，往往會被教做鬼。同樣是一位餓殍新鬼，因為吃飯時不懂禮數，受到處罰：

> 有衣冠而拜於墓者，魚肉在俎，果實在籩，爵有酒，盂有漿。墓中有鬼出，避其拜，涕泣而不忍嘗食。新鬼饞甚，徑前掬啗之。忽有獰鬼扼其喉，執而繫之樹。訖於其既，以餕餘分啖諸鬼，獨新鬼以攘食故，怒不與，且鞭而後釋之。《耳食錄·河東丐者》

當然，有些鬼居住的社區注意吸納新成員，做得就很暖心：

山東濟寧有位彈琵琶的盲藝人，某天被兩人強邀到郊外演奏。耳聽滿座賓客行酒令、猜枚、調笑，一派酒桌上的熱鬧場面。盲藝人開始只是淺斟低唱，"輕攏慢拈抹復挑，初為霓裳後六幺"，眾賓客都哄然喝彩。可是藝人越彈越投入，"銀瓶乍破水漿迸，鐵騎突出刀槍鳴"，曲調開始雄渾激蕩，聽眾連忙阻止。藝人正自入神，哪裏停得下來。突然滿屋寂然，一個人也不見了。藝人停下來一摸，摸到一口棺材，嚇得魂飛魄散。第二天他才知道，這棺材是剛剛自縊而死的一位婦女的。因為新鬼加入冥界，眾故鬼為表示歡迎，安排了這場琵琶獨奏助興。（《耳談》卷一〈太白酒樓下鬼〉）

　　總的來看，新鬼與故鬼之間，雖然在形質上、生活閱歷上會有一些差異，但代際之間的矛盾並不大，更不會形成群體性的互相鄙視。這大概是因為，眾鬼在陰間並無基本生活資源匱乏之虞，我們從近代以來接受的"物競天擇，適者生存"的原則，在陰間徹底失效。

　　至於人間，由於各種資源的稀缺，競爭一浪比一浪慘烈，指望前浪與後浪和諧共處，幾乎沒有可能。

怪

PART

II

下部　精怪世界

輯四
精怪之最：狐狸精

動物如何在政府的指導下修煉成精？

動物修煉成精的有很多，其中最擅長也最有可能修煉成功的是狐狸。《閱微草堂筆記》卷十說：＂人物異類，狐則在人物之間，幽明異路，狐則在幽明之間。仙妖殊途，狐則在仙妖之間，故謂遇狐為怪可，謂遇狐為常亦可。＂狐狸介於人與動物、陰陽、仙妖之間，也就是說，他們在心智上與人最接近，所以最有可能修煉成功。

不過，動物修煉成精並不是自發的，而是需要政治指導。大量記載表明，在古代，動物修煉受到很多成文或不成文的規範制約。狐狸要修煉成精，也離不開政府指導。

狐狸修煉的時間絕不短，上面這篇文章中就提到，某位碩儒與老學究一般的狐狸精為友，狐狸精每次與他聊天，總是勸他修道，說：＂我們辛辛苦苦一兩百年，才能修煉成人身，像你們人類一樣體驗飲食男女，生老病死。然後才能繼續修煉以登仙界。你們現在已是人身，等於功成大半了，還如此渾渾噩噩，寧可與草木同朽，實在可惜。＂

對於修煉升級的過程，以及人類相對狐狸精的優勢，《子不語》卷一＂狐生員勸人修仙＂條說得更細緻：＂如某等（即狐狸），學仙最難。先學人形，再學人語。學人語者，先學鳥語；學鳥語者，又必須盡學四海九州之鳥語；無所不能，然後能為人聲，以成人形，其功已五百年矣。人學仙，較異類學仙少五百年功苦。若貴人、文人學仙，較凡人又省三百年功勞。大率學仙者，千年而成，此定理也。"

可見，狐狸要修煉，必須先學會各種鳥語，然後才能在此基礎上學習人類的語言，幻化成人形。這就要花五百年時間。簡單來說，狐狸要奮鬥五百年，才能與人類一起喝咖啡。而且，我們要特別注意的是，並非所有狐狸都有資格修煉的。陰間的主管泰山娘娘每年舉行一次資格考試，只有文理精通的狐狸才可以成為生員。考不中的就是野狐，是不能修仙的。也就是說，動物的修煉是納入地府的日常管理體系中的。

除了考試之外，法律以及各種規章制度也對狐狸精的修煉有制約。比如《閱微草堂筆記》卷十三就記載有人狐衝突時，人類打算到土地廟去狀告狐狸精。在同書卷十八中，狐狸精曾解釋他們修煉時所受的制約：最具靈性的狐狸，是採用道教內丹法修煉，"講坎離龍虎之旨，吸精服氣，餌日月星斗之華，用以內結金丹"；天分差一些的就開私服外掛，用採補的方法，但是採補術有違天道，"不干冥讁，必有天刑"，也就是說，是要受法律制裁的。如果不是學霸，又不敢冒天罰的危險，就只能乘人睡覺時，吸取人的鼻息之氣，就像蜜蜂採蜜一樣，對花無損，而自己又能慢慢練級。

狐狸精不僅要遵守天律，對於人間的法律、權威也必須尊重。據《五雜俎》卷九記載：明朝時，天壇邊有隻白狐狸精，自稱千餘歲了，鬚髮皆白。常常化為人形、穿著與人一樣的衣服，與人交遊。因為互相都很熟悉，大家就當他是個白鬍子老爺爺，也不以為異。有一次天子要到天壇求雨，這位狐狸精就失蹤了好幾天，直到天子回宮才又出現。有人問他說："天子出行，有眾神護佑，連溝渠洞窟都有神靈看守，你能躲到哪裏去呢？"他呵呵一笑："天子這一動，整個華北的妖精都要避讓。我一口氣跑到泰山躲在山洞裏了。"

對於狐狸精的管理，《咫聞錄》卷二"治狐"條介紹了基本原則："狐之秉天地之氣而生也，本屬陽間之物；而其性屬陰，故出沒無常，變幻不測。神之不加以誅也，因其尚未蹈殺身之罪耳。然為害於民，諠嗟閭巷，官應驅之。而不識其巢穴，自宜牒之城隍，並力而驅，則狐無所遁匿矣。"大意是說，雖然天界允許狐狸精修煉，但是如果他們擾亂人間正常的生活秩序，官府就應該懲戒，同時陰間的城隍也需要配合人間政府，聯合執法。

狐狸精的修煉，並不同於遊戲的練級，除了以上這些剛性的管理制度之外。他們自身的道德修養也是非常必要的，甚至可以說，他們對德性的強調甚至比人類還嚴苛。

清代滄州有位盲藝人蔡某，因為機緣巧合認識了一位老漢，兩人很投緣，經常一起吃飯閒聊。後來蔡某感覺這老漢是狐狸精，不過因為兩人熟悉了，也就不再避諱。某天兩人談到不久前的一場官司，因為涉及閨閣之中的緋聞。蔡某不由好奇心起，對狐狸精說："你既然能通靈，這事的秘聞肯定知道得一清二楚，給我說一說。"沒想到狐狸精勃然大怒："我是修道的人，怎麼能亂傳八卦呢？況且男女之事，向來曖昧難明，不足為外人道。如果一味逞口舌之快，那是要'傷天地之和，召鬼神之忌'的，損陰德啊！"說完，竟然拂袖而去，此後再也沒有出現。

專心修煉的狐狸精，不僅不傳緋聞八卦，還知道努力向善。有位老塾師曾經半夜經過一座古墓，聽到墓中傳來鞭打聲，還有說話聲傳來："你不讀書識字，不能明事理，將來什麼壞事做不出。等到觸犯天律，後悔就來不及了。"老塾師覺得奇怪，深更半夜，荒郊野地裏，誰在教育子弟啊！仔細再聽，原來是狐狸精在訓子。（《閱微草堂筆記》卷七）

至於狐狸精學雷鋒做好事，甚至大義滅親的故事，也並不少見。所以有人曾感慨說："世有口談理學而身作巧宦者，其愧狐遠矣。"

如果總結起來，狐狸精的修煉雖然不是官方活動，但一方面受到陰陽兩界政府甚至天庭的規範化管理，另一方面也有內心對倫理道德的自覺遵從。在修煉的進程中，他們比人類要付出多得多的艱辛。從這個意義上說，他們的修煉進程就像平民努力上進一樣，充滿了勵志的正能量。所以清末的經學大師俞樾說："由狐而仙，譬如白屋中出公卿，方以為榮，何諱之有！"（《右台仙館筆記》卷七）

狐狸精的報恩

　　人狐關係中，既有感恩，也有報仇。夜半時分，有狐女來奔，究竟是紅袖添香夜讀書，還是為修煉而將男人視為藥材，殊難判斷。況且，狐狸的報恩方式，也未必是自薦枕蓆這麼簡單。

　　有個老秀才，家中空房子裏住了一隻狐狸精，人與狐相安無事幾十年。這狐狸精不怎麼現形，只偶爾會與老秀才喝點小酒，談談人生。老秀才去世後，其子也像以往一樣對待狐狸精，可是對方卻不像從前那樣愛搭理他；雖未離開，但關係漸漸淡下去了。

　　老秀才之子也考取了功名，在家中開設私塾授徒，同時，還為人寫訟狀掙錢。奇怪的是，他寫的狀子，往往被狐狸精胡亂塗抹，授徒時所批改的作業，卻絲毫無損；賣弄刀筆所得的錢，即使鎖得嚴嚴實實的，也會被偷，而學生交的學費，卻一文不少；學生來上課，狐狸精絕不騷擾，可是每逢有人來找他打官司、寫狀子，狐狸精就"或瓦石擊頭面流血，或檐際作人語，對眾發其陰謀"。

　　秀才實在受不了騷擾，請了道士來捉狐，這狐狸精照樣侃侃而談：

其父不以異類視我，與我交至厚，我亦不以異類自外，視其父如兄弟；今其子自墮家聲，作種種惡業，不隕身不止。我不忍坐視，故撓之使改圖，所攫金皆埋其父墓中，將待其傾覆，周其妻子，實無他腸。不虞煉師之見譴，生死惟命。

狐狸精的意思是，不忍見老友之子成為訟棍，導致家風墮落。那些偷走的錢，都藏在其父墓中，以便有一天他家中衰敗時，可以周濟其家人。最後一句"生死惟命"尤其顯得大義凜然。道士感慨不已，對狐狸精拜了三拜，說："老秀才有你這樣的朋友，實在不可思議，即使在人類世界，也很難找到，更何況是爾曹？"說完拂袖而去。秀才聽了，也慚愧不已，從此不再參與訟事，人狐之間再次其樂融融。（《閱微草堂筆記》卷十六）

孔子說："聽訟，吾猶人也，必也使無訟乎。"儒家傳統向來不主張隨便打官司，強調用傳統的倫理道德來調節協調。直至晚清，訟師還多以反面形象出現。而設帳授徒，則被認為是讀書人的正途。狐狸精正是為了保全老友聲名不墮，才對其子參與訟事百般阻撓。他報恩的方式很特別，也讓人覺得很有人情味。

另外一個狐狸報恩的方式也很有意味：

江陰縣廣福寺邊住著個眉清目秀的小哥高柏林，只是整日遊手好閒，不做正事。一日，小高見眾和尚抓住一隻狐狸要殺掉，再三勸止，讓和尚們放生。此事過去不久，有位縣令看中小高，讓他做了長隨，十分信任。縣令治下事務繁雜，經常要迎來送往。有一次，縣令要迎接欽差，給了小高一千兩銀子，讓他到驛站備辦迎接事宜。小高趕到驛站，忽然發現銀子弄丟了，可這時欽差已經要到了。小高又恨又怕，走投無路，打算直接投河自殺。有位老人突然出現，勸他說："汝命應發大財，此非汝死所。"小高被老人一通車軲轆話勸得打消死志，硬著頭皮去接欽差。神奇的事發生了，這位欽差非常簡樸廉潔，見驛站對接待工作完全沒有準備，反而認定縣令是個好官，大大誇獎了一番，而且對張羅此事的小高大為稱讚，收為親隨，跟著自己辦事。欽差官越做越大，所有涉及關稅、鹽務的事務，都交給小高打理。十年下來，小高雖然並不貪心，但也攢下幾十萬兩銀子，還與許多地方官稱兄道弟。

小高發達之後，想起老人的救命之恩，就在家裏給老人立了生祠，每天上香禮拜。又想起當年曾在廣福寺求得上籤，許願富貴之後要重修廣福寺。這事他隨口向朋友透露，江陰好事的地方官為了討好他，竟然為此向百姓攤派。百姓嘩然，有讀書人氣憤不過，寫了狀子告到總督府，總督命人查實，上奏朝廷。案發之後，小高手足無措，只能向生祠塑像禱告、求救。當晚，就聽到家裏有狐狸的嘯叫聲。第二天，塑像全是水珠，像是全身冒汗。異象持續了三天。三天後，得到消息，他的案子被輕判了，逃過一劫。外人都說，是這位老人連續三天進京託關係，才幫小高化解了。小高後來才明白，這位老人，其實就是自己當年救下的狐狸。(《北東園筆錄》四編・卷六〈狐報恩〉)

這位狐狸精始終很少現形，只是在關鍵時刻幫了小高兩次：第一次勸他不要輕生，小高後來的命運算順勢而為；第二次則是連續三天長途跋涉，進京疏通關係，要不是塑像滿頭大汗，小高和外人恐怕都猜不出是怎麼回事（塑像出汗以前亦有記載，如《太平廣記》卷二九六〈蔣帝神〉）。功成不居，為而不恃，頗有魯仲連之風。

這兩個是雄狐狸精報恩的例子，下面講講香艷的雌狐狸精投懷送抱的故事：

紀曉嵐在兵部做事的時候，有個小官被狐狸精所魅惑，形銷骨立。於是請來張真人祛狐，張真人正要施行法術，屋檐上有人對那個小官說話："你身為政府公務員，貪贓枉法，將來一定是死罪。我前世曾受你救命之恩，所以才來報恩的。"眾人一聽，恩人都被你弄成藥渣了，有這樣報恩的嗎？屋檐上的人繼續說道："故以艷色蠱惑，攝君精氣，欲君以瘵疾善終。"我是想讓你縱慾而亡，得個善終。如今我被趕走，就沒人救你於鍘刀之下了，望你努力行善，尚且有望逃脫死罪。張真人不再聽狐狸精絮叨，施法術趕走了她。小官身體恢復之後，不思悔改，繼續大肆貪污，終於事發被砍了腦袋。（《閱微草堂筆記》卷三）

這狐狸精的報恩方式匪夷所思，但仔細想想卻很有道理。她之所以投懷送抱，是為了搶在法律制裁之前讓小官自然死亡，免得將來身首異處。大概這小官貪起來太狠，狐狸精為了趕時間，不免"攝精氣"太快，招來了張真人，功敗垂成。

如果仔細琢磨這三個報恩的故事，狐狸精顯然受到當時主流文化的影響，或者說主動接受當時社會秩序、習俗的規訓。比如堅決反對士人參與訴訟活動，勸其走正道；幫人消災卻從不張揚；為使恩公免於刀鋸之刑，寧可讓其"以瘵疾善終"。這些處理辦法，其精微之處，完全合乎社會人際關係。相比之下，無論是報恩還是報仇，人類都遠不及狐狸精的直截和高效。

如何追殺狐狸精？

在人狐近兩千年的鬥爭史上，人類總結出的對付狐狸精的辦法很多，既有專業的，也有業餘的。專業的即術士治狐狸。這裏的術士，包括職業的道士、和尚，以及掌握驅狐專業技能的巫師。其中道士最常用五雷法，"凡得五雷法者，皆可以役狐"（《閱微草堂筆記》卷十五）。按照道教的說法，施行雷法所招攝的雷神將帥，實即自身三寶（精、氣、神）及五行（五臟之氣）所化。作法者若能成就內丹，以自心元神主宰自在，隨意升降身中陰陽五氣之雷神將帥，便能達到興雲佈雨、驅邪伏魔、禳災治病等目的。也就是說，真正的五雷能激發內心的潛能，達到類似召喚雷部諸神的效果。可是，對於老百姓來說，登壇作法比修煉內丹要有意思得多，也熱鬧得多，所以大多筆記小說中記載的五雷法，都是正經地請雷神除妖。

南宋隆興府樵舍鎮有個富戶姓周，家資豐厚，每天吃喝玩樂。紹興四年，一個老頭帶著女兒來見他，願意將女兒嫁入豪門做妾，而且不要一分錢。周員外見這女子"容色美麗，善鼓琴弈棋、書大字、畫梅竹"，當然高興得不得了，馬上命人辦了契約文書，迎娶進門。過了一年，有道士經過他家，說這家裏有妖氣。於是請周員外出來，說願意免費為周家除妖。周員外素來敬重這些方外之士，便答應了，讓全家二十多口人全到廳堂內。道士眼盯著那小妾，伸手招訣，大喝一聲，雷火如球狀閃電一般從袖子中放出，一聲巨響之後，滿屋子煙霧騰騰。煙霧散去之後，小妾倒在塵埃中，化為玉面狐狸。道士也飄然隱去。(《夷堅志‧夷堅志補》卷二十二〈王丫姐〉)

這個故事的描述中，五雷法的威力相當於一顆手榴彈。鑒於《夷堅志》中對道士的態度一直不怎麼友好，有鬼君懷疑這個故事是為了抹黑道士。年輕女子願意在豪門享福，好好地侍奉周員外一年，沒有招惹是非，也沒有把周員外榨乾。道士為何平白無故幫人除妖呢？

但是，狐狸怕雷卻是實實在在的，即使虛張聲勢也能嚇住他們。

明代北京天壇有個道士，很擅長捉狐狸。一天，有個白衣人上門請他去捉狐妖。道士當時喝多了，也沒注意，就讓白衣人僱了轎子，自己鑽進去便呼呼大睡。一覺醒來，發現竟被抬到西山僻靜之所。原來白衣人是狐狸精幻化的，將其引入伏擊圈。道士掀開轎簾一看，無數狐狸精正圍著他躍躍欲試。雙拳難敵四手，道士故作鎮定，說，"我既然到了這裏，就沒打算逃。你們若能掰開我的手，就隨你們處置，說著伸出手捏成拳頭。"一隻狐狸上來掰，掰不動；三四隻上來，也掰不動。最後，所有狐狸一擁而上，一起掰。道士心中默唸掌心雷口訣，突然撒開手，雷聲大震，群狐一聽，嚇得四散奔逃。道士這才脫身。(《堅瓠秘集》卷二〈天壇道士〉)

用五雷法驅狐的道士，似乎只要招訣唸咒就行，但實際修煉卻極難。有鬼君看到的一份已經簡化的文獻介紹說，修煉五雷法要"凝神定息，存左有太陽，右有太陰，吸日精月華之氣，嚥下重樓，直至中宮駐之，與自己祖氣混合為一。良久，以意提起，自雙關直至泥丸，則陽神從左目出，陰神從右目出，誦秘咒，握斗印，召空中神合一，而役之。自然神定氣升，光出將現"（《道法會元》卷二一四）。對非專業人士來說，幾乎是不可能完成的任務。所以，民間的驅狐大多是自開發的路子。

紀曉嵐說，狐有五畏：畏兇暴、畏術士、畏神靈、畏有福、畏有德。（《閱微草堂筆記》卷二十一）這五畏並不只針對狐狸精，對其他精怪也是有效的。狐狸精與人最為接近。因此，從人性的角度去了解他們的弱點，最容易突破。

清代時，有位候補官員在北京西城區虎坊橋一帶租房子住。有人跟他說，這裏有狐狸精出沒，最好能準備點貢品祭拜，以求平安。這人生性吝嗇，偏偏不肯。幸好沒有什麼異常發生。後來，這人納了一房妾。小妾進門第一天，獨自一人在屋裏坐著，就聽窗外亂七八糟的聲音在品評她的相貌，毫不顧忌。晚上入洞房，燈一關，就聽滿屋的竊笑聲。兩人準備進入溫柔鄉時，每個動作都被高聲喊出來，成了現場直播。連續幾天都是如此，攪得兩位新人無法盡興。這些當然都是沒有享用到祭品的狐狸精在報復。

這人實在受不了，去請道士驅狐。道士問明緣由，說："這事我們不能出面。這些狐狸精沒有害人，最多只是鬧洞房有點過頭，王法也並不禁止。豈能因為這樣的床笫隱秘之事褻瀆神明呢？"這人沒辦法，只好準備了豐盛的酒席祭拜狐狸精，這才安生。時人評價說，這說明應酬之禮不能太隨便啊。（《閱微草堂筆記》卷十三）

　　這個故事中，人與狐狸精的關係是從人倫的視角看待的。道士沒有把狐狸精看作異類；當然，狐狸精也沒把自己看成異類。所以，若能處理好人際關係，人狐之間的關係也就大多能處理好。不過，如我們所知，狐狸精與人的關係之所以糾纏不清，主要出在生活作風問題上。從生活作風入手，既是反腐的利器，也是驅狐的良方。

　　也是在清代，甘肅有位姓杜的富家員外，因為住在郊外，附近有不少"狐獾穴"。杜員外嫌狐狸精晚上太鬧騰，用煙火將他們燻出來趕走了。當晚，狐狸精就來報復了。他們的辦法很有趣，在杜府內外幻化成十餘個杜員外，呵斥家人做這做那。無論相貌、衣著、動作還是聲音都一模一樣，杜家老小乃至僕人根本無法分辨，於是就這樣鬧騰了一晚上，全家苦不堪言。

　　杜員外在妓院有個相好的小姐，聽說此事，自告奮勇說，這事我能解決。"盍使至我家，我故樂籍，無所顧惜，使壯士執巨斧立榻旁，我裸而登榻，以次交接，其間反側，曲伸疾徐進退，與夫撫摩偎倚，口舌所不能傳，耳目所不能到者，纖芥異同，我自意會，雖翁不自知，妖決不能知也。"大意是說，我能在同房的時候，分辨出杜員外的真假。於是，小姐事先找來個壯漢在邊上拿著斧子候著。等真假莫辨杜員外上得床來，動了幾下，小姐大喊一聲"砍"，壯漢一斧揮下，果然一隻狐狸精被殺；第二個進來，小姐又大喊一聲"砍"，又殺掉一隻狐狸精；第三個進來，剛動了幾下，小姐就抱住對方，說這是真的，其他的都可以殺了。僕人們就動起手來，把那些假冒的杜員外全部誅殺乾淨。（《閱微草堂筆記》卷二十一）

　　此事先挑起事端的是杜員外。狐狸精若只限於惡作劇，倒

241

也罷了，可是偏偏在生活作風上把持不住，連杜員外在外包養的小姐也不放過，豈不是自取滅亡。

某人娶的續弦，一直被狐狸精所騷擾。後來，請來道士將狐狸精捉住。道士命令狐狸精自供罪狀。狐狸精解釋說，自己前世與這婦人是夫妻，因為一點恩怨，她故意出軌報復我。"今世我要來報仇，這是因果報應，上天也不會干涉的，法師您又何必多事呢？"道士沉吟良久，問："這婦人前世找相好多久？"答曰一年。又問："你今世騷擾這婦人多久？"答曰三年。道士勃然大怒："多了兩年，這還是對等的因果報應嗎？趕緊滾得遠遠的，否則就把你移交雷神處置。"狐狸精就此認罪，再也不來騷擾了。（《閱微草堂筆記》卷十二）

對付狐狸精在生活作風上的這個弱點，還可以借刀殺人。

南京評事街有戶人家姓張，張家宅子裏有座小樓，傳說裏面有吊死鬼，所以沒人敢住，鎖得嚴嚴實實的。有一天，有位少年書生來到張家，想租房暫住。張家人表示沒有空房。書生很不高興："不管你們租不租，我都能隨意出入，到時你們可別後悔。"聽他說話的口氣，似乎是狐仙。張家人就說，西邊有三間空房子，讓他去住。就把那座小樓租給狐仙。他們心裏盤算的是，可以借這狐仙驅鬼。書生很高興，第二天就搬進來了。當晚，就聽見小樓裏笑聲不斷，鬼狐相處得似乎很和諧。張家為了幫助狐仙，還每天供應雞鴨魚肉。這樣過了半個月，小樓又回復了平靜。張家認為這狐仙已經走了，上樓一看，一隻黃色的狐狸自縊在房樑上。這個故事題為《狐仙自縊》。（《子不語》卷十四）

在這個故事裏，縊鬼可能除了笑聲，沒有一點痕跡留下，也沒人知道他（她）是如何行事的。然而，被擊敗的是狐仙。就像李尋歡擊敗上官金虹一樣，如羚羊掛角，無跡可尋。這也許是獵狐的最高境界了。

開外掛採補的狐狸精

如果我們把狐狸精的修煉看作遵循一定規則的競技遊戲，那麼開外掛就是修煉中順理成章的套路。先從"蹭熱點"的故事說起：

清代有一位姓趙的離休幹部，回鄉享清福。納了一房小妾，名叫紫桃。紫桃把趙員外服侍得非常好。特別是，老趙一喊她，紫桃就立刻就出現在邊上，好像隨時等待召喚。老趙感覺紫桃反應快得有些詭異，於是在床上逼問。紫桃說了實話，自己是狐狸精，只是與趙員外夙緣未了，所以現在是來還願的。老趙感覺自己身體也沒什麼異樣，看來紫桃不是為採補而來。有天，老趙在家中花園散步，想喊紫桃侍奉，沒想到剛一開口，從園中兩間屋子裏各奔出一個紫桃。老趙大吃一驚，紫桃連忙解釋，這是自己的分身。

老趙也沒多想。後來他在郊外遊玩，遇到一個道士，言談甚歡。道士對他說："貧道其實是專為老先生您來的。您本是海外的神仙，貶謫到人間。如今期滿，應該回歸仙班。可是您的金丹被狐狸精盜走，不僅沒法回去，而且年壽也要受影響。"老趙知道一定是紫桃幹的，就請道士到家裏整治狐狸精。

道士進了趙府作法，長嘯一聲，只見院子裏忽然跪了幾十個容貌服飾一般無二的紫桃，把老趙看得目瞪口呆。道士說，哪個是最先來的紫桃？其中一位出列叩頭。道士怒斥說："你這妖狐，偷了員外的金丹，已是罪無可赦，為什麼還呼朋引伴，要把員外榨乾嗎？"紫桃解釋說："是這樣的，趙員外前生為海島上仙，'煉精四五百年，元關堅固，非更番迭取不能得'，如果眾狐精姐妹車輪大戰，員外必然生疑，所以我們就全幻化成紫桃的樣子。無論誰上，員外都會以為自己是在跟紫桃交歡。如今既然敗露，我們懇請離開，不再騷擾員外。"道士見事無可挽回，只能嘆息一聲，揮手讓群狐跑路。道士轉身對趙員外說："妖由人興，你'先誤涉旁門，欲講容成之術，既而耽玩艷冶，失其初心，嗜慾日深，故妖物乘之而麕集'，以後安生點吧。"說著飄然遠去。趙員外此後老老實實地清心寡慾，高壽近九十才去世。（《閱微草堂筆記》卷十五）

這事用網絡詞彙很好解釋：老趙原本以為自己是用網綫與紫桃連接，沒想到紫桃把他當路由器開了熱點。結果幾十個紫桃蹭熱點，瘋狂刷視頻，老趙的流量吃不消了。

比蹭熱點更狠的是"偷賬號"：

佛道有奪舍、換形的說法。奪舍就是投胎轉世，換形則是肉身衰老時，與年輕健碩的小鮮肉互換，可以繼續煉丹。對狐狸精來說，換形類似於偷高級別的賬號。狐狸精練級比人難，所以有些狡猾的狐狸精就附體在人身上，利用人形修煉，比之前要快得多。當然，其間也有風險。人固然比狐狸精修煉快，但聲色犬馬的誘惑也比狐狸精多，墮落的概率也大。所以，沒有定力的狐狸精不敢冒險用此招。比如《右台仙館筆記》卷十二曾記載狐狸精附體。不過，附體後也不敢久留，只蹭了幾頓飯，吃了個西瓜，看看苗頭不對就閃了，前後不過三天。畢竟，高級賬號不是誰都能駕馭的。

開外掛不僅可以快速升級，還能獲得難得的寶物。

周家有個寡婦，帶著十五六歲的兒子一起生活。周太太買了個童養媳，這小姑娘雖然看著身體孱弱，但是“善操作，井臼皆能任，又工針黹，家藉以小康”，勤快能幹，操持家務井井有條。而且她性格乖巧靈活，婆媳關係也很好。婆婆生病，她守在床邊十幾天，幾乎從不休息。後來婆婆去世，她竟然拿出幾十兩銀子給丈夫辦理喪事。丈夫覺得奇怪，就追問銀子是怎麼來的。小媳婦說：“實話實說，我是狐狸精，因為修煉遇到雷劫，必須找到庇護的人才能躲過。‘惟德重祿重者，庇之可免，然猝不易逢，逢之又皆為鬼神所呵護，猝不能近。’簡單地說，只有那些德高望重的人才可能幫助狐狸精避開雷劫，但是一來此類人難找，二來臨到雷劫時難以靠近。更靠譜的辦法是長期行善，所以我到你家裏做童養媳，日積月累，躲過了雷劫。”

紀曉嵐說，狐狸精“特巧於遄死，非真有愛於其姑。然有為為之，猶邀神福，信孝為德之至矣”。（《閱微草堂筆記》卷十六）他的意思是，雖然狐狸精開掛，找了個防禦力一萬點的寶物，不無投機之嫌，但努力盡孝，畢竟是好事。

狐狸精在修煉時開掛，屬作弊行為，特別是採補開掛，害人性命，所以一經拿獲，往往要受重責。比如《里乘》卷六〈吾鄉某太史〉說，一位年少多金的高官，被九女二男十一隻狐狸精蹭熱點，“由此閉門謝客，鎮日與群美周旋，頗幸奇遇。匝月後，精神怠忨，罷於奔命；而群美輪替值宿，苦無虛日，默自危慮”。後來關帝爺出面救了他，將狐狸精一家發配至西域。

人們在指責狐狸精的時候，搶佔道德高地的速度飛快。可是，自認流量足夠，卻不想開熱點的男人大概比較少吧。

那些只撩妹不採補的狐狸精，是真愛嗎？

狐狸精與人類的關係，有些是圖色，有些則是真愛。只不過，真愛的結局並不一定如你所願。狐狸精自己是這麼說的：

> 凡我輩女求男者，是為採補，殺人過多，天理不容也；男求女者，是為情感，耽玩過度，以致傷生。（《閱微草堂筆記》卷七）

"男求女者，是為情感"。也就是說，雄狐狸精與妹子交好，那才是真愛。這和《聊齋志異》裏大量狐女愛上書生事正好相反。在另一處，紀曉嵐又說："狐之媚人，為採補計耳，非漁色也。然漁色者亦偶有之。"（《閱微草堂筆記》卷九）有意思的是，他接著這個話頭，說的卻是一個狐基友的故事。也許在他眼裏，為了傳宗接代或採補而交合，都是出於功利目的，而斷背才是真愛。至少在男女之事上，有鬼君覺得身為性癮症患者的紀曉嵐，恐怕比山村私塾教師蒲松齡更深刻些，或者更有現代意識。

狐狸精的斷背情結，這裏不再細談。我們看看狐狸精的真愛是怎樣的：

唐玄宗開元年間，有一太守姓韋，家中有女，甚是寵愛。某天，有人自稱崔參軍，上門求親。因為崔參軍走位飄忽詭異，韋太守覺察多半是狐妖，但也不敢立刻翻臉，只能假意推辭。沒想到崔參軍頗有神通，直接到了小姐的閨房，自稱小婿，把韋太守的女兒拿下了。韋太守當然不幹，請了道士來祛狐，結果術士道士們都被狐狸精打得落花流水。不得已，韋家對狐狸精說："崔姓是高門大族了，我們小姐嫁給您也算是門當戶對。不過，還是要給些體面，能不能下聘禮，明媒正娶。"

狐狸精說，這沒問題。於是先給了兩千貫作為聘禮，讓韋太守定下吉期知會親友。到了娶親那天，狐狸的迎親隊伍"車騎輝赫，儐從風流，三十餘人。至韋氏，送雜彩五十四，紅羅五十四，他物稱是"。面子、裏子都給足了，韋太守也就安心將女兒嫁出去。

過了一年，韋太守的兒子也被狐狸精魅惑。韋太太就請狐女婿幫忙，狐女婿暗喜："我八叔的女兒、我的堂妹，已經長大成人了，想找個女婿，看中了我這小舅子。至於小舅子的病，'小妹入室故也'。"丈母娘一聽，勃然大怒，說："你個野狐魅，拐了我女兒不算，連我的兒子也不放過。我們夫妻倆就指著他傳宗接代呢。"狐女婿也不生氣，只是微微一笑。韋太守夫妻威逼不行，只能哄騙："日夕拜請"，說只要能治好兒子的病，女兒的事便再不追究。狐女婿說，病是好治，不過岳父岳母大人的話，我可不敢信。丈母娘不斷賭咒發誓，狐女婿終於答應了，教了丈母娘祛狐的辦法。

兒子的病好了，丈母娘果然乘勝追擊，繼續將此法用在女兒身上，把狐女婿也趕走了。過了幾天，狐女婿"衣服破弊，流血淋漓"地來到韋府，聲淚俱下地聲討她不守信，將此事上告天庭。當初的聘禮都是自己從天府偷來的，如今還不上了，不僅被打了板子，還要流放到西北蠻荒之地。丈母娘當然不會給他好臉色，老丈人韋太守還不錯，說了些好話，把前女婿送走了。(《太平廣記》卷第四百四十九引《廣異記》)

狐女婿雖然是強娶官家小姐，但丈母娘多半是看重女婿豐厚的聘禮，且不守信用，從道義上看，人類多少也有些說不過去。當然，故事裏並沒有提及這對小夫妻生活是否和美，所以丈母娘的反應也可以理解。但是，有鬼君並不打算因此抹黑丈母娘，因為有些丈母娘看狐女婿也同樣是越看越喜歡，比如《閱微草堂筆記》卷十二的一個故事。

一般說來，雄狐狸精找上妹子，一方面要冒被天曹責罰的風險，另一方面還要應對女方層出不窮的套路。所以，如果不是真愛，確實不大會下手。下面這隻狐狸精，在有鬼君看來，古往今來狐狸精真愛排行榜上，至少能排在前二。

唐代吏部侍郎李元恭的外孫崔氏，十六歲，相貌出眾，忽然被狐狸精看中，得了魅疾。李侍郎找了術士祛狐，也沒什麼效果。狐狸精後來索性現形，自稱胡郎。這位胡郎肆無忌憚地在李侍郎家與崔小姐同居。他相貌不凡，情商智商也很高，不僅與崔小姐琴瑟和諧，而且每日與丈母娘的哥哥談詩論道，頗為投契。這也罷了，胡郎更有高人之處，他竟然對崔小姐說："人生不可不學。"請了一位老人精教崔小姐讀經史，前後三年，竟然"頗通諸家大義"；然後又請人教她書法，一年之後，崔小姐"又以工書著稱"；胡郎又請琴師教她彈奏各種曲子，把其中的精妙處一一講透，除了〈廣陵散〉，就沒有不會的。簡直是按世界名媛的級別在培養崔小姐。

胡郎盡心盡力地營造與崔小姐神仙眷侶一般的生活。李家人也對這位姑爺另眼相看。有次就問他："為什麼不帶夫人回去省親呢？"胡郎一聽大喜，自己終於被女方接納了，便答："我早有此意，只是覺得自己地位低賤，不敢唐突。我家其實住得很近，也好找，門前有兩株很大的竹子。"

原來如此，李府就有一片竹園，李家人在竹園搜尋，見兩株大竹中間有個洞窟，命僕人往裏灌水，竟灌出一窩狐狸。其中一隻穿的綠衫，正是胡郎平常愛穿的。李家人大喜："抓住胡郎了。"群棍齊下，將胡郎殺掉。(《太平廣記》卷第四百四十九)

狐女婿如此結局，令人唏噓。李侍郎一家的做法實在難以讓人理解。也許，在李家人看來，胡郎即使相貌出眾，琴棋書畫無一不精，到底還是妖精，殺了也就殺了。非我族類，其心必異。

還有一種狐狸精撩妹的方式，或許也是真愛：

清代某地一村女，母親早逝，跟著父親過活，生活頗為艱難。十三四歲時"為狐所媚"，每晚"同寢處笑語嫟狎，宛如伉儷"。奇怪的是，與很多被狐狸精魅惑的妹子不同。這妹子無病無災，生活起居與常人無異。而且狐狸精還經常給女方家裏送錢、送米、送衣服，全家因此衣食無憂。更奇怪的是，狐狸精還為妹子準備了漂亮的衣服、首飾、化妝品，只要是她喜歡的，都去弄來。女方家裏也實在挑不出這位狐狸精的不好，因此安之若素。過了一年，狐狸精忽然對岳父大人說，我要走了，你女兒的嫁妝也準備齊全了，快點給她找個好女婿。你女兒還是處女，嫁人是絕無問題的，不要說我始亂終棄。老丈人"倩鄰婦驗之，果然"。(《閱微草堂筆記》卷十六)紀曉嵐說：

"狐之媚人，從未聞有如是者，其亦夙緣應了，夙債應償耶？"

相比前面兩位，這個故事裏的狐狸精行事實在不合常理。他究竟想要什麼呢？很難判斷。紀曉嵐覺得這是某種神秘的緣分。有鬼君以前覺得，這才是真愛，但如今仔細想想，小夫妻每晚"同寢處笑語媟狎，宛如伉儷"，卻從來沒有實質進展。這種看似清純的戀愛，對妹子來說，未嘗不是一種傷害。

在各種神仙鬼怪中，就撩妹的技巧而言，狐狸精確實做到了報以真心的地步。只是人類不僅將自身分成三六九等，對狐狸精也同樣用世俗眼光看待：除了神仙，其餘一概拒斥。至於真愛與否，人類向來不那麼看中。

爹味是人類自家體貼出來的

　　"爹味"為網絡流行詞，常用於形容大男子主義極強，喜歡賣弄知識、控制他人或歧視女性的男性。

　　魏晉玄學第一人王弼，年紀輕輕，二十四歲就去世了。據《太平廣記》卷三百十七的一則故事，他是被東漢經學大師鄭玄嚇死的。王弼給《易經》作註，嘲笑也曾為《易經》作註的鄭玄，說："這老東西一點也不懂《易經》的真意。"當時正是晚上，門外忽然響起了腳步聲，進來一人自稱鄭玄，斥責王弼說："你個毛頭小子，胡亂解說，還敢來挖苦老子？老子弄死你。"（"君年少，何以穿鑿文句，妄譏老子！"）說完氣呼呼地走了。王弼又驚又嚇，不久就得癘疾而死。

　　鄭玄是經學大師，又是王弼的前輩，遇到學術觀點不同，不是認真討論，而是聲色俱厲地自稱"老子"，斥責晚輩。爹味果然很足。不過有趣的是，鄭玄的爹味，或許學自他的老師大儒馬融：

　　　　鄭玄在馬融門下，三年不得相見，高足弟子傳授而已。嘗算渾天不合，諸弟子莫能解。或言玄能者，融召令算，一轉便決，眾咸駭服。及玄業成辭歸，既而融有"禮樂皆東"之嘆。恐玄擅名而心忌焉。玄亦疑有追，乃坐橋下，在水上據屐。融果轉式逐

之，告左右曰：「玄在土下水上而據木，此必死矣。」遂罷追，玄竟以得免。（《世說新語·文學》）

不過，關於這則記載，亦有不同說法。劉孝標註釋說：「馬融海內大儒，被服仁義。鄭玄名列門人，親傳其業，何猜忌而行鴆毒乎？委巷之言，賊夫人之子。」

一個人是不是帶有“爹味”，單據隻言片語，不宜妄下斷語。但作為整體的人類，“爹味”卻是自家體貼出來的。特別是對待狐狸精時，濃濃的爹味揮之不去。

清代山東壽光有個姓紀的秀才，某天傍晚，遇到一美女獨自在泥地裏蹣跚。美女請他幫著攙扶一下。紀秀才想，這時間孤身一人在路上，必是狐女，撩一撩試試，果然得手。此後，狐女每夜都來相會。紀秀才身體漸漸吃不消，翻臉不認賬了。狐女不甘心，與他力爭，他卻振振有辭道：“男女之事，權在於男，男求女，女不願，尚可以強暴得；女求男，男不願，則心如寒鐵，雖強暴亦無所用之。況爾為盜我精氣來，非以情合，我不為負爾情，爾閱人多矣，難以節言，我亦不為墮爾節，始亂終棄。君子所惡，為人言之，不為爾曹言之也。爾何必戀戀於此，徒為無益。”總結起來就是，你身為狐狸精，必是水性楊花，沒資格跟我談節操。況且，所謂“始亂終棄”，是講人與人的關係，你們狐狸精沒資格談道德。說罷，狐女含恨而去。（《閱微草堂筆記》卷十二）

但是，人類的爹味不過是建立在自我膨脹的幻覺之上。狐狸精努力修行，無論法力上，還是義理上，其實都不輸於人類。所以爹味常常遭到重創：

　　清代的一個秀才，年過四十還無子息，於是納了一房小妾。這小妾既美麗又賢惠，正房看著不太舒服，每天對她呵斥有加。過了一年，小妾生下一子，正房更覺得受到了威脅。於是找了個藉口，將其"鬻於遠處"。書生是個耙耳朵，雖然心裏不願，也不敢吱聲，只能每天住在書房暗自飲泣。沒想到有天晚上，小妾竟然來到他的書房，說自己其實是狐狸精。當初以人的身份做妾，自然遵循人類的倫理，不敢對正房有不滿。現在是以狐狸的身份陪宿，"變幻無端，出入無跡"，自然沒人發現。書生還是很愛這個小妾，於是兩人繼續雙飛雙宿。

　　時間久了，事情漸漸為僕人發現，報告了正房。正房大怒，請來道士將其抓獲。狐狸精與其據理力爭。理由有三：其一，是正房將其轉賣的，"非見出於夫"，不算離婚，所以回來與丈夫同居是合法的。其二，"妖亦天地之一物，苟其無罪，天地未嘗不並育。上帝所不誅，法師乃欲盡誅乎？"其三，"人變獸心，陰律陽律皆有刑，獸變人心，反以為罪，法師據何憲典耶？"

　　道士說不過狐狸精，就祭出爹味招數："媚惑男子，非爾罪耶？"就是紅顏禍水了。狐狸精這下找到反擊的理由了：我雖不是正房，但並非淫奔，也是按照禮法嫁進門的。如果我是為了採補，老公早就被榨乾了。我在家裏兩年被賣，回來又過了五六年。他身體依然強健，媚惑安在？（《閱微草堂筆記》卷十八〈姑妄聽之四〉）

　　狐狸精的理由確實過硬，若是真要採補，這位書生估計撐不過半年。所以，確實有不害人的狐狸精。當然，速成修煉的誘惑很大，所以玩採補的狐狸精其實更多。下面這個故事可以說明，狐狸精要瘋起來，男士一般撐不過半年。

有一少年，在華山腳下迷路了，在一戶人家投宿，戶主的女兒"絕妍麗"，趁著父母沒看到，對少年百般撩撥。少年血氣方剛，兩人就摟在一處了。尚未入港，戶主夫婦忽然現身，痛斥女兒不守婦道、少年壞人名節。看到這裏，想必是仙人跳的招數。其實沒完。夫婦倆晚上商量了半天，讓少年娶此女為妻，招贅在女家。少年自然點頭如搗蒜。只是此女因為要到山上的主人家做鐘點工，所以每五天在山上，每五天在家裏。少年也答應了。

半年後，少年身體日漸憔悴，晚上咳嗽得睡不著，走到外面林中散步。聽到不遠有男女嬉笑聲，走過去一看，"見屋數楹"，有一少年摟著他妻子"坐石看月"。少年大怒，衝上去就與那人廝打起來。那人也大怒，你敢偷窺我老婆。兩人廝打一陣後，都因為身體虛弱，只能躺在地上喘氣。

那女子坐在石上看著兩人廝打，最後笑眯眯地說，實不相瞞，我主要拿兩位採補用的。讓你們"休息五日，蓄精以供採補耳"。現在雖然真相大白，不過，"爾輩精亦竭，無所用爾輩，吾去矣"。轉身離去，留下兩坨藥渣癱在地上氣喘吁吁。不久有獵人進山打獵，救下兩人。兩人恨恨不已，請獵人抓住狐狸精報仇。獵人說："邂逅相遇，便成佳偶，世無此便宜事，事太便宜，必有不便宜者存。魚吞鈎貪餌故也，猩猩刺血，嗜酒故也，爾二人宜自恨，亦何恨於狐。"（《閱微草堂筆記》卷十一）

孟子曰："人之所以異於禽獸者幾希，庶民去之，君子存之。"人和禽獸之間的差別並不太大，而"爹味"卻是人類自家體貼出來的。

人狐爭鬥

　　人狐爭鬥歷史悠久，雙方都視對方為異類。非我族類，其心必異。所以，一直到明清之前，人狐之間大都是你死我活、兩條路綫的鬥爭。明清時期，人狐關係發生變化，狐道逐漸向人道靠攏。也就是說，狐狸精越來越接受人類社會的基本倫理和法律規範。其中，一個顯著的標誌是開始聚族而居。狐狸精只有群居，才能更好地實現族群的動員。而此時的人狐爭鬥，不再僅僅是個別人與狐的恩怨，而是上升到族群矛盾。下面要討論的，就是作為群體的狐狸，在與人類發生紛爭時，雙方採取的策略。

　　河北省有一個大戶人家請教書先生，有個姓胡的秀才毛遂自薦。主人很滿意，就聘了他。胡秀才教得很好，只是常出去玩，而且總是深夜才回來。即使大門關著，不用敲門，人已進屋了。家人都懷疑他是狐狸精，但他也並無惡意，所以主人對他也從不怠慢。

　　胡秀才知道主人有一個女兒，想向主人求婚，幾次向其示意，主人都裝聾作啞。於是，他索性找了個媒人來提親。這媒人五十多歲，衣著光鮮，談吐風雅。主人還是不肯："我與胡先生已是莫逆之交，何必親上加親呢？況且小女已許配人家了。"媒人再三懇求，主人執意不肯。媒人有點不高興："胡先生也是世家大族，怎麼就配不上你家呢？"主人也毫不客氣說："實話實說吧！惡非其類耳。"這下媒人臉上掛不住了，爭吵起來。主人也不客氣，命僕人直接將狐媒人趕出門。

鬧成這樣，主人知道狐狸不會善罷甘休。第二天，"果有狐兵大至，或騎、或步、或戈、或弩，馬嘶人沸，聲勢洶洶。"還是機械化部隊。狐兵揚言要火攻。這時，一個僕人帶領大夥衝了出去，"飛石施箭，兩相衝擊，互有夷傷"。狐兵漸漸敗退，丟棄了不少刀劍。眾人拾起一看，都是些高粱葉子。技止此爾！

此後幾天，狐兵都未再來，大家也有點懈怠。一天，主人去上廁所，忽見狐兵朝他亂箭射來，都射到他屁股上。拔出一看，原來是蘆葦稈。之後雖然未爆發大戰，但狐兵小規模的襲擾時有發生，不得安寧。

又有一天，胡秀才親自帶狐兵來犯。主人叫他出陣相見："僕自謂無失禮於先生，何故興戎？"說著請他進屋，設宴款待。喝了一陣，主人推心置腹："以我們交情，結親也沒什麼。但先生車馬、宮室，多不與人同，弱女相從，即先生當知其不可。"胡秀才也覺得有些慚愧。主人又說："不如這樣，小犬今年十五六歲，願得坦腹床下。"胡秀才說："好啊！我妹妹比令郎小一歲，正合適。"於是雙方很愉快地達成了協議，約定狐女成年後就成親。主人又擺宴席招待同來的狐兵。一直喝到黃昏，胡秀才才帶著狐兵大醉而歸。此後，狐兵不再來騷擾。

過了一年半，胡秀才再次登門："小妹已長大成人，請你們選個吉日過門成親。"主人大喜，隨即一同定了日子準備成親。到了大喜之日，"果有輿馬送新婦至，奩妝豐盛，設室中幾滿"。而且狐新娘美麗賢淑，主人家上下沒有不滿意的。新娘子還有一項神通，"新婦且能預知年歲豐凶，故謀生之計皆取則焉"。人狐姻緣，美滿無比。(《聊齋志異》卷三〈胡氏〉)

這次人狐紛爭，能在大打出手的情況下和解，沒有掀桌子，很大程度上是雙方都有退讓。作為人類的一方，能接受狐女嫁入自家，反之則堅決拒絕；而狐狸精一方則都能接受。這樣看來，人類在狐狸精面前還是有族類的優越感，而狐族也默認了人類的這種優越感。當然，從結果看，這種雙贏其實是人類贏了兩次。

人狐矛盾，當然也有掀桌子的：

河北遵化縣衙有很多狐狸精出沒。特別是縣衙最裏面的一座樓，成了他們的據點，鬧得最厲害。歷來縣令上任，對狐狸精都客客氣氣，不敢觸怒他們。直到新任縣令丘公上任，情況發生了變化。丘公性情剛烈，不能容忍妖狐，群狐派代表找到丘公家人："請轉告大人，給我們三天時間，帶領全家老小搬走。"丘公聽罷，也不言語。

到了第二天，丘公閱兵完畢，下令士兵不要解散，把各營的大炮都抬來，突然包圍了縣衙後的那座樓。一聲令下，眾炮齊發，頃刻間將樓夷為平地。"革肉毛血，自天雨而下。"硝煙中，有一縷白氣衝天而去，一隻狐狸逃掉了。此後，官衙太平無事。

過了兩年，丘公打發僕人帶著大筆銀子到京城活動升遷。"事未就，姑窖藏於班役之家。"忽然有個老頭告御狀，說他妻子被丘公殺害，丘公還克扣軍餉，行賄高官，銀子現藏在某人家裏，可以去查證。皇上下旨押著老頭去班役家檢查，但怎麼也搜不到。老頭用一隻腳輕輕點地，差役會意，果然挖出銀子來，上面還刻著"某郡解"的字樣。接著再找老頭，已經不見了。又取來戶口冊查檢，竟無其人。但丘公的案子確實證據確鑿，判了死刑。眾人回想，這個老頭應該就是當年逃走的狐狸。(《聊齋志異》卷二〈遵化署狐〉)

這一回的人狐之爭，是人類失信，先掀桌子，狐狸精險些團滅。反觀狐狸的報復，完全在人間的法律框架下完成。其間是非曲直，並不難判斷。可是世間的事，往往不是那麼黑白分明，所以需要更高層的裁決：

江蘇鹽城縣戴姓人家的女兒被狐狸精附體，家人在村口的聖帝祠投訴，"怪遂絕"。後來有金甲神託夢給戴家人，說自己是聖帝部下，因為將狐狸精殺了，狐狸精家族要來報仇，請戴家屆時幫忙助陣。戴家人當然答應，戰鬥打響，只聽空中陣陣金戈鐵馬，顯然廝殺激烈。戴家人敲起鑼鼓，果然不斷有黑氣從從空中墜落，村前村後掉下許多狐狸腦殼。過了幾天，金甲神又來託夢，說上次殺的狐狸太多了，得罪了狐祖師。狐祖師向聖帝投訴，聖帝要親臨處理，請戴家人為他作證。

到了聖帝下界那日，"仙樂嘹嘈，有冕服乘輦者冉冉來，侍衛甚眾"，而另一方，則是一白髮老道，後面的牌匾上署著"狐祖師"。聖帝對其還特別恭敬。狐祖師說："小狐擾民，罪當死，但你的部將殘殺我族類，其罪也不小。"聖帝說，"您說的是。"戴家人忍不住站出來說，"你這老狐狸，縱容子孫姦淫婦女，還來說情？"狐祖師笑呵呵地說："在人世間，與多名女性發生或保持不正當性關係，判什麼罪啊？"戴家人說："打板子。"狐祖師說："對啊，說明這不是死罪，即使我的子孫身為異類，罪加一等，也不過流放充軍而已，何至於被殺？更有甚者，竟然殺了我幾十個子孫，還有王法嗎？還有法律嗎？"

聖帝眼見辯不過對方，連忙宣佈處罰決定，金甲神殺戮太重，但念他是公事公辦，為民除害，減輕處罰，降職調到海州，就此了結了這樁案子。（《子不語》卷七〈狐祖師〉）

三個故事，反映的是人狐之間的族群矛盾。情況各有不同，結果也迥然有異。究竟應該求同存異，還是掀桌子，很難找到普適的原則。

依有鬼君的看法，人類自己與自己都無法達成共識，跟狐狸精又怎可能共存？這樣看來，人狐爭鬥其實是一種美德。

相信人性，是狐狸精最大的錯誤

　　清代同治、光緒年間，北京有一座都總管廟。祭祀的主神據說為狐仙，"其神為狐族之長"。有個年輕的士人，科考登第，意氣風發。偶然來到都總管廟，寫了一篇遊戲文字。大意是說，貴狐族一直有靈，近於人類，跟人常常結親。我獨居帝都為官，"曠然寡儔"，如蒙不棄，倒是可以與你們族人成親。將來傳之後世，也是一椿美談。寫完就在廟裏焚化了。

　　這遊戲文字原本只是士人的調侃，沒想到，第二天，狐族就上門提親了。一位老者對士人說："敝姓胡，昨天見到您的文章，不以我族為異類，不勝榮幸。今天特地帶了我族子女前來託庇於您。"說著一招手，一下子出來十一個俊男靚女。老者對他們說："你們以後要好好侍奉大人，前途光明。"士人一看，"九女二男，女固妖嬈，男亦婉孌，目炫神搖，不能自主"。原本只想點一道菜吃，沒想到對方上了滿漢全席。從此閉門謝客，整天在脂粉堆裏廝混。最初，美女孌童輪替值宿，他心馳神搖，像老鼠掉進米缸裏，可是一個月後就吃不消了。精神倦怠，疲於奔命。士人想要討饒說不行，又怕被眾美恥笑。想來想去，又悄悄寫了一封告狀信，狀告狐總管縱容子女作妖為祟，在前門的關帝廟祈禱焚化。當晚，士人夢見自己被金甲神帶到一處官衙，庭上審案的冥官神情嚴肅，命令陰差將胡姓老者帶來，讓士人與他對質。一人一狐唇槍舌劍，冥官聽他倆吵完，怒責士人不知自重，玷污官聲。只是他平時尚無大惡，只是與多名男女保持不正當的關係，所以從寬處理，命他即刻辭官離京。

士人一覺醒來，渾身冷汗直冒，再看家中，群美已不知去向。天亮時分，胡姓老者拄著拐杖來到他家，對他破口大罵："天下沒有像你這樣無情、無理之人。當初求婚的是你，所以我才把子女託付給你。你若反悔，大可以跟我商量。怎麼能動不動就告到關帝爺那裏？最可惡的是，你竟然把婚姻問題上升到族群矛盾、宗教矛盾。幸好關帝爺仁慈，沒有把我們團滅。打了我三百板子，全家老幼被發配西羌。等我回來，再好好跟你算賬。"說完忿忿離去。士人嚇得半死，辭官回鄉，再也不做升官發財換老婆的妄想。（《里乘》卷六〈吾鄉某太史〉）

也是清代，山東蒙陰的蒙山一帶多狐狸。獵戶一般在冬季進山獵狐。按照慣例，蒙陰縣縣令會在打獵前一個月頒佈通告，指令某天開獵，某天封山。這樣可以讓狐狸事先知道，避開會獵期，頗有古聖人網開一面之意。而狐狸精也會特意留下老的、病的以及獲罪該死的狐狸，以供獵戶圍捕。

獵戶獵狐所得，足夠一年的生活開銷，但他們不滿足，因為所獲的都是品質低劣的草狐，想要賣大價錢是不可能的。恰逢蒙陰來了新的縣令，此公以貪財著稱，獵戶就集體去賄賂縣令，讓他將開獵公示期縮短為三天，讓獵戶出其不意進山，狐狸沒有準備，紛紛被殺。所獲的狐狸"羅列珍品，有青狐、黃狐、火狐、玄狐之屬，獵戶皆獲利數倍，大令亦遂饜其所求"。

此事過後一天，有一位白鬍子老人忽然闖入縣衙，自稱是狐族之族長，怒斥縣令：“凡事應該遵循規矩，開獵公示期向來為一個月，你為了一己私慾，與獵戶結夥謀財，我的子孫，大多為你所殺，此仇必報！”說完倏忽不見。過了幾天，縣令的兒子莫名其妙在浴室裏淹死；過了不到一個月，縣令的父親也突然病故。縣令只能按例辭官守孝。

雖然趕走貪腐的縣令，可是人狐和平相處的日子再也回不來了。眾人只記得那位白鬍子的狐狸族長“青衫氈笠，貌頗樸野”。（《庸庵筆記·蒙陰狐報仇》）

這兩個故事反映的人狐之間的關係，雖未演化為族群之爭，但顯然，在清代，狐狸精聚族而居的情況已經很普遍了。一般來說，聚族而居的狐狸精，因為已主動或被動地融入人類社會，所以很少會故意騷擾人類。這兩起爭鬥，都是因人先毀約而起。尤其是第二個故事，實際上狐狸變相地以朝貢的形式向人類輸誠，卻依然逃不過貪婪的獵戶和縣令。

狐狸精努力修煉，總要經過幻化成人這一階段。所以，他們總會用儒家的那一套來約束自己，以便繼續在心性上精進。可是他們的問題在於，對人性中陰暗的一面體會不夠，總以為人人都真正信服三綱五常，或者至少遵守基本的公序良俗，實則不然。

輯五

精怪之繁：萬物有靈

龍族：天庭的社畜

關於龍的江湖地位，我們首先要明確，他在天庭不過是藍領而已。按照神話學家伊利亞德的說法："具有天上結構的神仙在創造出宇宙、生命以及人類之後，都會感到疲倦，往往會退回天空，從人們的狂熱崇拜中消失。"意思是，創世神在世界的秩序基本建立之後，會離開一綫政壇，不再干預朝政。

但是，那些從事藍領工作的神仙，卻往往享受不到如此優渥的待遇，最突出的就是雷神和龍。龍族具有兩種技能，一是行雲佈雨，二是能夠升天。

行雲佈雨我們都熟悉。而關於升天，很多下界的凡人修煉成仙，要白日飛升。仙界為了表示敬意，同時也給凡人們作出榜樣，往往會組織比較隆重的歡迎儀式，其中重要的一項就是派龍作為專車來迎接（也有可能是這些新晉神仙飛行技術還不夠熟練）。黃帝升仙、蕭史乘龍，都是如此。可見，龍不過是一個專車司機。不僅如此，不少道士升仙的時候，寧願改騎仙鶴，或者自己化為仙鶴。（《搜神記》中的丁令威）多半是他們覺得騎鶴更有情調，騎龍顯得太低級。

至於龍族的工作強度，書中這樣記載：

膠州王侍御出使琉球。船行在海上，忽然空中掉下一條巨龍，激起幾丈高的海浪，險些將船掀翻。只見這條龍半浮半沉，把脖子搭在船舷上，眼睛微閉著，"嗒然若喪"。船夫說，這是在天上行雨累了的龍，在水裏歇一歇。王侍御趕忙焚香禱告，過了一會兒，這龍大約是緩過勁了，慢慢游走了。同日裏，他們遇到了三四次這樣墮下來的龍。（《聊齋志異》卷十〈疲龍〉）

天庭絕對沒有工會之類的勞工負責組織維權。這幾位龍族老兄簡直被當成牲口使喚，這才是真正的社畜。

雷神下凡時，如果被潑了污穢之物，就會飛不起來。龍也是如此。

南宋江西鄱陽縣有一座永寧寺，寺外有一個不大的污水塘。水塘不到一米深，裏面漂浮著一根一丈來長的枯木。因為時間久遠，沒人記得這根枯木從哪裏來。和尚每天經過池塘，看這根木頭多半已經朽爛，而且污水池裏髒兮兮的，也不覺得有什麼用。某天，大雷雨、電光正好劈到池塘上。那根木頭忽然凌空躍起，變成一條龍，騰雲而去。《漢書·敘傳》中說："應龍潛於潢污，魚黿媟之，不睹其能奮靈德，合風雲，超忽荒，而躆顥蒼也。"大意是龍游淺水遭蝦戲。（《夷堅志·夷堅支志》癸卷四〈羅漢污池木〉）

其實，這條龍的運氣算是好的，因為在被和尚當柴火燒掉之前，幸運地被雷電激活（當然，我們也可以理解為這是要找他打工去了），能重新起飛。相比之下，有些倒霉蛋就慘多了。

唐代的進士崔道紀，中舉之後在江淮之間遊山玩水。有一天喝醉了酒，在驛站休息。他的僕人給他打水洗臉，沒想到水桶從井裏拎上來，裏面竟然有一條魚。僕人告訴崔進士，老崔一聽："好啊，正好給我做碗醒酒湯。"喝了湯之後，他腦子剛清醒一會兒，忽然有黃衣使者從天而降，將崔道紀捉到院子裏，展開詔書宣讀：「崔道紀，下士小民，敢殺龍子，官合至宰相，壽命七十，並宜除。」因為他把龍子當河鮮給吃了，所以上天震怒，將其壽數、祿命一擼到底。當晚老崔就一命嗚呼。（《太平廣記》卷一三三「崔道紀」條）

堂堂龍子，竟然被人吃了，實在混得太慘。崔道紀如果知道那條小魚是龍子，未必敢吃。不過，有背景的道士似乎不怕，還偏要弄龍肝鳳膽。

唐代著名的道士明崇儼，仗著自己有法術，把龍當奴隸使喚，甚至用來做藥引。當時四川一個縣令劉靜的太太患病，請明崇儼診治，他搭脈之後說：「須得生龍肝，食之必癒。」可是，上哪兒找龍肝呢？明崇儼畫了一道符咒，順著風向放到天上。不久就有一條龍下來，老老實實地鑽進瓮中，他便生取龍肝，獻給縣令太太食用，果然痊癒了。（《朝野僉載》卷三）

有鬼君隱隱覺得，這個病未必需要龍肝才能治。明崇儼主要是為了炫技。不過在一個七品縣令的太太面前炫技，跡近江湖賣解了。如今，由於動物保護意識增強，專供宰殺食用的動物會被冠以「菜牛」「菜羊」一類的稱呼，明崇儼殺的莫非是天庭飼養的專供食用的菜龍？

另一個故事就更神奇了，一條小龍竟被人販子拐走了。

南宋商人宗立本，長年在外行商，膝下無子。某天，夫妻倆行商至山東濰坊，在荒郊野外遇到一個六七歲的小孩，長得聰明伶俐。一問之下，原來這孩子父母雙亡，被監護人遺棄在此。宗立本想到自己膝下無兒，徵得孩子同意，就領養了他。這孩子極其聰明，讀書過目不忘，且有一強項，學名家書法極快，無論是篆書、隸書、草書，只要稍加臨摹，就能以假亂真。宗立本想想自己每天奔走行商，還掙不到什麼錢，不如拿這孩子當搖錢樹。於是帶著他四處賣藝為生。如此過了兩年，在濟南遇到一位西域和尚。和尚一見這孩子，就問宗立本："這孩子你在哪裏拐來的？"宗立本說："這是我親生兒子，你瞎說什麼呢？"和尚說："你膽子真是不小啊，這不是普通人，是五台山五百小龍之一，已經走失三年了。敢拿龍子像耍猴一樣賣藝，古往今來也算獨一份了。我要是不收了他，你將來是要倒大霉的。"說著唸動咒語，那孩子化為一條小蛇，跳入和尚的淨瓶中，不告而去。(《夷堅志・夷堅三志》己卷三"宗立本小兒"條)

唐宋時期，胡僧、胡商遍佈中國，不過他們總是神神叨叨，非常詭異。誰知道這西域和尚是不是又從宗立本手裏拐走了那條小龍呢？

第三個故事，說的是龍王淪為送奶工人。

浙江杭州有個道觀洞霄宮，主持的道長德行高深，無論符咒還是作法，都極其靈驗。道觀邊上是一座龍潭，道長每次都在潭邊唸經。有一次正唸著，一位老人從潭中出來，跪在道長面前："弟子就是本潭的龍王，道長您誦經有奇效，我們水族上下都極為佩服。可是，您在潭邊誦經，我們全龍府的男女老少都要起立致敬，不敢退下。您能不能就在道觀裏誦經，這樣我們也可以得到消息。如蒙允可，我們每天給您送鮮奶兩斤，以助齋膳。"道長宅心仁厚，當然答應了。此後，每天道觀的廚房裏都會多出兩斤鮮奶，如此持續了好幾年。道士們對此早已習慣了，可是有一天卻沒有送來。道長大概也是吃得嘴滑，沒有鮮奶喝，心裏不高興，於是又到潭邊唸經。老龍王很快就出來，向道長告罪說："鮮奶是凡間的物品，我們水族是沒法生產的。我們只能從奸商欺詐所得中攝取（掠剩），不能到世間巧取豪奪。本地有位商戶董七，在鮮奶中摻水，缺斤短兩，所以我們能從他的非法所得中攝取來供奉給道長您。今天董七外出，房東卻是遵紀守法的好百姓，從不偷奸耍滑，所以我們沒法攝取鮮奶了，請道長您恕罪。"道長感慨不已，意識到自己每日誦經超度，其實是幫了那些奸猾之人，於是離開道觀，飄然遠去。（《夷堅志‧夷堅三志》壬卷三〈洞霄龍供乳〉）

總結以上幾則故事，龍從事的工作強度很高，常常會累得墜海；工作高危，有可能被拐賣甚至被吃掉；還要從事各種兼職，特別是專車司機；工作環境污穢惡劣……

既然天庭社畜龍出身技校，工作強度又十分之高，那麼有不願幹的嗎？當然有。只不過，社畜龍離職的風險太大。

> 盛夏之時，雷電擊折樹木，發壞室屋，俗謂天取龍。謂龍藏於樹木之中，匿於屋室之間也，雷電擊折樹木，發壞屋室，則龍見於外，龍見，雷取以升天。世無愚智賢不肖，皆謂之然。（《論衡‧龍虛》）

那些想要離職的社畜龍，會受到雷神的通緝追逃。即使藏在人間的樹木中、房屋裏，照樣要捉拿歸案。"龍見，雷取以升天"，這是說被捉住之後還要示眾，讓廣大羨慕天庭工作的凡人看看，天庭是如何對待那些離職社畜的。

你猜，社畜龍回到天庭後，會不會得到離職賠償呢？

睫毛精

有鬼君之前寫〈鬼世界的九十五條論綱〉時，比較忽略對鬼的身體的探究，最近一些年來，學術界對身體史、醫療史的研究很多，偶有翻到但直覺應該很有趣。身體與靈異的關係，往往會出人意料。比如睫毛：

唐玄宗天寶年間，中紀委高官（殿中侍御史）鄭欽說在洛陽有座別墅，他的兩個兒子鄭仁鈞、鄭克鈞以及妹妹（鄭仁鈞的姑姑）一家都住在那裏。鄭仁鈞與其父相似，博學多才，別墅就由他打理。

有一天，鄭仁鈞的小表弟得了病，忽然雙目失明，而且臉上起了奇怪的變化。眼睫毛瘋狂暴長，不僅蓋住了雙眼，而且從額頭一直順著鼻樑長到下巴。更厲害的是，這長睫毛還是中分。他的左半邊臉慘白而冰涼，右半邊臉通紅且火熱。很像金庸小說中打通任督二脈前的險象。鄭仁鈞四處求醫，都無人能治。恰好御史大夫崔琳出差到河朔，回來時帶了個術士鄭生，請他給鄭家表弟看病。鄭生一走到鄭家所在的小區，就說自己犯了死罪了，非死不可。"某才過此，不幸飢渴，知吾宗在此，遽為不速之客。豈知殊不合來，此是合死於今日也。"鄭仁鈞覺得這個術士有點意思，於是將自己表弟的症狀說了說。鄭生說："他是天曹判官，我是冥府的胥吏，級別相差太大，進了小區，就算衝撞天曹，見不見他，我都是死。不過禮數要到。"於是寫了個帖子："地府法曹吏鄭某再拜謁"。鄭仁鈞把帖子拿進去，小表弟正和他弟弟在玩過家家的遊戲呢！你沒看錯，這天曹到了凡間，還愛玩連連看這種簡單的遊戲（仁鈞弟與表弟，堂上擲錢為戲）。表弟答應見鄭生，於是鄭生進去告罪，請求寬恕，說了半天，表弟才答應。"表弟再顧，長睫颯然，如有怒者。"呃……有鬼君不知該怎麼想像"長睫颯然"的風采。

這事過了之後，表弟絕口不提，家人什麼也問不出。過了幾年，表弟忽然對母親說："你帶我進京去見姐姐（其姐嫁給楊國忠之子），要點錢，咱們一起到江南逃難去。這裏很快就要有大戰亂了。"他母親知道這孩子身具異象，哪裏會懷疑？帶著他一起到楊國忠府上，找到女兒。女兒再向公公楊國忠轉述，楊國忠大怒："你們這些七大姑八大姨的，要錢就直說，整些鬼把戲嚇唬誰啊！"見公公一文錢也不肯給，女兒拿出自己的私房錢給母親，讓她帶著弟弟逃到江南避禍。之後的事情，大家都知道了，安史之亂爆發，楊國忠全家一百多人在馬嵬坡被殺，唯有兒媳以及孫子逃過劫難，這是因為長睫毛的弟弟派人保護了姐姐。（《太平廣記》卷三百三引《戎幕閒談》）

喜歡玩連連看的盲人小朋友，竟然是天曹判官，而且預言了歷史大事件。這當然很神奇，更神奇的則是他的超長睫毛。荀子曾說，很多聖人都身具異相："且徐偃王之狀，目可瞻焉；仲尼之狀，面如蒙倛；周公之狀，身如斷菑；皋陶之狀，色如削瓜；閎夭之狀，面無見膚；傅說之狀，身如植鰭；伊尹之狀，面無鬚麋；禹跳，湯偏，堯、舜參牟子。"這段話說的是，徐偃王的眼睛只能看到遠處的馬，近處的事物反而看不見；孔子長得像蒙俱一樣醜陋兇惡；周公瘦得好像枯折的樹幹；皋陶臉色發青，如同削去皮的瓜；閎夭滿臉鬍鬚，見不到皮膚；傅說是個駝背的瘦子；伊尹臉上沒有鬍鬚眉毛。禹瘸著走路，湯半身不遂，堯和舜都有兩個瞳仁。不過，文獻中似乎很少提到長睫毛的。有鬼君讀到的另一則故事，也是長睫毛：

清代同治年間，南京雞鳴寺有個和尚，與江南名士江璧交好，江璧後來在江南鄉試中了解元。和尚遊靈隱寺時，與住持談到江璧獲解元一事，住持當頭棒喝："江璧與爾何干？獲解與否又與爾何干？得毋見獵心喜乎？即此一念，恐墜落矣。"和尚鬧了個灰頭土臉，回去後就圓寂了。後來託生在李廷簫家（李廷簫曾任山西布政使），取名李霖青。他一出生就能言，一張嘴就問起江璧。家人還以為是妖精，做了法術驅邪，從此這娃就不再問了。開蒙之後，父親李廷簫也不怎麼督促他學習，別人問起來，李廷簫說："這娃就是為了功名才轉世的，哪裏需要我逼他學習呢？"李霖青果然很年輕就中了進士入了翰林院，得償前世所望。很多人傳說他身為冥官，可是他從來不談冥界的事，只有一次預言了某人的死期。他像羅聘[1]那樣能視鬼，很多視鬼人的眼睛是碧綠的，李霖青則是右睫毛特別長，能遮住眼睛。因為只要睜開眼就能見到鬼神，所以他出門時都是閉著右眼。（《妄妄錄》卷二〈李雲慶前世為僧此世為冥官〉）

如荀子所說的那些身具異象的聖人，大都是為了證明聖人為聖而編造出來的。大概睫毛很難或幾乎沒法長長，或者想像力實在豐富，所以很少有人想到用長睫毛來封聖。

---

1 羅聘，清代書畫家，"揚州八怪"之一，自稱能視鬼，作有《鬼趣圖》。——編者註

植物精的生死觀

　　最近幾年流行養多肉植物。有鬼君對園藝盆栽並不反感。植物也能成精，只是被大家忽視了。其實，這在志怪作品中很常見。比如《搜神記》卷十八中說：

　　　吳先主時，陸敬叔為建安太守，使人伐大樟樹，下數斧，忽有血出，樹斷，有物，人面，狗身，從樹中出。敬叔曰："此名'彭侯'。"乃烹食之。其味如狗。《白澤圖》曰："木之精名'彭侯'，狀如黑狗，無尾，可烹食之。"

　　木之精狀如黑狗是個籠統的說法。實際上，隨著植物修煉水平的提高，幻化為人形並不是難事。《西遊記》第六十四回中，松樹精、柏樹精、檜樹精等與唐僧論詩，還要將杏樹精嫁給唐僧。"八戒聞言，不論好歹，一頓釘鈀，三五長嘴，連拱帶築，把兩顆臘梅、丹桂、老杏、楓楊俱揮倒在地，果然那根下俱鮮血淋漓。……那呆子索性一頓鈀，將松柏檜竹一齊皆築倒。"動物成精要殺，植物成精也要殺，這是為何？

　　簡單來說，古人認為"地反物為妖"（《左傳·宣公十五年》），即違背人類、自然之正當秩序的現象，均可稱為妖。有些研究者進一步將精、怪、妖分開，妖屬激進的鷹派，精屬溫和的鴿派。不過，古人似乎並沒有如此細緻的劃分。不管怎麼說，對於違背了秩序的怪異現象，除掉是最便捷的辦法。

“物久成精”。植物，尤其是木本植物的壽命太長，比起那些需要苦苦修煉、不斷抗拒生死輪迴的動物，植物成精就容易得多了。只不過，雖然植物成精容易，但移動不便。被人發現之後，只有等死。不過，植物成精之後，往往忍不住像電影《九品芝麻官》裏的訟師方唐鏡一樣：“怎麼樣呀？咬我呀你，又站出來了。又站回去了。跳出來又跳進去，揍我呀笨蛋？！”然後就如願了。比如下面這位：

唐高宗上元年間，臨淮駐軍將領舉辦燒烤夜宴，肉香四溢。諸將正吃得開心，忽然有一隻巨手從窗外伸進來，外面還有聲音傳來，說要塊烤肉吃。這些軍將都是膽子大的，怎麼能被這種怪像嚇到。當然不給。那巨手連伸了好幾回，都沒撈到肉吃。軍將們煩起來，用繩子做了個活套，在窗邊候著，等那巨手再伸進來，一下套住就往屋裏拽。外面那位似乎力氣還不小，眾人一齊用力，把手臂拉斷，原來是一截楊樹枝。再出門“持以求樹”，在不遠的河邊發現了那棵楊樹。當然是群刀齊下，將其砍斷，“往往有血”。（《太平廣記》卷四一五引《廣異記》）

既然楊樹已經成精，繼續餐風飲露不是很安全嗎？偏偏要開葷，訛詐軍將，從未見過這般要求。當然，這種因貪吃喪命的花妖還是較為罕見（為敘述方便，植物成精均用花妖指代，雖然並不完全一致）。他們與人類的交流一是談詩論道，二是交合。《西遊記》幾位已經向唐長老表達了訴求，只是第二事未諧。《聊齋志異》卷十一〈黃英〉則兩條都辦到了。陶氏姐弟均為菊精，與酷愛菊花的馬子才結交。姐姐黃英嫁入馬家，弟弟則與姐夫每日歡飲論道。一般來說，女性花妖比較受歡迎，因為可以滿足男性的幻想：

唐僖宗中和年間，書生蘇昌遠在蘇州郊外的小莊園裏讀書。某天遇見一絕色女子，"素衣紅臉，容質絕麗"，驚為天人（"閱其明悟若神仙中人"），就像段譽在蘇州遇到王語嫣一樣。蘇書生不像段譽那般迂腐，此後每日與"神仙姐姐"在莊園中幽會。為表示愛慕之切，他還將玉環贈與"神仙姐姐"。有一次，他偶然見到門前的荷花開得特別妖艷，就仔細賞玩。赫然發現花枝上掛著自己送給"神仙姐姐"的玉環，他意識到自己遇到花妖了，當機立斷，將花枝折掉，果然神仙姐姐再也沒來。（《北夢瑣言》卷九）

南宋光宗紹熙三年，潘昌簡被任命為湖北蒲圻知縣，他帶著師爺陳致明上任。因為"邑小無民事"，工作清閒，潘知縣常去師爺家裏喝酒閒聊。師爺家院子裏的芭蕉長得茂盛，潘知縣就跟師爺開玩笑說："就讓蕉小娘子給你陪酒。"清閒的日子過了一年，陳師爺遇到一女子，"綠衣媚容，入與之狎"，師爺久宦在外，家裏也沒人，於是欣然笑納。幾個月過去，師爺的身體漸漸不支。潘知縣不明所以，忙著請醫生，可是一點用也沒有。師爺病勢愈來愈重，這才告訴知縣，那位叫"蕉小娘子"的女子是病根。知縣命人砍掉芭蕉樹，不過已經來不及了，師爺最終芭蕉葉下死。（《夷堅志·夷堅支志》庚卷六〈蕉小娘子〉）

以上的幾個故事裏的花妖，雖然舉止優雅、容色艷麗，且善良、無辜、沒有心機，可是人類遇到她們，結局未必有多好。善良、無辜、沒心機，似乎挺符合"聖母白蓮花"的特徵。順便說一句，《北夢瑣言》裏的那位荷花精，在原文中即作"白蓮花"。

當然，我們不能簡單地將花妖視為"白蓮花"，因為有些花妖是男的，只是他們同樣秉承了花妖溫和鴿派的傳統。

清代有個書生借住在帝都雲居寺準備科考。有個十四五歲的小孩子，經常來往於寺廟。書生是個浪蕩子，見小鮮肉生得唇紅齒白，不由龍陽之心大動，引他上了床，小鮮肉倒也欲拒還迎、順水推舟。第二天一早，兩人還未起床，有客人忽然推門進來，書生頗為囧愧。沒想到客人熟視無睹，過了會和尚送茶進來，也像沒見到小孩似的。書生心中起疑，就追問小鮮肉的來歷。孩子說："相公不要緊張，我'實杏花之精'"。我不是來採補相公的，玩採補一路的是魅，"山魈厲鬼依草附木而為祟，是之謂魅"；我們是"英華內聚，積久而成形，如道家之結聖胎，是之謂精"。至於身為男子，則是因為杏樹有雌雄，我是雄杏精。(《閱微草堂筆記》卷八〈如是我聞二〉)

在多數人的認知裏，動物成精十分普遍，但卻忽略了植物成精的領域。這其實不必過多指責，一方面是人們對精怪世界缺乏專業知識，另一方面則是花妖的白蓮花、小受屬性，往往會讓人放鬆警惕。《庸庵筆記》"樹靈報仇"條這樣解釋："夫草木無知之物也，然老樹閱世至百年，得日月之精華，受雨露之滋培，其靈氣愈積愈厚，則無知而若有知，亦理之可憑者。""無知而若有知"準確地描述了植物成精那種溫和、小受的特點。

溫和、小受並不是弱點。相反，相對於動物為了修煉成精，總在生死輪迴中掙扎，植物往往 "閱世至百年，得日月之精華"。他們在生死關頭能坦然面對。無論是人還是動物，死後在冥府喊冤、殺回陽間報仇的比比皆是，但幾乎沒有植物這麼做。

植物精對待生死的坦然，這境界人類並不容易達到。

文藝花妖與中二花妖

　　宗教學可以廣義地稱為神學，即研究人類如何在靈魂上自我救贖。中國本土神學中，最有效、最普世的救贖是投胎學。或者換一種說法：在人類的可持續發展中，該如何提前拼爹？

　　我們先從最難轉世的植物說起。在大多數關於花妖的故事中，涉及轉世投胎的比較少。古人認為，植物的壽命很長，如果不是人為破壞，壽命幾乎是無限的。所以相對而言，植物成精常見，而死後的轉世較為少見。不過，古代小說《紅樓夢》的緣起就與植物轉世有關：

> 　　只因西方靈河岸上三生石畔，有絳珠草一株，時有赤瑕宮神瑛侍者，日以甘露灌溉，這絳珠草始得久延歲月。後來既受天地精華，復得雨露滋養，遂得脫卻草胎木質，得換人形，僅修成個女體，終日遊於離恨天外，飢則食蜜青果為膳，渴則飲灌愁海水為湯。只因尚未酬報灌溉之德，故其五內便鬱結著一段纏綿不盡之意。恰近日這神瑛侍者凡心偶熾，乘此昌明太平朝世，意欲下凡造歷幻緣，已在警幻仙子案前掛了號。警幻亦曾問及，灌溉之情未償，趁此倒可了結的。那絳珠仙子道："他是甘露之惠，我並無此水可還。他既下世為人，我也去下世為人，但把我一生所有的眼淚還他，也償還得過他了。"

　　絳珠仙草先是成精“脫卻草胎木質，得換人形”，然後為了
償還神瑛侍者的灌溉之情，下世為人，即林黛玉。所以，嚴格
來說，林黛玉的誕生結合了植物成精與轉世投胎兩個過程。我
們發現，絳珠仙草對於下世投胎，是有自主填報志願的權利。
但同時更要注意，她是生長在西方靈河岸的，也就是說，她擁
有仙籍戶口，所以在自主投胎時，可以選擇官宦林如海之家。
如果沒有仙籍戶口，那麼投胎的自主權就小得多，甚至沒有。

　　唐代湖北有位叫崔導的，最初家裏比較窮，後來種了上千
株橘樹，產的橘子特別好，每年都高價賣光，生活逐漸富裕。
某天，有一株橘樹忽然變成人形，苦苦哀求要見崔員外。崔員
外雖然知道這是妖精，可也不敢不見。那人說：“我前生欠了
您的前生幾百萬錢，還沒來得及還錢就死了。”家人把這筆
賬賴掉了，於是您的前生到陰間起訴，判官判我全家都轉世成
橘樹，產橘子還債。現在欠的錢已經還上了。上帝對我實行特
赦，准我恢復成人。您幫我蓋一間茅草屋，我自己能養活自己
就行。至於您，因為債務已清，所以要把橘樹砍掉，“端居守
常，則能自保”；如果還貪圖財富，必然禍從天降。崔員外是
個老實人，真的就按照這人的說法去做，把所有的橘樹都砍掉
了。過了五年，崔員外去世，家道逐漸中落，而那位神秘的橘
樹人也不知所蹤。（《太平廣記》卷第四百一十五引《瀟湘錄》）

　　這位橘樹人從人轉為橘樹，從橘樹轉為人，兩次轉世都遵
循因果報應的原則，並沒有自主抉擇的權利。即使因其受上帝
特赦，從橘樹直接轉為成年人。但他也只能要求崔員外“為我
置一敝廬，我自耕鑿，以卒此生”。比之林黛玉進賈府的富貴
氣象，至少是窮鄉僻壤與一綫城市的差距。

理論上說，在絳珠仙草與橘樹之間，肯定隔著無數階層，我們不妨將其視為植物中的中產階級。他們的轉世，雖然不如寶黛愛情那樣蕩氣迴腸，但也不至於只能在地裏刨食。

有一讀書人，生出來就"有骨橫其胸"，有道士替他看相，說這孩子長的是"情骨"，要將其蛻掉，否則將受生死輪迴之累。讀書人的父母當然不信這奇談怪論，便將道士趕走了。

這孩子並非神童，長大後也就是中人之資。不過他有一特異之處，就是心靈極其脆弱敏感，"雅善傷心。妍花素月，淒風悄雨，皆斷腸時也"。與賈寶玉一樣，整天唸叨的就是將來要做個女人。他對家裏的一棵海棠樹，愛護備至，每逢海棠花開，就要做棚幛為其遮風擋雨。花謝之時，他恨不得以身殉花，"必泣於樹下，且泣且訴。泣訴已，必疾病，歲以為常"。他爹見他如此模樣，覺得一定是花妖作祟，一怒之下竟將海棠樹砍掉。孩子大慟不已，一直哭到死掉，果然以身殉花。

他到了陰間，被一位貴婦招為女婿。不過，他在洞房之夜，只守著美女"斂衣屏息，枯坐枕端，恐擾其酣眠清夢也"，而且振振有詞地說："臣之好色，不在床笫間也。"他因樹成痴，貴婦索性將他轉世為海棠。轉世過程與投胎為人差不多，"旋有暖風一縷起地上，頓覺身輕如葉，飄飄然惟風所向。頃之，觸樹而止，身乃與樹合，而枝葉動搖，無異臂指之使，蓋轉生為海棠矣"。魂魄與形質的結合，而那位名義上的妻子，則轉世為桃樹。兩位一起投生於某貴小姐雪燕家。

他自得償所願，與桃樹一起，倒也其樂融融。他為了討好大小姐雪燕，花開得倍加鮮艷。大小姐請了一幫閨蜜來賞花，女人賞花與男人看球賽也差不多，"冠履夆集，酒肴洊至，熏騰如毒霧。酒酣賦詩，評讚呶雜，……不能堪。日暮，各選條折枝而去"。當晚，這株海棠就因"被折甚楚"，日漸憔悴，不久就枯槁而死。那棵桃樹，夫唱婦隨一般，也跟著他一齊枯死。兩位一齊再到陰間見貴婦，貴婦也不廢話，打發他倆繼續轉世為花樹。如此轉世數次之後，貴婦對他說，"天地綺麗之氣，名花美人，分而有之"。你經過幾次輪迴練級，可以轉世成女人了。將其從樓上推下，轉世成女子金湘。湘姑娘雖為女身，但身份認同始終轉不過來，就是不肯嫁人。直到二十多歲時，有一尼姑過來點化她："日裏霞光，非空非色；鏡中花影，是幻是真？"第二天，金湘去世，按照其遺願，家人將其葬在海棠樹下。(《耳食錄》二編卷五〈女湘〉)

作為中產階級的金湘，其最終的轉世當然不可能像絳珠仙草那樣一步到位，需要多次前世的累積。植物的努力轉世，是不是像通過升學不斷改變命運的過程呢？

或者我們可以勉強這麼分類，橘樹人只為生存，是普通花妖；絳珠仙草性情中人，是文藝花妖，而那株海棠樹，敏感脆弱到這種地步，大約只能歸入中二花妖了。

獐子島的扇貝為什麼總能成精？

有鬼君對財經新聞向來不懂，可是每次遇到獐子島的新聞，總是很關注。比如，某次大連獐子島部分海域的底播蝦夷扇貝存貨異常，可能對部分海域的底播蝦夷扇貝存貨計提跌價準備或核銷處理。又如，獐子島稱超百萬畝蝦夷扇貝"報廢"，扇貝因災絕收，造成嚴重虧損，震驚中國資本市場。

也就是說，在這段時間裏，大連獐子島的扇貝成精並且成功出逃了。這對有鬼君的專業知識形成了巨大挑戰，樂觀點說，動物成精的基本原則將要被"獐子島"改寫。

扇貝成精並不算匪夷所思，真正神奇的是能在短短三年多時間就成精，這確實值得深究。有鬼君覺得，關鍵在於水族的隸屬關係。〈鬼世界的九十五條論綱〉第四條說："在鬼世界與人類世界這兩個三維空間之外，還依附有兩個次級的三維空間，即水族（含江河湖海）、仙界洞府。"第五條說："水族、洞府的時空尺度與人類世界的時空尺度也不完全相同，但與鬼世界是否相同無法確定。"也就是說，水族一方面不完全受冥府管轄；另一方面，其時空尺度與鬼世界也不盡相同。獐子島的扇貝成精如此之快，其實證實了有鬼君對水族的基本界定。

關於水族不歸人類世界和鬼世界的管轄，其實在志怪作品中多有暗示：

在《西遊記》第九回〈袁守誠妙算無私曲 老龍王拙計犯天條〉中，漁翁張稍向樵夫李定吹噓："這長安城裏，西門街上，有一個賣卦的先生。我每日送他一尾金色鯉，他就與我袖傳一課，依方位，百下百著。今日我又去買卦，他教我在涇河灣頭東邊下網，西岸拋釣，定獲滿載魚蝦而歸。"結果被涇河水府巡水的夜叉聽到，報告涇河龍王："若依此等算準，卻不將水族盡情打了？何以壯觀水府，何以躍浪翻波輔助大王威力？"之後的事情我們都知道了，涇河龍王為砸袁守誠的算命招牌，違犯天條，魏徵夢中斬龍王……然後才有了偉大的《西遊記》。

龍王統治的水府歸上天的玉帝管轄。那麼，人間的帝王對其有沒有管轄權呢？在《剪燈新話》卷一"水宮慶會錄"的說法是這樣的：

> 潮州秀才余善文某天被南海龍王廣利強邀去做客，善文驚曰："廣利洋海之神，善文塵世之士，幽顯路殊，安得相及？"……廣利曰："君居陽界，寡人處水府，不相統攝，可毋辭也。"

余秀才與南海龍王都很清楚，陽界與水府不相統攝，幽顯路殊。這是當時都認同的知識背景。如果引申一下，我們大致可以說，在一個更寬廣的空間裏，水府與冥府、陽間是平行地隸屬於上天的。這個知識背景有點意思，按照這個設定，漁夫的捕魚活動，應該算是對異族的屠殺了。當然，古人很少會這樣看問題，只不過，在志怪小說中，水族的報復顯然比家禽、家畜的報復要多些（也就是說，吃河海鮮可能比吃牛羊肉更危險）。關於這個問題，需要稍作幾點說明：一，因為牛在農耕時代是重要的生產資料，在許多朝代都不許私自宰殺牛，所以牛不在討論的範圍內；二，所謂的報復也不包括那種有明確指向的前世的恩怨。

有鬼君對河海鮮了解不多，猜想起來，河鮮之中排名第一的也許要算河豚了。只是河豚因為有毒，太過特殊，不太能說明情況。在江浙一帶，大閘蟹大概算是很有代表性的河鮮了。擅長吃蟹的饕餮客，吃完還要能將蟹殼再拼回原樣。但是，吃蟹也是有危險的：

南宋湖州有個富家老太太，最愛吃蟹。每到秋風起、蟹腳癢的時節，每天都要買幾十隻，與兒孫輩大快朵頤。老太太去世後，子女在道觀為她做法事。老太太忽在道觀外現身說法："我因為吃蟹太多，造業也太多，死後就被驅入蟹山受報應。陰差把我叉起扔到蟹群中，受眾蟹螯爪的鉗刺，一刻不停，痛苦不堪。你們回家後，'為我印九天生神章焚之'，超度群蟹，讓牠們早點受生。"子女聽說，回家後就趕緊雕版印所謂的神章。每天晚上燒幾百張，一直到整個喪事辦完。（《夷堅志·夷堅乙志》卷一〈蟹山〉）

同樣是在南宋，崑山一位叫沈十九的士人，雅擅丹青，同時家裏又開了家海鮮酒樓，專做蟹宴。某晚，沈十九夢見自己被陰差帶到陰間受罰，因為他殺戮太多，被判到大鍋裏煮。沈十九正戰戰兢兢之際，忽然有個鄰居出來說，這人只要到鍋裏洗洗乾淨就行了，不必受罰。果然，他雖被扔進鍋裏，水卻是清涼的，等於痛痛快快地洗了個澡。沈十九這才想起，前幾天這位鄰居請了一幅地藏菩薩的像，自己幫他裝裱了。正是這微末的善行，才免除了殺蟹的報應。沈十九醒來之後，立刻將海

鮮酒樓改成餛飩店，不再做蟹宴了。(《夷堅志‧夷堅乙志》卷十七〈沈十九〉)

吃河鮮不行，吃海鮮當然也有麻煩。《夷堅志‧夷堅支志》丁卷五"李朝散"條就提到某人因為吃蟶子太多，被冥府責罰殺生太廣。不過，這些都不能算最厲害的，懲罰最重的是吃甲魚。由吃甲魚引發的血案，最早可以追溯到春秋時"食指大動"的出典。為什麼吃甲魚這麼危險？《閒窗括異志》的解釋是："黿鼉龜鱉，水族中之靈物也，人豈可殺乎？"古人以麟、鳳、龜、龍為四大祥瑞，其中只有龜是實際存在的，所以，每隻龜都有可能是成精的靈物。《夷堅志‧夷堅三志》辛卷三〈鄂渚元大郎〉中提到："水族中，黿鱉遭罹網罟，而能託於夢寐以脫其死者，見於傳記甚眾，唯黿最多。"

南宋寧宗年間，湖北的裁縫小程，夢見一黑胖大漢求見。大漢自稱元大郎，請程裁縫救自己一命，所費也不多，將來必有厚報。程裁縫醒來後，也沒太在意，就出門去集市買東西。這時見有四人抬著一隻巨大的巨黿送到集市來賣，這隻巨黿重三百二十斤，漁夫售價一萬三千錢。程裁縫想起昨晚的夢，這不就是那黑胖漢子嗎？馬上對漁夫說："這錢我出了，千萬別殺。回家趕快把值錢的東西當了，湊足一萬三千錢，買下巨黿，將其放生。"市民眼見他毀家行善，"相率哀錢以助，乃獲一倍之贏"，反而賺了一筆。這大約就是黑胖漢子所說的厚報吧。

說完了王八、螃蟹、蟶子成精，怎麼沒有扇貝成精呢？正經扇貝沒有，但是相近同類卻是有的。《庸庵筆記‧巨蚌成精》記載：

清咸豐年間，上海有一條通往黃浦江的小河蕭家浜，鄉民們無意得知，河中有兩隻巨蚌，"在海中修煉多年，來此欲食仙草，以成正果"。於是築水壩截斷河流抽水，在河底發現了這兩隻修煉的巨蚌。巨蚌雖然被困於河壩內，但在河底來去如風，威力驚人。村民們沒法捕捉，只能困住等著牠們乾死。過了幾天，就見巨蚌忽然翻越堤壩（"已騰躍而越壩矣"），逃至黃浦江中。只是牠們並不入海，仍在不遠處每晚放射寶光。

又過了幾天，有兩位姓彭的女子到縣衙告狀，說有鄔姓惡少強佔她們為妻，沒法回娘家，求縣令捉拿；兩女子剛走，一鄔姓書生也來縣衙告狀，說彭氏二女悔婚，請縣老爺做主。原被告兩邊都說自己住在黃浦江某處，可是縣令派差役提人，卻怎麼也找不到他們，只能暫且擱置。過了半個月，二女又來催告。縣令說："根本找不到原被告雙方，怎麼處理？"二女說："這事好辦，只要給我們一份文書，聲明對鄔某要按律懲處，蓋上縣政府的官印，在某時某刻焚化了投入黃浦江就行。"縣令雖然覺得兒戲，也想試試，便依言照辦。剛把燒了的文書投入黃浦江，就見一條五六丈長的大黑魚浮出水面，身中數刀，已然死了。當晚，黃浦江中的寶光不再亮了，漁民們卻在近海的蛇山看見寶光。大家這才明白，成精的巨蚌之所以遲遲沒有離開黃浦江，是因為被黑魚精所阻攔。他們先後去縣衙告狀，先得到官印加持的就贏了。

簡單地說，在古人看來，水產品不宜多吃，至少不能過分地專吃某一類水產。因為牠們太容易成精，殺生的罪過比吃別的肉食更大。

至於獐子島的扇貝，牠們成精沒問題，集體出逃也可以理解。問題是，既然是圈養的扇貝，究竟是哪個善人蓋了公章，讓成精的扇貝回到水府的？

如果不能撲倒嫦娥，可以試著掰彎她呀

　　每逢中秋節，關於嫦娥奔月神話的資料，早已被研究者和愛好者不知反覆咀嚼了多少遍，不過《堅瓠二集》卷二中的一段話倒引發了有鬼君的聯想。書中說道："月與日並明，人所敬事。詞人以嫦娥之說，吟詠極其褻狎。至云一二初三四，娥眉天上彎。待奴年十五，正面與君看。"

　　想來也確實如此。"嫦娥奔月"通行的說法就是嫦娥偷吃了不死藥，然後演繹出幾個後果：

　　一是指責她的薄情寡義，比如《堅瓠二集》緊接著的一條引了袁郊的詩說："嫦娥窺藥出人間，藏在蟾宮不放還。后羿遍尋無覓處，誰知天上亦容奸。"連帶著把天庭黑了一把。

　　二是要在月亮上忍受無窮無盡的孤寂："嫦娥應悔偷靈藥，碧海青天夜夜心。"

　　三是經常受到天庭登徒子的調戲。最出名的當然是《西遊記》中的天蓬元帥，豬八戒自己是這麼說的："逞雄撞入廣寒宮，風流仙子來相接。見他容貌挾人魂，舊日凡心難得滅。全無上下失尊卑，扯住嫦娥要陪歇。再三再四不依從，東躲西藏心不悅。色膽如天叫似雷，險些震倒天關闕。"

　　在清代神魔小說《女仙外史》中，天狼星奉玉帝旨意下界為明成祖朱棣，臨行前一定要睡了嫦娥：

天狼向二仙女深深作揖道："我奉上帝敕旨，令午刻下界。今已遲了四個時辰，豈能延至明日？煩仙女上達嫦娥：我應做三十四年太平天子，少個稱心的皇后。我今夜就要與嫦娥成親，一齊下界，二位仙娥，也做個東西二宮，豈不快活？何苦在廣寒宮冷冰冰的所在守寡呢！"嫦娥聽見，不覺大怒，罵道："潑怪物！上帝洪恩，敕你下界做天子，乃敢潛入月宮，調謔金仙，有干天律！我即奏明上帝，決斬爾首，懸之闕下。"天狼星又陪笑道："嫦娥，你當時為有窮國后，不過諸侯之妃。我今是大一統天子，請你為后，也不辱沒了。就同去見上帝，婚姻大禮，有何行不得呢？"嫦娥愈加惱怒，厲聲毒罵。天狼料道善求不來，便推開二仙女，飛步來搶嫦娥。

天庭裏神仙與仙女互撩的挺多，思春下凡的也不少。但奇怪的是，所有把持不住的男神們，都只想去調戲嫦娥。

四是下凡。下凡的原因很多，一種是與后羿的夙緣，《女仙外史》裏觀音是這樣對嫦娥說的：

"嫦娥不記得奔月時乎？那時王母娘以丹藥賜與有窮國君后羿。爾時為國妃，竊啖其丹，因得飛身入月。獨是后羿情緣未盡，恐將來數到，不能不為了局。"嫦娥默然半晌曰："我聞緣從情發，情亦從緣發，若一心不動，情緣兩滅。小仙在月宮清修數千年，情緣亦已掃除，不知從何而發？"大士曰："緣有二種：好緣曰情，惡緣曰孽。情緣，如鐵與磁石遇則必合，不但人不能強之不合，即天亦不能使之不合也。孽緣，如鐵之與火石，遇則必有激而合者，孽之謂也。是則凡人多溺於其內，而仙則能超乎其外者也。嫦娥請記斯言，後當有驗。"

　　憑良心講，這是相當不符合邏輯的，因為嫦娥下界是玉帝、如來、三清道祖開小會決定的，然後不過是由觀音傳達而已。嫦娥下界投胎為唐賽兒，嫁給后羿轉世的林有芳，林公子睡了她幾次之後就了孽緣死掉。然後……她起兵造反，跟那位在天庭就想睡她的天狼星朱棣開戰，成為著名的農民軍女領袖。

　　另一種則是思凡。在元雜劇《張天師斷風花雪月》中，嫦娥又被調戲：

　　　　妾身乃月中桂花仙子。今因八月十五日，有這羅睺、計都纏攪妾身，多虧下方陳世英一曲瑤琴，感動妻宿，救了我月宮一難。我和他有這宿緣仙契，今日直至下方，與陳世英報恩答義去也。

　　羅睺、計都是九曜星君中的兩位，也就是北斗七星的兩個馬仔而已。兩位也色膽包天，不可思議。《倚天屠龍記》第二十二回，六大門派下山後，傷亡慘重的明教受到小幫派圍攻，大抵還算虎落平陽：

　　　　周顛氣呼呼的大叫："好丐幫，勾結了三門幫、巫山幫來乘火打劫，我周顛只要有一口氣在，跟他們永世沒完……"他話猶未了，殷天正、殷野王父子撐著木杖，走進室來。殷天正道："無忌孩兒，你躺著別動。他媽的'五鳳刀'和'斷魂槍'這兩個小小門派，還能把咱們怎樣了？"

有意思的是，雖然這幫大小神仙前赴後繼地打算睡了嫦娥，真正得手的卻是凡人。除了上面提到的林公子有芳、陳公子世英，還有《聊齋志異》卷八〈嫦娥〉提到的宗子美。這個故事挺長，這裏大致述其概要：

宗子美隨父親在揚州遊學，機緣巧合，不僅娶了名為嫦娥的美女，同時還收了一個同樣美艷的狐狸精顛當。嫦娥確實是月宮的那位，"實姮娥被謫，浮沉俗間"。因此很多法力還在，宗子美觀賞美人圖卷，感慨無緣得見畫中的趙飛燕、楊玉環。嫦娥說，這有何難？仔細揣摩畫像之後，"便趨入室，對鏡修妝，效飛燕舞風，又學楊妃帶醉。長短肥瘦，隨時變更；風情態度，對卷逼真"。宗公子高興至極："吾得一美人，而千古之美人，皆在床闥矣！"

嫦娥受罰期滿，本欲離開，被顛當與宗公子合力留住，但此後很少與宗公子行夫妻之事。狐狸精顛當"慧絕，工媚"，善於解鎖各種姿勢。夫婦三人調笑之際，她"伏地翻轉，逞諸變態，左右側折，襪能磨乎其耳。嫦娥解頤，坐而蹴之。顛當仰首，口銜鳳鈎，微觸以齒。嫦娥方嬉笑間，忽覺媚情一縷，自足趾而上，直達心舍，意蕩思淫，若不自主"。

大致意思就是，狐狸精差點把嫦娥掰彎了。在《聊齋志異》裏，蒲松齡試圖掰彎的，並不只是嫦娥。卷五的〈封三娘〉、卷十的〈神女〉，都有隱晦的涉及。此外還有卷九的"繢女"，一位年已七十的孤寡老太，忽然得女神下界，願與她同住同勞作，老太與女神睡在同一張床上：

羅衫甫解，異香滿室。既寢，嫗私念：遇此佳人，可惜身非男子。……女哂曰：「婆子戰慄才止，心又何處去矣！使作丈夫，當為情死。」媼曰：「使是丈夫，今夜那得不死！」

有研究者認為，蒲松齡寫的十多篇涉及同性戀的小說中，對男同比較苛刻，對女同則相對寬容。大概他覺得，掰彎眾神仙都沒能撲倒的嫦娥，才能稱得上驚世駭俗。

修仙為什麼要有冷靜期？

　　道教神仙的故事很多，最早的有《神仙傳》《列仙傳》等，有鬼君曾粗粗讀過，不過興趣不大，讀得很少。一方面覺得神仙不太接地氣，不如鬼好玩；另一方面則覺得那些成仙的修煉方法過於神秘。雖然成仙的辦法很多，比如服丹藥、導引、內丹、科儀等，但必須經過得道的師傅甚至仙人指點，甚至還有各種考驗。特別是那些古怪的考驗，防不勝防……《神仙傳》卷二有個關於魏伯陽的著名故事：

　　魏伯陽帶著三個弟子進山煉丹。煉丹成功，但是知道弟子並不心誠，就做了個測試：“此丹今雖成，當先試之，今試飴犬，犬即飛者可服之，若犬死者，則不可服也。”進山時他就帶了條白狗，這時把事先準備好的毒丹給狗吃下。說是毒丹，其實是“轉數未足，合和未至，服之暫死”。白狗吃了，立刻躺倒不起。魏伯陽假意對弟子說：“我拋妻棄子進山修煉，現在丹藥有毒，顯然違背神明之意。既成不了仙，又沒臉回家，就吃了這丹藥死掉算了。”服下丹藥，也同樣躺倒不起。三弟子面面相覷，其中一個說：“師傅不是凡人，這麼做一定有深意。”說著也吃了丹藥死去。另外兩位弟子冷靜了一陣：“所以作丹者，欲求長生，今服即死，焉用此為！若不服此，自可數十年在世間活也。”下山給師傅買棺材。兩人一走，魏伯陽就爬起來，給弟子和白狗服下丹藥，兩人一狗就此升仙。

在修仙故事中，像魏伯陽遇到的這類考驗很常見。而兩位弟子的反應，"所以作丹者，欲求長生，今服即死，焉用此為！若不服此，自可數十年在世間活也"也十分冷靜、理性。可是冷靜之後，就永遠失去了升仙的機會。

按照宗教學的說法，宗教是一種對超自然神秘力量的崇拜信仰，歸根到底是對以非理性形式存在的神聖者的信賴，本就以非理性佔據上風。其神秘特徵成為宗教非理性最堅實的陣地。魏伯陽的兩位弟子雖然只經歷了極其短暫的冷靜期，卻恰好背離了宗教非理性的特質。得其所哉！

魏伯陽的考驗是最簡單的，後來修仙的考驗極為繁複。東漢著名方士費長房，原本深受壺公青睞，壺公偏要多事，反覆測試，一模、二模、三模……

> 遂隨從入深山，踐荊棘於群虎之中。留使獨處，長房不恐。又臥於空室，以朽索懸萬斤石於心上，眾蛇競來齧索且斷，長房亦不移。翁還，撫之曰："子可教也。"

隨後，壺公又出幺蛾子：

> 復使食糞，糞中有三蟲，臭穢特甚，長房意惡之。翁曰："子幾得道，恨於此不成，如何！"

費長房只是稍微冷靜了一下，不願食糞，一棵成仙的好苗子就夭折了。當然，經過多次考驗，他還是有所收穫："遂能醫療眾病，鞭笞百鬼，及驅使社公。"

　　為什麼要多次考驗？當然是為了淘汰那些意志不堅定、不努力，以及仙緣不夠的候選人。這樣才能把成仙率降下來，否則像絕地天通之前那樣："烝享無度，民神同位。民瀆齊盟，無有嚴威。神狎民則，不蠲其為。嘉生不降，無物以享。禍災薦臻，莫盡其氣。"（《國語·楚語下》）神仙沒有威嚴，凡人不知敬畏，人人都可以到仙界佔地擺攤，成何體統？

　　所以，在修煉的進程中，特定的冷靜期反而意味著修仙的失敗。當然，成仙未必是人類最佳的選擇，唐人盧杞在冷靜期的選擇就為自己換來了一世的榮華富貴。

　　《太平廣記》卷六十四寅〈逸史〉記載：神仙姐姐太陰夫人，奉天帝之命，下界"自求匹偶"，她選中了當時窮困潦倒的年輕人盧杞，認為此人有"仙相"。命人將其帶到仙界水晶宮，給他三個選項："常留此宮，壽與天畢；次為地仙，常居人間，時得至此；下為中國宰相。"第一項是做自己的夫君，壽與天齊；第二項是做地仙，可以時時來水晶宮幽會；第三項是在下界做宰相。盧杞說，這還要選嗎？自然是壽與天齊。太陰夫人很高興，上奏天帝。天帝派使節再次驗證盧杞的態度，沒想到使者說完三個選項，盧杞默默無言。使者催他立刻答覆，盧杞忽然大聲說："我要做人間宰相！"太陰夫人鬧得灰頭土臉，只能將其送回。後來盧杞果然在德宗朝拜相。

　　不知盧杞為什麼反悔，總之，冷靜的結果是放棄了與女神的婚姻。也許，入贅天宮讓他感到恐懼。

　　他的恐懼不是沒有道理的。明萬曆年間，有一落魄少年，夢中被徵召到天庭，原本以為有什麼美事，結果天帝命他降雪：

召玉女兩人捧玉盤出，命士人立殿前磐石上，取冰珠撒於
下方。士人視其汁可數斗許，心計無奈何，急用右手握而撒之。
夢中自覺凜慄殊常，肌膚生粟，手指欲墮。帝敕左右垂火精簾於
殿門，以障其後。簾既下，則衣裳中漸有暖氣，而寒威解嚴。久
之，撒未半，聞天雞鳴，俄而下界之雞亦亂鳴。士人求歸甚哀。
甲士怒叱，被推僕懸厓之下，陡然驚覺，右手五指凍落如斬，楚
不自勝。時天向曙，童子開門出視，則積霰盈庭矣。其年冬，江
南吳越間大雪數百里，江河膠結，舟楫不通。(《獪園》第三〈仙
幻·夢召散冰珠〉)

可憐的孩子，"五指凍落如斬，楚不自勝"，都快冷死了，
怎還能冷靜？

當然，宗教信仰本來就是理性與非理性的結合。無論信或
者不信，修仙或者不修仙，既是命運的安排，也是自我選擇的
結果，是否有冷靜期，影響並不大。

僵屍道長與古代僵屍

香港在上世紀八十年代，曾有過僵屍片的高潮。1985 年，林正英主演《僵屍先生》，轟動香港影壇，而他在片中飾演的茅山道長九叔，手持桃木劍、身穿道袍的道士角色，奠定了僵屍道長的形象。此後數年，香港有一系列僵屍片上映，而林正英道長的形象也深入人心。這一系列僵屍片，其設定大致遵循《僵屍先生》。據電影界人士總結，有以下五點：

一，右手桃木劍，左手八卦鏡。

二，黃紙墨斗木劍、搞笑道士師徒。

三，活人被僵屍所殺，屍毒入心，被殺者也變成了僵屍，他們大多有著重大的冤屈。

四，僵屍需要靠跳躍行進，靠聽覺捕獵。但在後期由於大量吸血，眼睛能夠視物。

五，手眼身法步。武術動作融合進了收妖步法，畫符捉鬼的動作一氣呵成。

因為僵屍片深入人心，很多人心中的僵屍形成了固定模式。不過，古代關於僵屍的描述與此卻大相徑庭。

古代關於僵屍問題的記載並不特別多，討論就更少了。目力所及，只有欒保群先生在《捫蝨談鬼錄》中有一篇〈說僵〉。按照欒先生的考證，廣義的僵屍一直就有記載，但多指"人初死之後的屍體僵硬，這種僵本來是正常現象，但個別的卻不幸為邪物所乘，跳起來作怪"。另一種是屍體"久葬不腐"或"久殯不葬"的產物。至於狹義的"僵屍作祟"，"不過是到了清朝才有的事"。欒先生的分析是很有道理的，所謂廣義的僵屍，其實是詐屍。而狹義的僵屍，即"久葬不腐"或"久殯不葬"的屍體，往往會成精，而且絕大部分四肢發達，頭腦簡單。但是僵屍往往經過長期的修煉（"如何修煉，尚不可知"），所以其能力要遠超詐屍中的屍體。

不過，與欒先生不同的是，我認為詐屍未必是受邪物所乘發生的。詐屍，古人統稱為屍變，他們曾討論過這個問題，認為這與人的魂魄構成有關。人死之後，三魂七魄逐漸消散，不同的魂魄殘留組合，會使肉身不受理智支配。簡單地說，就是大腦基本不起作用，而小腦的作用則不受約束。詐屍的情況在清以前有很多，雖然駭人，但並無大礙。

比如《酉陽雜俎》卷十三〈屍疞〉中記載：某村村長的老婆剛剛去世，還沒有入殮。傍晚的時候，他的子女聽到外面有音樂聲，而且越來越近。那屍體似乎有了感應一樣，也跟著動起來，音樂聲飄進屋裏，屍體竟然站起來了，隨著音樂的節拍舞動起來。隨後，音樂聲慢慢到了門外，屍體也一邊舞動，一邊跟著出門。子女和小夥伴們都驚呆了，再加上天黑，也不敢追出去。半夜時分，村長喝得醉醺醺地回來了，聽說此事，酒壯膽色，砍下一根手臂粗的樹枝，一邊罵著，一邊去找屍體。村長追了四五里，在一處樹林看到那屍體還在跳！要說在中國，古往今來，天不怕地不怕的就屬村幹部了。這村長大喝一聲，對著屍體一棒子砸下去，屍體老實倒下了，音樂聲也停了，世界從此清靜了。

在這個故事裏，音樂可能是引誘屍體的邪物，但是沒有展示更多的能力。而且，這屍體既然能隨意舞蹈，各個關節顯然不是僵硬的，否則就是最早跳機器人舞的了。

清代《醉茶志怪》卷三"邵明"條中，詐屍就不是邪物引誘造成的。邵明從小父母雙亡，跟著叔叔嬸嬸生活。十三歲的時候，嬸嬸突然暴病身亡，叔叔出去買棺材，讓邵明守著屍體。小孩子嚇得要死，鄰居也不敢來陪。到了半夜，叔叔還沒回來，他只好拿被子蒙著腦袋睡覺。忽然聽到靈床上有窸窸窣窣的聲音，掀開被子一角偷看，只見嬸嬸的屍體站起來了，在昏暗的燈光下，臉如淡金，目光炯炯有神，還放出黑色的火焰。這屍體轉身正要出門，屋外伸出一隻碩大的手，一巴掌拍在屍體臉上，爽脆無比，屍體應聲倒下。邵明也嚇得昏過去了。叔叔回來，見大人小孩都躺倒了。幸好，孩子後來搶救了過來。

如欒先生所言，關於僵屍的記載，主要出現於清代的志怪小說。這大概也可以解釋為什麼電影中的僵屍都穿著清朝的官服。從清代的記載來看，僵屍與鬼的不同之處有三點：

一，鬼介於有形無形之間，其法力主要表現在能幻化，若堂堂正正打鬥，未必能贏得了人；而僵屍雖然有形，但身體素質遠勝生人。

二，鬼幾乎不吃人，至少有食同類的禁忌；而僵屍常有吃人之行為，且不像西方吸血鬼那樣只吃鮮血。

三，很多鬼與人可以交流，口舌便給的人經常能把鬼侃暈了；而僵屍沒有什麼理性，只能力取。綜合這幾條，可以說鬼與人其實是同類，只是生活在不同的空間；而僵屍實際上已經變成異類了。

電影中的僵屍雖然智商不足，但身體機能卻十分強大。究竟有多強？下面兩個故事可以說明：

清代直隸省有個小山村，附近山裏出了一個僵屍，能在空中飛行，專吃小孩，稱為"飛僵"。村裏人一到日落時分就關門閉戶，尤其不敢讓小孩出門。苦不堪言，於是集資請道士作法捉拿僵屍。道士答應了，說："我能作法佈下天羅地網，但是也要你們襄助，尤其需要一個膽大之人深入僵屍的巢穴。因為僵屍最怕鈴鐺，等晚間僵屍從山洞中飛出時，請這位膽大之人進洞搖鈴，僵屍就無法回洞，我們在外就能擒住它。切記的是，搖鈴一刻也不能停，否則不僅前功盡棄，而且進洞之人性命不保。"村民選了一個膽大的，進洞後，他雙手一刻不停。村民與道士在外與僵屍激鬥，直到天亮，僵屍倒地，才將其抓獲焚燒。可是村民忘了這位還在搖鈴的夥伴，直到中午才有人想起，這人從晚上一直搖到第二天中午，從此落下殘疾，雙手一直不停地顫動。（《子不語》卷十二〈飛僵〉）

另一個故事中的僵屍則更加厲害。也是清代，浙江上杭地區的某處村子有妖孽出沒，專吃小孩。由於根本不知道是什麼妖精作怪，村民們一點辦法也沒有。某天，有個士兵歸隊經過此地，正遇上雷雨，就在一座神祠中避雨。神祠的東面是一片墳地，那裏有一棵老枯樹。兵哥哥見雷電始終圍著枯樹打閃、霹靂，借著電光一閃之間，看到樹梢上有一女子，紅衣白臉，披頭散髮，赤著腳，兩眼碩大如燈。正在與雷電相持，雷聲一響，她就用手裏的長絹向上迎擊，擊退雷電。反覆數次，雷電似乎也拿她沒什麼辦法。士兵覺得奇怪，凡人哪能與雷神對抗，這一定是什麼妖精。正好他手裏有火藥槍，於是抓住時機對著女子開了一槍，正中面門。女子掉下枯樹，雷電順勢下擊。然後雨漸漸小了，雷電聲也停息了。第二天，士兵與村民發現，這女子腦門洞開，已死去多時，但是臉上、手上都長滿了白毛，顯然就是僵屍，於是將其焚燒。此後，當地再也沒有妖精出沒。（《夜譚隨錄》卷二〈烽子〉）

第一個故事中的僵屍會飛，已經夠駭人聽聞了。第二個故事中的僵屍竟然能對抗雷公，更是匪夷所思。要知道，天庭所有在下界的重要抓捕、斬首行動，基本都是由雷神負責的。《論衡》裏說打雷就是"天取龍"，指抓捕逃往凡間的龍，至於蠍子精、狐狸精在人間作祟，很多也是由雷神負責捕殺的。志怪故事中經常能見到這些精怪為躲避雷擊而惶惶不可終日的現象。如果不是有火器幫助，雷神竟然拾掇不下一個無名僵屍，讓人撟舌難下！

僵屍身體素質強，硬體超硬，可是軟體也超軟。他們只能在黑夜行動，因此，一到天亮就會自行僵住，甚至只要雞鳴也會有此效應。所以人們只要撐過黑夜，形勢就會瞬間逆轉。

清代南京的小倉山後有一座大悲庵，荒廢已久，只剩前面的大殿和後面的一座破樓。有個姓吳的秀才，家境貧寒，就利用這座荒廟辦私塾，給附近的村童教書，晚上就住在樓裏。這座廟的四周全是荒墳，每到黃昏時分，吳秀才總能看到某處荒山林中有白衣人出沒。他稍微懂一點陰陽五行的皮毛，覺得白色等同於西方，等同於金，這或許暗示那裏有金子。於是，便留心那白衣人出沒的方位，發現他總是在一座棺材中消失。

　　某天，學生放學後，他帶著斧子去盜棺。剛走近，棺材蓋就自行打開了，白衣人隨即躍出，原來是僵屍。逃吧，吳秀才狂奔起來！邊跑還邊動腦筋：據說僵屍沒有關節，只能蹦著跑。於是他主動練起了障礙跑，專門挑那些溝溝坎坎的地方過。沒想到，這僵屍跑起來比他還靈活，逾坑越谷如履平地。他更加慌了，直向荒廟奔去，還來不及關門，僵屍已經趕到了。再逃到後院上樓，剛爬上樓就嚇得昏過去了。

　　第二天，村童來上課，發現後院的樓梯上有個白衣人僵在那裏，嚇得喊來家長，用長棍把白衣人打下來。看這白衣人面色如生，又是全身的長毛。再到樓上救下還奄奄一息的秀才，得知了事情的原委。秀才帶村民找到墳地，知道這是村裏某甲的兒子。於是把屍體燒了。某甲說，自己夫妻倆六十多了，只有這一個兒子，宗族中也沒有後嗣。兒子這一去，將來自己去世，連披麻戴孝的人也沒有，因此入殮時就預先給兒子穿上白色的孝服。

　　至於僵屍為什麼會僵在梯子上，有人解釋說：“僵屍雖然能逾坑越谷，但是極不擅長爬樓梯，折騰半夜也沒爬上去，一到天亮，陽氣大盛，這位仁兄就定在那裏了。”（《右台仙館筆記》卷六）

　　在另一個故事中，一對優質僵屍則因為練門而滅門了。

　　清代某人在湖廣一帶遊歷，寓居古寺中，晚上散步見到林中隱約有人穿著唐裝飄來飄去，懷疑是鬼，就悄悄跟著，見那人（鬼）進了一座古墓，就知道是僵屍。此人膽大，守在墓旁。二更時分，僵屍出來了，直奔一家大宅院，樓上出現一紅衣婦人，扔下一條白繩，僵屍攀援而上，然後樓上就有窸窸窣窣的少兒不宜的聲音傳來。這人想起僵屍都是要回到棺材裏去的，如果把棺材蓋拿掉，他們就沒法作祟。於是先潛回古墓，將棺材板藏起來，繼續躲著偷窺。

不久，僵屍回來，發現棺材蓋不見了，到處都找不到，焦慮不已。仍回到大宅院，那人照舊跟著，只見僵屍對著樓上邊跳邊喊，樓上的婦人也對著他嘰嘰喳喳，說的什麼卻完全不懂。正喧嘩之時，雞鳴一聲，那僵屍頓時僵住，倒在路旁。天亮後，眾人才發現，那座宅院是一祠堂，樓上有一具棺材，一個穿紅衣的女僵屍倒在棺材邊。原來是兩僵屍在幽會。大家就把他們合在一處燒了。(《子不語》卷十二〈兩僵屍野合〉)

這個故事裏的僵屍，不僅分男女，還有自己的語言、感情，甚至能做愛。在古代僵屍記載中，是極為罕見的高階僵屍，可惜被人輕易就滅了。

僵屍還有一個本領，就是能附在新死的屍體上為祟，這新的屍體被僵屍精魅附體後，不僅能行動，還能說話。當時稱其為“黃小二”。

有個行腳客，在荒山行走時，忽聽有聲音喊他的名字，匆忙之間就答應了一聲。再一想覺得不對勁，這裏怎麼會有人知道自己的名字呢？(名字巫術在古代流傳甚廣，《西遊記》中的金角大王、銀角大王，《封神演義》中的張桂芳，都擅長這類巫術。)

行腳客越想越怕，到了旅店投宿，跟店主人說起，店主人說，不用怕，我有辦法治他。帶著寶劍一直陪著客人，半夜三更時分，果然外面有聲音喊客人的名字，問是誰，回答說：“我是黃小二。”(真老實！)店主人仗劍出門，黑乎乎的見到有人影晃動，仗劍砍去，那人影躲開奔逃了，直逃到一座墳墓中，不見了。

第二天，店主向鄰居打聽，得知那是一座新墳。眾人於是報官，打開棺材一看，屍體五彩斑斕。店主說："這就是黃小二，不過還沒有成精。"眾人又到深山中四處尋覓，見到一具遺骸，也是五彩斑斕，而且長了毛（長毛也是僵屍的一大特徵）。這就是那已成精的僵屍。向官方申請之後，將兩具屍體都焚燒了。在燒第一具新屍體時沒有任何異常，而燒第二具屍體時能聽到啾啾的痛苦的掙扎聲。（《續子不語》卷五〈屍奔〉）

袁枚在講這個故事的時候，還介紹了僵屍成精以及詐屍的原理，屍體如果長久不腐，山川之間的瘴癘之氣會附著在屍體上，成為精魅。這精魅又會借新死的屍體作祟。如果沒有新死的屍體可借，又可能散為瘴氣，形成瘟疫，接近化學武器了。

至於詐屍，"乃陰陽之氣翕合所致"。因為人死之後陽氣滅絕，肉身屬於純陰，如果生人中陽氣太盛的突然接觸到純陰的屍體，"則陰氣忽開，將陽氣吸住，即能隨人奔走"。袁枚說守靈的人最忌諱與屍體腳對腳躺著，因為"人臥，則陽氣多從足心湧泉穴出，如箭之離弦，勁透無礙。若與死者對足，則生者陽氣盡貫注死者足中，屍即能起立"。簡直就是星宿派的吸星大法啊！

燒人燒書燒僵屍

商朝的開國之君成湯登基之後，連續數年大旱，什麼求雨方法都用過了，一直沒用。明主商湯的腦海中彷彿看見炎帝、黃帝、堯、舜、禹等無數英雄形象閃過，下了決心："余一人有罪，無及萬夫。萬夫有罪，在余一人。無以一人之不敏，使上帝鬼神傷民之命。"意思是以焚燒自己的方式求雨。作為國君，商湯是全國首席巫師，通天的本事比一般的巫師強太多了。不過，燒人祭天也不是那麼簡單的，需要"剪其髮，磨其手，以身為犧牲，用祈福於上帝"。理髮、剪指甲，洗剝乾淨，才好放在柴火上。正準備點火時，突然天降暴雨，商湯的命也因此保住了。(《呂氏春秋·季秋紀》)

成湯焚燒自己求雨，原本是典型的巫術，但是越傳越神奇。在儒家的敘事邏輯中，這個故事的意義更在於賦予求雨儀式以道德的意義，商湯作為聖明君主的形象也越發高大了起來。到了商朝中後期，王室成員基本上一求雨就要求燒人。當然，因為是真燒，做天子的不會再親自出馬了，被燒的都是專職巫師。在後來發掘出的商代甲骨文中，記載了很多這樣的情形，稱為"焚巫尪"。到了周朝，大批巫師轉型從事文化工作，燒人之風也就不太盛行了。當然，對這活動有興趣的人還是有的，有一年魯國大旱，魯僖公準備燒幾個巫師來求雨。手下有見識的大臣勸諫說，燒了他們也沒用，還是早儲備點救災款、救災糧是上策。（"非旱備也。修城郭，貶食省用，務穡勸分，此其務也。巫何為？天欲殺之，則如勿生。若能為旱，焚之滋甚。"《左傳‧僖公二十一年》）

燒人求雨越來越顯示出反人性的特點。於是，人們想出了變通的方法，改成在太陽下暴曬，雖然辛苦了點，但心意基本到了，而且性命無憂。有一年齊國大旱，晏子對齊景公說："這是顯示您與民同甘共苦的最好時機，您也別在皇宮裏乘涼了，出來到太陽下曬個把時辰，以示與靈山河伯共患難，到時下了雨，功勞可不就全歸了您。"於是齊景公"出野暴露，三日，天果大雨，民盡得種時"。（《晏子春秋》卷一）

這種沒有性命之憂，又顯示誠心的事當然比燒人要體面多了，後來大家紛紛效仿，於是，只要一遇到大旱，地方官就率領百姓去曬太陽，這幾乎成了政績考核的一項重要指標。只是，在一些求雨原教旨主義者看來，假模假式地曬太陽，沒有自我犧牲的精神，是沒法感天動地的。東漢末年，就連續出現三位焚身求雨的特立獨行之人：

　　諒輔字漢儒，廣漢新都人也。仕郡為五官掾。時夏大旱，太守自出祈禱山川，連日而無所降。輔乃自暴庭中，慷慨咒曰："輔為股肱，不能進諫納忠，薦賢退惡，和調陰陽，承順天意，至令天地否隔，萬物焦枯，百姓喁喁，無所訴告，咎盡在輔。今郡太守改服責己，為民祈福，精誠懇到，未有感徹。輔今敢自祈請，若至日中不雨，乞以身塞無狀。"於是積薪柴聚茭茅以自環，構火其傍，將自焚焉。未及日中時，而天雲晦合，須臾澍雨，一郡

沾潤。世以此稱其至誠。(《後漢書》卷八十一)

戴封字平仲，濟北剛人也。……遷西華令。時汝、潁有蝗災，獨不入西華界。時督郵行縣，蝗忽大至，督郵其日即去，蝗亦頓除，一境奇之。其年大旱，封禱請無獲，乃積薪坐其上以自焚。火起而大雨暴至，於是遠近嘆服。(《後漢書》卷八十一)

《桂陽先賢畫贊》：臨武張熹，字季智，為平輿令。時天大旱，熹躬禱雩，未獲嘉應，乃積薪自焚，主簿侯崇、小吏張化從熹焚焉，火既燎，天靈感應，即澍雨，此熹自焚處也。(《水經注校證》卷二十一)

此後，這類情況似乎不多見了。東漢桓靈之際成為後來不少王朝末世的樣本，不知道自焚求雨算不算一項標誌。

燒人之後再說燒書，在志怪筆記中，比較多見的是燒起訴書(具牒)以求上達天聽。仇視圖書的情況有，但不算太多見。

《北東園筆錄》四編卷四〈上洋童子〉的故事說，上洋有個三代單傳小孩子，從小喪父，由母親撫養，小孩子很懂事，知書達理。有一次經過租書的攤子，問老闆什麼書最好看，老闆就給他推薦了艷情小說《濃情艷史》。小孩子借回家，翻了幾頁就說，這種害人的書一定不能流傳出去。於是找到老闆，要把這書買下來。老闆不願賣，寧可出租，開出三十兩銀子的價錢。他找母親要了三十兩銀子，高價買下，然後一把火燒掉。因為他焚毀黃色圖書，得到上天獎賞，不僅重病時治癒，而且後來科舉考試也一路順利。

作為反面教訓的，則是宣揚《水滸傳》《西廂記》如何害人。比如，施耐庵寫了《水滸傳》宣揚反賊，被上天懲罰三代都作啞巴；而金聖嘆因為刊刻《西廂記》，誘惑大家閨秀不安分守己，結果犯罪被殺。因為"《水滸傳》誨盜，《西廂記》誨淫，皆邪書之最可恨者"。至於刻版銷售《金瓶梅》的某位書坊老闆，更是家裏連年遭災，直到有人向他點出販賣淫書的害處。他幡然醒悟，毀掉《金瓶梅》的書版，改賣四書五經，從此家境日漸好轉。

這幾則記載提到的《西廂記》《金瓶梅》《水滸傳》等，都是明清時期最受道德家痛恨的壞書、淫書。為此，不惜寫了很多書商、讀者受壞書戕害的故事，更強調燒書要從娃娃抓起！

至於僵屍，鬼與僵屍不大一樣，大致的區別有這幾條：一是僵屍有形，鬼介於有形與無形之間；二是僵屍會吃人，鬼則極少吃人；三是鬼能與人交流，僵屍則不具備這一能力。

綜合這幾條，可以說鬼與人其實是同類，只是生活在不同的空間裏；而僵屍實際上已經變成異類了。

所以我們很容易理解，古人雖然表彰掩埋屍骨的善行，但對付那些作祟的僵屍，都是焚燒後挫骨揚灰，以祓除不祥。此類事例甚多，特別見於《子不語》和《續子不語》中，這裏說個焚燒僵屍不慎的故事：

湖北咸寧鄉間有位姓毛的姑娘，因為未婚先孕，父母發覺後，一怒之下將女兒殺了，胡亂葬在野外。不久化為僵屍，出來祟人。父母再將屍體挖出來焚燒。當時焚燒僵屍有一重要的關竅，即"焚僵屍必覆以魚網，則屍燼而鬼亦滅"。可是，夫妻倆忙著焚屍，沒有想起覆上漁網，結果煙氣上徹，樹梢間見到有紅鞋子。僵屍不僅沒有消滅，還愈演愈烈，專門危害清白姑娘，這些姑娘被僵屍上身後，穿著純色的衣服自殺，無一幸免。為害鄉里數十年，人稱毛家姑媽，鄉人立廟也沒法化解。直到某任縣令請來龍虎山張真人行法術，才終於制服僵屍。（《右台仙館筆記》卷五）

燒人、燒書、燒僵屍，背後有什麼聯繫嗎？不好說。不過有鬼君想試著解釋一下：

火在古人看來能起到潔淨的作用，運用到宗教信仰領域，往往會認為有祛魅、祓除不祥的作用。大旱、淫書、僵屍，這些現象或事物，是當時主流文化認為不合適甚至不祥的。之所以不祥，是因為它們溢出了當時正統的自然、文化、生命的秩序。在整個社會需要嚴整的秩序來維持的時候，那些秩序之外的自然或超自然事物，要麼被改造，要麼被消滅。改造的例子當然有，比如《四庫全書》、狐狸精，無法改造的如《西廂記》、僵屍，那就一燒了之。

```
┌─────────────┐
│  土偶之愛   │
└─────────────┘
```

　　古人有物老成精的觀念。西晉時的名臣張華號稱博學，一
位千年修行的狐狸精不服，偏要去與張先生清談，古今中外無
所不知，把張華弄得下不來台。他惱羞成怒："除了多年生的妖
精，這世上沒人比我更博學多聞了。"張華最終將這隻愛顯擺
的狐狸精殺掉，還搭上一根千年的已成精的華表。（《搜神記》
卷十八）

　　除了動植物山石河流之外，人造物品如果得到充分滋養，
也會成精，特別是玩具土偶。

　　《堅瓠秘集》卷二〈泥孩〉記載，南宋臨安商業發達，很多
到西湖遊覽的遊客，會買些土特產、紀念品送人。有個妹子買
了一個"壓被子"用的泥娃娃（壓被子似乎是一種民俗，有用
鐵的，也有用布袋裝五穀，以求吉祥平安之意）。泥娃娃做得
很精緻，妹子愛不釋手，每天把玩。某天晚上臨睡前，恍惚聽
到有人吟詩："繡被長年勞展轉，香幃還許暫相偎。"聲音越來
越近，朦朧中見到一男孩來到帳前（原文用"童子"，具體年齡
不好估算）。妹子嚇了一跳，男孩說："小姐姐別怕，我和你是
鄰居，因為見小姐姐生得美貌，魂遊至此，想一親芳澤。"妹
子見這男孩長得也頗俊俏，又知書達理的，就與他同赴巫山交
歡。分別時，男孩脫下手上的金鐲子給妹子，作為定情之物。

妹子珍重地將其放在箱子裏，過了幾天打開箱子，發現這金鐲子竟然是土製的。再看那壓被子的泥娃娃，左臂上的金鐲子不見了。這才明白，那晚和自己交歡的是個成精的泥娃娃，趕緊砸碎扔到江裏，此後那男孩就不再出現了。

《夷堅志・夷堅甲志》卷十七〈永康倡女〉講的故事與此類似。宋代一妓女到靈顯王廟燒香，見到其中一個泥塑的士兵，身材高大、健碩，連衣服都塑得栩栩如生。這女孩越看越愛，發了花痴一般，回到家竟然對塑像犯了相思病，連生意也不願做了。第二天晚上，有恩客上門，長得和廟裏的兵哥哥一模一樣。女孩大喜過望，認為是上天所賜，連續幾天都只接待這位兵哥哥。某晚兵哥哥忽然流淚對她說：我其實就是廟裏的泥塑。承蒙妹妹你垂青，所以特來相會。因此這幾天廟裏的晚點名我都沒到。部隊上管理嚴格，我因為嚴重違紀，被判刺字發配。明天就要上路了，會經過你家門，希望你看在這幾天的情分上，燒點紙錢給我路上用。女孩也哭著答應了。第二天果然見到兵哥哥被兩位獄卒押著，兩人灑淚分別。過了幾天，女孩再去廟裏，見到那軍卒的塑像已經倒在地上了。

廟中泥塑成精的故事最著名的可能就是泥馬渡康王，這在當時的社會可算共識。妹子們喜歡的小擺件、抱枕、布娃娃之類，如果時間久了，也很可能成精。古玩行業中有包漿的說法，天天被把玩的那些器物，偶爾顯靈也是理所當然的。所以，那些愛上自己收藏的芭比娃娃、充氣娃娃的宅男腐女們，也很可以理解了。只是，個人覺得最好不要買無錫惠山泥娃娃那樣的套裝，成精的太多，估計招架不住。

愛上玩偶還有一些意料之外的後果，比如生娃。

　　山東沂水縣有位年輕的寡婦王氏，父母一直希望她趁年輕改嫁，王氏堅決不肯，甚至以死相逼。為了表達守節的強烈願望，她還請藝人做了一個丈夫的土偶，每天給土偶丈夫敬獻食物。

　　這樣堅持了一段時間，某晚土偶忽然復活，並且身形變大，就像丈夫生前一樣。土偶開口對妻子說："我的命不好，因為我爹，也就是你的公公當年陰德有損，所以被判沒有後人，我也因此早早身亡。你守節太艱難，陰司也很感動，所以允許我回來，讓你生個孩子再走。"王氏自然歡天喜地，兩人當晚就共赴雲雨交歡。此後一個月，土偶丈夫每天都幻化成人形來播種，直到王氏懷孕，才灑淚分別。

　　王氏的肚子一天天大起來，終於不能隱瞞了，她將此事告訴了母親，母親自然不會相信什麼土偶丈夫，但王氏確實從不出門與外人見面，此事實難索解。十月之後，王氏產下麟兒。周圍鄰居當然也不相信亡夫還魂的說法，與王家關係不好的某人到官府告狀，說王氏傷風敗俗。縣令聽了雙方的陳詞，並未獨斷，說："據說鬼之子都是沒影子的，試一試就知道了。"於是把嬰兒抱到陽光下，那影子果然是淡淡的，像煙一樣，與常人完全不同。再扎了一點嬰兒的血塗在那個土偶上，立刻就被吸收了，換其他土偶，則完全進不去。縣令於是判定這確實是鬼之子。這孩子長到幾歲後，音容笑貌與他爹完全一樣，眾人才相信。（《聊齋志異》卷五〈土偶〉）

　　這個故事裏，王氏生子是遵循陰司的命令，為丈夫留後，也就是說，是有合法的准生證的。所以在"滴血認親"這種傳統劇目中順利過關。如果沒有准生證會怎樣？不大妙。

　　南宋時期，潭州善化縣的苦竹村有個村級守護神"苦竹郎君"，還有座小廟。鄰村有個婦人唐氏，與一幫小姐妹郊遊，經過苦竹村，順便到廟裏賞玩。唐氏有點花痴兮兮的，見這"村幹部"的塑像唇紅齒白，衣帶飄飄，秒殺周圍的"鄉村非主流"，不免心生愛慕，回到家裏還是念念不忘。過了幾天，那位"苦竹郎君"竟然半夜闖進來，與唐氏"歸房共寢"。此後每隔幾天就來一次，唐氏的丈夫和家人完全不知。後來，唐氏也懷孕了，可是產期已過卻生不出來。唐氏痛苦不堪，只能向丈夫坦白。丈夫請來巫師祈禳，全無效果。最終唐氏難產而死，"出黃水數斗"。（《夷堅志》補卷九〈苦竹郎君〉）

在這兩個故事裏，女方都是陽間之人，如果男方是陽間之人呢？

山東淄博顏神鎮一位姓國的女子，嫁人後不久就去世了。其夫只能獨守空房，不過沒過多久，妻子就現形了，且"華妝盛服，艷逾生時"，繼續為丈夫暖床。稍有異常的是，她衣服窸窣的聲音聽起來像紙做的。過了一個多月，家人發現有問題，認為是惡鬼祟人，但是請來的巫師道士也趕不走那女鬼。女鬼照樣天天來陪侍丈夫，做丈夫的當然沒有理由拒絕了。過了一年多，女鬼的肚子慢慢隆起，顯然是懷孕了。可是妻子卻說自己要前往泰山府君處報到，不能再來，將來生了孩子，會交給丈夫撫養。此後再也不來，從此音訊隔絕。第二年的某天，丈夫半夜醒來，忽然發現被窩裏多了個孩子 —— 是個泥娃娃！（《小豆棚》卷十一〈泥娃娃〉）作者認為這可能是鬼的惡作劇，不過有鬼君覺得，鬼妻與泥塑可能真有點淵源。

古人真的挺愛生娃的，人仙戀生娃、人鬼戀生娃、人妖戀生娃，連與土偶也要生娃，養娃不要花錢嗎？

青蛙成精

在古代的志怪體系中，能夠成精的動物，比較知名的有狐狸、老虎、蛇、貓等。張讀的《宣室志》可能是較早記錄青蛙成精的：

太原商人石憲，某年夏天行經雁門關，天氣酷熱，他有些中暑，就在樹蔭下休息。夢見一個長相古怪的和尚，和尚對他說："我在五臺山修行，那裏遠離塵俗，是清淨之地。施主你嚴重中暑，不如隨我一遊，或許可以消暑祛病。"石憲就跟隨他去了，走了幾里路，果然見到"窮林積水"，見群僧都泡在水裏。和尚說："這是玄陰池，我們在其中修煉，大有裨益。"群僧將玄陰池作為禪堂，在水中集體誦讀梵文經書。石憲聽得入神，也想嘗試，一下水就覺得其寒無比，立刻就醒了，暑氣也去了大半。他繼續趕路，經過一片樹林時，聽到蛙鳴聲，很像夢中那些和尚誦經的語調。於是循著聲音找過去，果然發現了夢中的玄陰池，池中滿是修行的青蛙。

也許作為群體的青蛙還只修煉到精怪階段，反正石憲覺得過於詭異，將玄陰池中的青蛙全部殺了。

但是在江南地區，青蛙的地位就完全不一樣了。據學者研究指出，"明清兩代，江南地區青蛙神之祀極為盛行。江南所信仰之青蛙神，其職能已社會化，能禍福人，治休咎，甚而能

司水旱如河神，其性格亦類人，唯形象則仍保留動物之特徵耳。"（《中國民間諸神》373 頁）

《聊齋志異》卷十一有 "青蛙神" 的故事，開頭就說：

> 江漢之間，俗事蛙神最虔。祠中蛙不知幾百千萬，有大如籠者。或犯神怒，家中輒有異兆；蛙遊几榻，甚或攀緣滑壁，其狀不一，此家當凶。人則大恐，斬牲禳禱之，神喜則已。

惹了青蛙神，要殺豬宰羊祭祀祈禱，才能避禍，否則家裏爬滿大小不一的青蛙，你怎麼辦？（其實辦法還是有的，只是需要有足夠的膽量和胃口。參見《夷堅志・夷堅三志》壬卷四〈漳士食蠱蟆〉）

《聊齋志異》這篇說了兩個故事，其一說的是普通人家與蛙神結為親家。一個叫薛昆生的小孩，六七歲就被青蛙神看中，強行結下娃娃親。薛家幾次想要退婚，都遭到蛙神的拒絕，說是要定這個女婿了。小薛成年後，迎娶蛙神之女，沒想到女方不僅相貌 "麗絕無儔"，而且異常旺夫。薛家從此日漸興旺，成為當地豪族。村民們不小心得罪了蛙神，都要會去薛家懇求薛昆生夫妻，成了蛙神的白手套。唯一的缺點是，家裏到處爬了青蛙，家人、僕役都不敢隨意踩踏。另一個可以預見的結果則是，"薛氏苗裔甚繁，人名之 '薛蛙子家'。近人不敢呼，遠人則呼之"。

青蛙神在江南地區盛行，有人認為是因為 "蛙之為物，實有功於農田，生稻畦，搜食稻根諸蟲，禾苗乃長。故有司嚴禁漁捕"。（《壺天錄》卷下）據說青蛙神的旗艦廟在杭州涌金門一帶，最為尊貴，稱為"青蛙將軍"或"金華將軍"。

《庸閒齋筆記》卷九記載：

陳其元（《庸閒齋筆記》作者）調任金華縣教育局長，先到杭州辦理任職手續，借住在金剛寺附近（靠近今杭州城站火車站）。當晚，他正與房東閒談，忽然僕人跑來說，青蛙將軍光臨他的宅舍，請他去接待。陳其元一臉蒙圈地來到臥室，房東一家老小聞訊也趕來圍觀。只見一隻小青蛙踞坐在書桌上。陳其元一看，不就是一隻青蛙嗎？眾人說："不對，你看這隻青蛙，身上有金色的斑點，足分五趾，這是青蛙將軍的標準制服啊。"於是幫著準備香燭、燒酒，一起拜服於書桌下。青蛙將軍端坐了一會兒，架子擺足了，然後躍到酒杯前，兩爪抓起酒杯細細品酒。喝完這杯，"身色漸變為淡紅，腹下則燦若金色"。眾人說，這是將軍換制服了。青蛙將軍喝完，又跳到臥室中掛的一幅畫上，端坐到半夜時分。眾人再用漆盒請他下來，燒著香將其送到金剛寺，寺僧再迎到佛像前供奉。

不要以為青蛙神喝酒很奇怪，《鑄鼎餘聞》卷四中說，青蛙"或祀以酒，竟能吸飲逾時，體稍變赤，如醉狀"，《集說詮真》說他"嗜燒酒，注滿器中，少頃漸盡，兩頰有紅暈，則神醉矣。又嗜看戲，且能自點，以紅單書戲目，必周視，足蘸酒瀊之，或一二齣，或三四齣，人謂多點為歆其祀也"。

明清時期，江南農業領先全國，除了經濟、政治等原因之外，對青蛙將軍不僅尊崇，連好酒貪杯以及偏愛看戲都照顧到了，別的地方怎能相比？

此類動物、植物成精、成神的，往往群聚生活，有一親媽（親爹）作為族長。《聊齋志異》卷七〈鴿異〉中，張公子與鴿神交好，因此所養鴿子大異於常鴿，後因為沒有照顧好鴿子：

> 夢白衣少年至，責之曰：「我以君能愛之，故遂託以子孫。何乃以明珠暗投，致殘鼎鑊！今率兒輩去矣。」言已，化為鴿，所養白鴿皆從之，飛鳴徑去。天明視之，果俱亡矣。

得罪了鴿神，鴿子鴿孫也留不住。至於怎麼討好青蛙神，燒香、供酒是不是有用，有鬼君也不知道。不過，連兒子都這麼拽，他的親媽會是等閒之輩嗎？

怨念與蛇

　　這些年，精神疾病越來越受到社會的重視，心理的變化肯定會帶來生理上的反應，那些極端的情緒給身體帶來的變化就更大了。《西遊記》裏的朱紫國王因"金聖宮……被那妖響一聲攝將去了。寡人為此著了驚恐，吃那粽子，凝滯在內；況又晝夜憂思不息：所以成此苦疾三年"。不過，這還算是唯物的領域。至於精魂之凝聚生出物質來，可算是突破維度的變化了。最出名也最早的例子，當然是精衛填海：

　　　　發鳩之山，其上多柘木，有鳥焉，其狀如烏，文首，白喙，
　　赤足，名曰精衛，其鳴自詨。是炎帝之少女，名曰女娃。女娃遊
　　於東海，溺而不返，故為精衛，常銜西山之木石，以堙於東海。
　　（《山海經·北山經》）

　　郭璞說精衛"沉形東海，靈爽西邁"，更坐實了無中生有的唯心到唯物的轉換。不過有鬼君更喜歡用"怨念"這個詞。在日本的怪談作品中，怨念化為精怪的例子比比皆是。比如"高女"是一位未嫁出去的剩女的怨念，"手之目"是被劫殺的盲藝人所化的妖怪，"鐵鼠"則是絕食而死的高僧所化……

　　同樣是怨念所化，精衛填海的格局比日本的妖怪就大很多了。

相對而言，中國古代的怪談中，怨念逆襲的情況並不常見，至於其原因，有鬼君雖然有過探究，可是沒有把握，這裏就不說了。倒是另一個特點引人注意，中國式的怨念往往會化為蛇。

安徽亳州有個姓郜的土豪，他的奴僕在四鄉八鎮仗勢欺人。當地的陳老漢，家裏的田產因為緊挨著郜家的宅子，常常被郜家的驟馬踩踏，上門講理，反遭郜家家丁的辱罵。陳老漢自知沒法說理，心中鬱悶，積鬱成疾，不久就病入膏肓。

陳老漢趁著自己還神志清醒，將子女叫來安排後事，請工匠做棺材。他特地交代工人，在棺材邊上開一個小孔。老漢說：「我這病就是被郜家氣的，此生不能報仇了。我立誓死了之後要變成一條蛇，『食郜之心肝』解恨。」工匠們當成玩笑一樣，沒幾天，這話傳到郜氏耳中，他完全不知自己的奴僕如此放肆，大吃一驚，第二天就親自來到陳家道歉請罪。陳老漢說：「你如果真的不知，只要將罵我的家丁喚來，在我面前當眾責罰，我就不再恨你。」郜氏照辦了，請老漢到自己家中，讓家丁向老漢磕頭賠禮。老漢很高興，還留下來一起吃飯。忽然胸中作嘔，吐出一條小蛇。郜氏這才意識到，如果不是今天去賠罪，老漢將來必化為蛇來報復。而陳老漢的病此後也不藥而癒。（《續子不語》卷三〈怨氣變蛇〉）

在日本的怪談中，怨念往往是人死之後才激發出無中生有的力量。在這個故事裏，陳老漢尚未去世，其心中的鬱積之氣已然成形。可見，怨念的轉化不是剎那的。

江蘇常熟有位中產人士，僱了長工為其種田。這長工的妻子甚美，小中產見了不免心動，於是設計害死長工，納其妻為妾。過了一兩年，他偶然在田邊走過，見到長工的棺材已朽壞，心裏有些不忍，想著今年就將棺木入土，"以慰其幽魂也"。正思慮時，棺材中竄出一條蛇，一下咬住他的腳不放，怎麼都甩不掉。小中產死去活來，痛不可忍，回到家中，抱著小妾痛哭流涕，"我腹癢不可忍，急取刀破吾腹看其中果何物也？"遂抱持其妾而死，須臾妾亦死。（《北東園筆錄》四編·卷六〈常熟某甲〉）

不僅人有怨念，動物的怨念也有同樣的力量。

福州永福縣有座小寺廟，有兄弟倆都在這廟裏出家。廟裏還有一條狗，哥哥很喜歡這條狗，弟弟不知怎麼卻很討厭這條狗，一見到牠就呵斥或者踹上幾腳。有一次，哥哥外出十天，回來後發現狗不見了，追問弟弟是不是把狗殺了吃掉了。弟弟說自己沒吃，但是因為狗偷吃東西，於是把牠打死了埋在後院。哥哥到後院去看，回來跟弟弟說："犬雖異類，心與人同。汝與結冤非一日。適吾視其體，頭已為蛇，會當報汝，汝不宜往。"狗的怨念已開始化為蛇了，弟弟嚇得要死，請人再去後院看，說是蛇頭越來越長了。哥哥就讓他在佛堂日夜懺悔，祈求狗的寬恕。過了幾年無事，弟弟也漸漸淡忘了，一天他在燒紙錢時，盆子裏忽然竄出一條蛇，趁著弟弟張著嘴，直接竄入他口中，立時就沒命了。（《夷堅志·夷堅甲志》卷八〈永福村院犬〉）

就像抑鬱症的成因是多種多樣的，怨念的產生也有各種緣起。比如有位姓荀的悍妻，對夫君扈統頤指氣使，蠻橫無比。我們現在看來這可能只是性格問題，可是古人不這麼看。有神仙託夢給扈統說："天下男人苦悍妻、妒妻久矣，原本有《化妒神咒經》一卷，失傳已久。現在傳給你，每天清晨你虔心默唸三遍。"扈統想，上天真是事無巨細都照顧到，於是每天唸經。過了三五天，就起效了，夫人對他的態度溫和多了。過了四十九天，荀氏覺得胸口煩悶，吐出一物，"似蛇兩頭，似蠍兩尾"，然後心情豁然開朗。當晚，神仙又託夢給扈統說，"此是汝妻妒根，今為佛力拔去，永無妒心矣。"（《堅瓠集》十集卷四〈化妒神咒〉）

有和尚說，其實《化妒神咒經》就是《怕老婆經》而已。在佛教徒看來，只要你有緣，循正道，各種執念都是可以化解的。這倒有點接近心理醫生的療法了。

有鬼君雖然沒有皈依任何宗教，但是基本的敬畏心還是有的，無論是怨念還是執著心，就像心裏住著一條蛇，不知道哪一天就會日長夜大。

參考書目

1. 《漢魏六朝筆記小說大觀》，上海古籍出版社編，上海：上海古籍出版社，1999 年版。

2. 《搜神記》，〔晉〕干寶撰，北京：中華書局，1979 年版。

3. 《獨異志》，〔唐〕李冗著，北京：中華書局，1983 年版。

4. 《廣異記》，〔唐〕戴孚撰，北京：中華書局，1992 年版。

5. 《宣室志》，〔唐〕張讀撰，北京：中華書局，1983 年版。

6. 《酉陽雜俎》，〔唐〕段成式撰，北京：中華書局，2018 年版。

7. 《玄怪錄》，〔唐〕牛僧孺撰，北京：中華書局，2006 年版。

8. 《朝野僉載》，〔唐〕張鷟撰，北京：中華書局，2005 年版。

9. 《北夢瑣言》，〔五代〕孫光憲撰，北京：中華書局，2002 年版。

10. 《太平廣記》，〔宋〕李昉等編，北京：中華書局，2013 年版。

11. 《夷堅志》，〔宋〕洪邁撰，北京：中華書局，2006 年版。

12. 《邵氏聞見錄》，〔宋〕邵伯溫著，北京：中華書局，1983 年版。

13. 《稽神錄》，〔宋〕徐鉉撰，北京：中華書局，1996 年版。

14. 《清波雜志》，〔宋〕周煇撰，北京：中華書局，1997 年版。

15.《睽車志》，〔宋〕郭彖著，上海：上海古籍出版社，2012年版。

16.《括異志》，〔宋〕張師正撰，北京：中華書局，1996年版。

17.《獪園》，〔明〕錢希言著，北京：文物出版社，2014年版。

18.《集異新抄》，〔明〕佚名著、〔清〕李振青抄，北京：文物出版社，2017年版。

19.《耳談》，〔明〕王同軌撰，鄭州：中州古籍出版社，1990年版。

20.《剪燈新話》，〔明〕瞿佑等著，上海：上海古籍出版社，1981年版。

21.《五雜組》，〔明〕謝肇淛撰，北京：中華書局，2021年版。

22.《庚巳編》，〔明〕陸粲撰，北京：中華書局，1987年版。

23.《堅瓠集》，〔清〕褚人獲著，上海：上海古籍出版社，2012年版。

24.《聊齋志異》，〔清〕蒲松齡著，上海：上海古籍出版社，2019年版。

25.《閱微草堂筆記》，〔清〕紀昀著，上海：上海古籍出版社，1998年版。

26.《陔餘叢考》，〔清〕趙翼撰，北京：中華書局，2006年版。

27.《子不語》，〔清〕袁枚著，上海：上海古籍出版社，1998年版。

28.《夜譚隨錄》，〔清〕和邦額著，上海：上海古籍出版社，1988年版。

29.《小豆棚》，〔清〕曾衍東著，濟南：齊魯書社，2004年版。

30.《里乘》，〔清〕許奉恩著，濟南：齊魯書社，2004年版。

31.《醉茶志怪》，〔清〕李慶辰著，濟南：齊魯書社，2004
　　年版。

32.《諧鐸》，〔清〕沈起鳳著，重慶：重慶出版社，2005年版。

33.《呎聞錄》，〔清〕慵訥居士著，重慶：重慶出版社，2005
　　年版。

34.《螢窗異草》，〔清〕長白浩歌子著，重慶：重慶出版社，
　　2005年版。

35.《妄妄錄》，〔清〕朱海著，北京：文物出版社，2015年版。

36.《履園叢話》，〔清〕錢泳撰，北京：中華書局，1997年版。

37.《耳食錄》，〔清〕樂鈞著，重慶：重慶出版社，2005年版。

38.《北東園筆錄・筆記小說大觀》（第二十九冊），〔清〕梁恭
　　辰著，揚州：江蘇廣陵刻印社，1983年版。

39.《庸閒齋筆記》，〔清〕陳其元著，北京：中華書局，1997
　　年版。

40.《右台仙館筆記》，〔清〕俞樾撰，上海：上海古籍出版社，
　　1986年版。

41.《庸庵筆記》，〔清〕薛福成著，重慶：重慶出版社，1999
　　年版。

42.《洞靈小志・續志・補志》，郭則澐著，北京：東方出版社，
　　2010年版。

43.《佛學大辭典》，丁福保編，上海：上海書店出版社，2015
　　年版。

44.《中國文化中"報"、"保"、"包"之意義》，〔美〕楊聯陞著，
　　貴陽：貴州人民出版社，2009年版。

45.《中國民間諸神》（上下），呂宗力、欒保群著，石家莊：河

北教育出版社，2001 年版。

46.《鬼話連篇》，程章燦著，桂林：廣西師範大學出版社，
2011 年版。

47.《文化、權力與國家 —— 1900—1942 年的華北農村》，〔美〕
杜贊奇著，王福明譯，南京：江蘇人民出版社，1996 年版。

48.《洪邁生平及其〈夷堅志〉之研究》（中），王年雙著，台北：
花木蘭文化出版社，2010 年版。

49.《面對死亡的人》（上卷），〔法〕菲利普・阿里耶斯著，吳
泓緲、馮悅譯，北京：商務印書館，2015 年版。

50.《煉獄的誕生》，〔法〕雅克・勒高夫著，周莽譯，北京：商
務印書館，2021 年版。

51.《為神性加註 —— 唐宋葉法善崇拜的造成史》，吳真著，北
京：中國社會科學出版社，2012 年版。

52.《科舉史》，〔日〕宮崎市定著，馬雲超譯，鄭州：大象出版
社，2020 年版。

53.《波峰與波谷：秦漢魏晉南北朝的政治文明》，閻步克著，
北京：北京大學出版社，2017 年版。

54.《辨色視朝：晚晴的朝會、文書與政治決策》，李文傑著，
上海：上海人民出版社，2020 年版。

55.《夜間的戰鬥：16、17 世紀的巫術農業崇拜》，〔意〕卡洛・
金茨堡著，朱歌姝譯，桂林：廣西師範大學出版社，2021
年版。

後 記

　　這本書算是《見鬼：中國古代志怪小說閱讀筆記》（東方出版社，2020 年版）的續編，主要彙集了最近兩年陸續新寫的，以及關於精怪的一些文章。承蒙香港三聯書店的厚愛，惠允出版繁體字版。經編輯建議，同時徵得東方出版社同意，將《見鬼》中的〈鬼世界的九十五條論綱〉〈鬼會生病嗎？〉〈死鬼不死，死神永生〉〈色鬼在陰陽界的分佈是均勻的〉〈為什麼很少見到胖鬼？〉〈陰間的文青〉〈那些養"蛙兒砸"的，你們問過牠親媽了嗎？〉也收入本書。

　　在中國古代，精怪與鬼魂、人類的關係非常密切，特別是狐狸精，在明清時期的志怪小說中極為常見。這對於我們理解人鬼關係有很大的啟發。但我因為之前關注不多，所以較少涉及，只能盡力將其放入人鬼世界的關係中介紹。我總是有種感覺，鬼怪妖魔從古代到明清經歷了社會化、秩序化的過程，對鬼和精怪的管理越來越細。像狐狸精最早是單獨行動的，生物學上的狐狸本來就是獨居而不是群居的，《太平廣記》中的狐狸精不管是害人還是助人，大都以個體形式出沒；到了明清，狐狸精則多以聚族而居的形式參與到人類的日常生活中，中國的妖怪越來越社會化了。

　　作為一個業餘愛好者，這兩年明顯地感到，這個關於中國古代幽冥世界的拼圖遊戲，已經達到了自己智識的上限。但遊戲過程中給我帶來的安定感和新鮮感，以及與現實世界保持一定程度的疏離感，是非常難得且愉快的體驗。妻子楊帆多年來一直容忍我這種不合時宜的童心，這是我最感激的。這兩三年裏，新冠疫情反反覆覆，甚至數月被迫足不出戶，喵星人毛豆的時刻陪伴，是我最好的安慰。

感謝王婧婭在本書出版過程中的幫助，感謝責任編輯王穎高效而細緻的工作，讓我避免了不少錯誤。

有鬼君

2022 年 6 月

策劃編輯	王　穎
責任編輯	王　穎　席若菲
書籍設計	a_kun
校　　對	栗鐵英
排　　版	楊　錄

書　　名	天下無鬼：中國古代志怪小說裏的鬼與精怪世界
著　　者	有鬼君
出　　版	三聯書店（香港）有限公司
	香港北角英皇道 499 號北角工業大廈 20 樓
	Joint Publishing (H.K.) Co., Ltd.
	20/F., North Point Industrial Building,
	499 King's Road, North Point, Hong Kong
香港發行	香港聯合書刊物流有限公司
	香港新界荃灣德士古道 220-248 號 16 樓
印　　刷	美雅印刷製本有限公司
	香港九龍觀塘榮業街 6 號 4 樓 A 室
版　　次	2022 年 7 月香港第一版第一次印刷
規　　格	特 16 開（150 mm × 210 mm）344 面
國際書號	ISBN 978-962-04-5028-0